Valentin Nowotny

Die neue Schlagfertigkeit

Schnell, überraschend und sympathisch

BusinessVillage
Update your Knowledge!

Valentin Nowotny
Die neue Schlagfertigkeit
Schnell, überraschend und sympathisch
1. Auflage
Göttingen: BusinessVillage, 2009
ISBN 978-3-938358-97-9
© BusinessVillage GmbH, Göttingen

Bestellnummer
Druckausgabe Bestellnummer PB-698
ISBN 978-3-938358-97-9

Bezugs- und Verlagsanschrift
BusinessVillage GmbH
Reinhäuser Landstraße 22
37083 Göttingen
Telefon: +49 (0)5 51 20 99-1 00
Fax: +49 (0)5 51 20 99-1 05
E-Mail: info@businessvillage.de
Web: www.businessvillage.de

Layout und Satz
Sabine Kempke

Druck und Bindung
Hubert & Co, Göttingen

Inhalt

Über den Autor

 Valentin Nowotny wurde 1967 in Graz geboren und lebt seit 1971 in Deutschland. Er hat ein Studium der Psychologie und der Medienwissenschaften an der Technischen Universität Berlin abgeschlossen und ist Master of Business Administration der britischen Anglia Ruskin University in Cambridge. Als Seniorprojektmanager bei internationalen Beratungsunternehmen und als Projektleiter hat Valentin Nowotny in unterschiedlichen Feldern der Wirtschaft Berufs- und Führungserfahrungen erworben, unter anderem in der Medien- und Beratungsbranche.

Im Jahre 2002 hat Valentin Nowotny die Hamburger Trainings- und Beratungsfirma futureformat DGME mit den Schwerpunkten Potenzial-Analysen, Business-Coaching, Trainings-Module sowie Entwicklungs-Programme gegründet. Er ist Lehrbeauftragter der Universität Hamburg und der Fachhochschule Lübeck und Vize-Präsident der MBA-Association of Germany e. V., des ersten Berufsverbands für MBAs in Deutschland. Sein erstes Buch, der Titel „Praxiswissen Coaching", wurde im Jahre 2005 veröffentlicht. Im Vorstand des Deutschen Verbandes für Coaching und Training (dvct) e. V. hat Valentin Nowotny das Zertifizierungsmodell des Verbandes maßgeblich mitentwickelt. Er wurde in NLP sowie als Business Coach ausgebildet und ist zertifizierter Coach und Trainer.

Valentin Nowotny ist Management Trainer mit den Schwerpunkten Mitarbeiterführung, Verhandlungsführung, Kommunikation und Gesprächsführung sowie Konfliktmanagement. Zudem arbeitet er als Executive Coach mit Führungspersönlichkeiten aus Politik und Wirtschaft und hilft diesen, ihre kommunikativen und unternehmerischen Ziele zu erreichen.

Kontaktmöglichkeit

futureformat DGME

Deutsche Gesellschaft für Managemententwicklung

Anbuhl & Nowotny

Telefon   +49 (0) 40 18 05 66 80

Fax   +49 (0) 40 18 05 66 81

Internet   www.futureformat.de

oder www.Schule-der-Schlagfertigkeit.de

Vorwort

Es gibt zwei Gründe, dieses Buch zu lesen. Zum ersten. Es gibt zum Thema Schlagfertigkeit viele Ratgeber, die sich dem bewährten, aber häufig auch nervtötenden Malen nach Zahlen verschrieben haben. Dieses Buch will hier einen grundsätzlich anderen Weg beschreiten. Von der Praxis, über die Wirkmechanismen hin zu den direkt anwendbaren Techniken ziehen wir die Schleife und nicht anders herum. So entstehen beim Leser echte Aha-Erlebnisse. Aber diese alleine wären ja vielleicht ein wenig trocken. Sicherlich. Und damit sind wir auch schon beim zweiten Grund, dieses Buch zu lesen. Der Nutzen und gleichzeitig die Reichhaltigkeit dieses Buches liegen in der Art, wie es geschrieben ist. Trotz der Halbwertszeit einer jeden an aktuellen Ereignissen ausgerichteten Publikation, wie Bundestagswahlen, veränderte Tätigkeiten der zitierten Persönlichkeiten, kurz sich permanent ändernden Rahmendaten, bleibt in jeder Episoden, jeder Anekdoten und jedem Beispiel ein inhaltlicher Kern. Die zahlreichen Haha-Erlebnisse geben Ihnen die Motivation, von Kapitel zu Kapitel weiterzumachen und die vielfältigen Übungsaufgaben zu nutzen, sodass Sie sich und Ihren Kollegen, Freunden und Bekannten hoffentlich auch viele schöne Haha-Erlebnisse vermitteln können.

Und bevor Sie jetzt so richtig einsteigen, möchte ich mich noch bei meiner Kollegin Silke Anbuhl bedanken, die mir während der Sommermonate den Rücken freigehalten hat und sich praktisch alleine um die Geschäftsführung von futureformat DGME gekümmert hat. Zudem hat Sie als Psychologin und Vorableserin des Textes zahlreiche Vorschläge gemacht, die neue Schlagfertigkeit noch besser zu fassen. Mein Dank gebührt ebenso Carla Eggen, eine Trainerkollegin, welche die Fähigkeit hat, ein Buch zu sehen, so wie es einmal werden soll, und der ich viele inhaltliche Ideen verdanke, sowie Ute Gloystein, welche als Mathematikerin einen sehr guten Blick für die Logik und Unlogik des Manuskriptes besessen hat. Auch Lena Marie

Mands bin ich zu Dank verpflichtet, dass sie die umfangreiche Zeitungsauswertung vorgenommen hat, diese Zitate sind die Grundlage dieses Buchs geworden und bilden gewissermaßen das „Fleisch in der Suppe". Mein Dank gebührt auch meiner Studienkollegin Dr. Andrea Pfrengle, welche mir wichtige Hinweise zum Aufbau der Schlagfertigkeitsprinzipien gegeben hat, unserer Mitarbeiterin Yana Berg, mit der zusammen ich die Übungsteile noch einmal systematisch aufbauen konnte, meiner Schwester Cordula Nowotny sowie Karen Dippe, welche mich mit zahllosen Hinweisen dabei unterstütz haben, das Manuskript abzuschließen, sowie einigen hier nicht namentlich genannten Personen, die mir direkt oder indirekt bei der Erstellung dieses Buches geholfen haben.

Besonderen Dank schulde ich auch Wolfram Siebeck, der mit dem Text „Der schlagfertige Klempner" einen sehr unterhaltsamen Beitrag zum Thema verfasst hat und einem Abdruck seines zeitlosen Textes zugestimmt hat. Sie finden die Geschichte aus Siebecks Feder ganz am Ende dieses Buches. Einen großen Dank möchte ich an dieser Stelle auch noch an die Mitarbeiter des BusinessVillage Verlags aussprechen, die mich in der Konzeptionsphase sowie bei den Überarbeitungen professional unterstützt haben und mich ermutigt haben, das Thema Schlagfertigkeit in einer neue und manchmal vielleicht auch überraschende Art anzugehen.

Und nun wünsche ich Ihnen zahlreiche Anregungen und Einsichten und natürlich viel Vergnügen bei der Lektüre dieses Buches!

Hamburg, 31. August 2009,

Valentin Nowotny

Kapitel 1:

Erfolgs-Prinzipien

„Alles Gelingen hat sein Geheimnis,
alles Misslingen seine Gründe."

Joachim Kaiser

1.1 Die neue Schlagfertigkeit

Was ist schlagfertig?

Vielleicht kennen Sie diese Situation auch: Sie sitzen mit netter Begleitung in Ihrem Lieblings-Restaurant. Die Karte ist Ihnen vertraut und sie helfen bei der Auswahl auch der Dame. Der Stammkellner bringt den Wein an den Tisch und begrüßt Sie mit Flacks: *„Guten Abend Herr Meier, heute also blond?"* Und da haben Sie es. Das peinliche Gefühl, die Unverschämtheit, der Ärger und sie wissen nicht, was sie ihm darauf erwidern sollen. Ein Satz, ein kurzer klarer Satz, der dem Kellner zeigt, dass Sie sich so etwas – und als Stammgast schon überhaupt nicht – bieten lassen. Doch dieser dringend nötige Satz will Ihnen nicht einfallen. Nicht in diesem Moment – wo Sie ihn gerade brauchen. Und wahrscheinlich fühlen Sie sich wieder einmal 5 bis 10 Zentimeter kleiner als sie eigentlich sind. Und vielleicht fragen Sie sich auch, ob Harald Schmidt, Barbara Schöneberger oder Nicolas Sarkozy in ähnlicher Weise verlegen wären?

Ein paar Minuten später wissen Sie natürlich genau, was Sie hätten sagen sollen, zum Beispiel „Hmm, Sie meinen, ich haben einen großen Bekanntenkreis, nun, damit kann ich leben!" Und dann fallen Ihnen sogar noch eine oder zwei Alternativen ein, die vielleicht noch besser gewesen wären in diesem Moment wie zum Beispiel: „Verstehe ich Sie richtig, dass Sie auch gern in charmanter Begleitung kellnern möchten?" oder „Lieber blond als gar kein Spaß im Leben!" Wie sagte kürzlich ein „Barista" eines in Hamburg sehr beliebten Balzac Coffee Shops: *„Die meisten Leute sind schon auch schlagfertig, Sie wissen es nur nicht"*!

Doch nun ist es zu spät. Sie können es nicht rückgängig machen. Es ist vorbei und jetzt ärgern Sie sich noch mehr! Wäre man zu gewünschter Zeit schlagfertig gewesen, hätte man sich wehren können. Dagegen fühlen wir uns elend und unfähig, weil wir es im rechten Moment eben nicht waren. Was ist die Lösung? Sie müssen schneller werden. Sie müssen die Prinzipien der Schlagfertigkeit verstehen. Und Sie müssen die Selbstverständlichkeit bei der Nutzung dieser Prinzipien verinnerlichen, wie sie bei fast allen Menschen verbreitet ist, die gelernt haben, in der Öffentlichkeit zu stehen, seien es Politiker, Wirtschaftsführer, Sportler oder Künstler.

Klassische Schlagfertigkeit funktioniert ein wenig wie ein Fechtkampf. Und tatsächlich stammt der Begriff auch von dort: Er bezeichnet die Fertigkeit zurückzuschlagen, möglichst elegant mit spitzem Florett und natürlich extrem schnell. Der Schlagfertige – ist dabei nicht der, der angreift, sondern der, der sich geschickt zu wehren weiß. Er pariert den Angriff. „Riposte" kommt aus dem Französischen und hat genau diese zwei Bedeutungen. Es bezeichnet den Gegenschlag beim Fechtkampf und die schlagfertige Antwort. Die neue Schlagfertigkeit funktioniert anders: Wir müssen einen positiven Treffer landen, möglichst bevor wir selbst getroffen werden.

Im Englischen wird der Ausdruck „quick-wittedness" verwendet, das heißt so viel wie Schnelligkeit, Geistesgegenwart und Scharfsinn. Hier steht nicht mehr die Wehrhaftigkeit im Vordergrund, sondern ein Stück weit eben auch der Unterhaltungscharakter, der sportliche Aspekt. Und da kommen wir der neuen Schlagfertigkeit auch schon ein bisschen näher ...

Besonderheiten der neuen Schlagfertigkeit

Nun gibt es den Begriff der Schlagfertigkeit ja ohne Zweifel schon etwas länger. Er wurde zum Beispiel im militärischen Zusammenhang auch schon im 19. Jahrhundert diskutiert (Miruss, 1848). Zudem sind in den 90ern und auch in den letzten Jahren zahlreiche klassische Ratgeber zu diesem Thema erschienen, der Leser wird dabei sehr stark an die Hand genommen und es werden immer wieder neue Regeln aufgestellt, wie sich dieser verhalten muss, um sich in bedrohlichen Situationen zu verteidigen. Sie halten jetzt ein Buch in Händen mit dem Titel „Die neue Schlagfertigkeit". Wie ist das gemeint? Was ist der Unterschied zu den Ratgebern? Was ist unter der neuen Schlagfertigkeit zu verstehen?

Die neue Schlagfertigkeit ...

... ist situationsspezifisch – eine neuartige Reaktion auf eine bestimmte mehr oder weniger humorige Bemerkung, eine Unterstellung oder eine vielleicht einfach nur etwas missglückte Äußerung. Freuen Sie sich hier über die Vorlagen ihrer Kollegen, Bekannten und Freunde! Allerdings, man braucht nicht immer einen konkreten Satz, um überhaupt schlagfertig sein zu können. Herausfordernd sind zum Beispiel auch unangenehme Situationen, mit denen man nicht gerechnet hat – auch „böse Überraschungen" genannt. Das Mikrofon steht nicht an seinem Platz, eine Flasche Wasser fällt um, Ihr Auto wurde abgeschleppt. Es geht zuweilen eben auch darum, die Komik zu entdecken, die in Situationen spontan entsteht, wenn zwei oder mehrere Menschen sich an einem Ort befinden, wo Dinge vielleicht nicht ganz so laufen wie geplant. Solche Situationen sind für die neue Schlagfertigkeit ein willkommener Anlass, um sich als geistig rege in Szene setzen zu können ...

... bewahrt die eigene Integrität – in einer unangenehmen Situation, wo Ihre schlagfertige Reaktion gefordert ist, ist die eigene Integrität zumeist ein Stück weit infrage gestellt. Integeres Verhalten, das ist die Fähigkeit, anhand eigener Maßstäbe selbst darüber zu entscheiden, was man tun und lassen möchte. Sich nicht abhängig zu machen von der Bewertung der anderen. Und eine natürliche Autorität an den Tag zu legen, wenn andere Sie bewusst oder unbewusst manipulieren möchten. Wer seine Integrität verliert, lässt sich von anderen steuern – gegen seine Interessen oder sogar gegen seinen Willen. Zeigen Sie Ihre Persönlichkeit und werden Sie meinungsstark, so macht das Leben deutlich mehr Spaß …

… ist gut dosiert – es ist wichtig, dass Sie nicht immer direkt ins Schwarze treffen. Sie wollen ja keine Missverständnisse verbreiten. Vielmehr geht es darum, die eigene Schärfe so zu dosieren, dass Sie einen etwaigen Angriff angemessen parieren und Ihre Formulierungen an dem orientieren, was Sie, Ihr Gegenüber gerade brauchen, um in dem Thema, in Ihrer Kommunikation, in Ihrer Beziehung miteinander ein Stückchen weiterzukommen. Sollten Sie gelegentlich auch einmal zu etwas härteren Bandagen greifen, so können Sie dies grundsätzlich gerne tun, machen Sie sich nur klar, hier gilt, was auch für viele Gifte gilt: „In kleinen Mengen kann es wie eine Medizin wirken!" Vertreter der neuen Schlagfertigkeit lassen sich dabei von der Überzeugung leiten, dass es immer einen Weg gibt, Dinge in angemessener Weise zu kommunizieren.

… ist ansonsten schnell, überraschend und sympathisch – wer schlagfertig agieren möchte, hat keine Zeit zu verlieren. Sie können nicht lange überlegen oder Ihre Antwort immer wieder auf politische Korrektheit oder ähnliches überprüfen. Entweder Sie reagieren sofort oder Sie lassen es sein und schweigen. Eine glänzende Replik ist nichts mehr wert, wenn sie zu spät kommt. Verbunden mit Überraschung und einem hohen Sympathiefaktor die perfekte Kommunikation, wenn Sie heute nachhaltig andere in Ihren persönlichen Vorstellungen überzeugen möchten. Wir können auch sagen, die neue Schlagfertigkeit sucht also im Kern nach immer neuen Anlässen, andere auf eine spannende Gedankenreise mitzunehmen …

1.2 Ohne Sympathie geht es nicht

Ohne Sympathie geht es nicht. Wenn Sie Menschen erfolgreich für Ihre Sache gewinnen möchten, ist es erforderlich, dass Sie andere über Ihre Ausstrahlung dazu veranlassen, in Ihrem Sinne zu handeln. Utopisch? Vielleicht. Vielleicht aber auch nicht. Halten wir uns einmal die folgende Episode vor Augen.

Zwei Frauen sitzen im Cafe: „Hast Du bemerkt, wie der Kerl an der Bar mehrfach zu mir herübergeschaut hat? Was hat er nur?" – „Oh, der ist sicher Antiquitätenhändler!"

Lacht die eine Frau, während Sie das sagt? Und wenn ja, lacht sie so, dass die andere Frau mitlachen kann, oder ist das der Beginn einer sehr intensiven Feinschaft, bei der eine Verletzung die nächste hervorruft? Im Falle einer solchen witzigen, schlagfertigen Äußerung wie hier im Beispiel tatsächlich zusammen zu lachen und nicht etwa nach neuen Bösartigkeiten zu suchen, um dem anderen das Leben schwer zu machen, zeugt natürlich auch von einer gewissen Größe. Das fällt dem Gegenüber umso leichter, je sympathischer Sie sind. Deswegen haben bei den schlagfertigen Äußerungen von Obama, Merkel und Klitschko, alles Vertreter der neuen Schlagfertigkeit, in der Regel auch alle etwas zu lachen.

Es ist immer wieder zu beobachten, dass Menschen, welche Sympathie ausstrahlen, viele Vorteile für sich verbuchen können: statt Gefühle wie Neid oder Missgunst mobilisieren diese Wohlwollen. Das Gegenüber ist in der Regel toleranter und gönnt ihnen vieles, was er oder sie woanders vielleicht nicht akzeptieren würde.

Um was geht es hier genau? Tim Sanders, ein amerikanischer Technologie-Guru, Management-Trainer und Redner, kontrastiert eine von Ängstlichkeit und Überlebensfragen geprägte Grundeinstellung mit einem positiven, proaktiven Herangehen, bei dem es darum geht, den anderen mithilfe einer sympathischen Ausstrahlung mitzunehmen.

Was sind nun die Grundelemente einer solchen sympathischen Ausstrahlung. Dies lässt sich in ein paar Stichpunkten zusammenfassen (Sanders, 2006, S. 42 ff.):

- Sympathische Menschen holen das Beste aus anderen Menschen heraus
- Sympathische Menschen leisten mehr
- Sympathische Menschen meistern die Herausforderungen des Lebens
- Sympathische Menschen werden anerkannt

und schließlich

- Sympathische Menschen sind gesünder

Was bedeutet dies? In Studien konnte nachgewiesen werden, dass sympathische Menschen, welche sich in ärztlicher Behandlung befanden, von Ärzten und Pflegepersonal mehr Aufmerksamkeit und damit auch eine bessere Behandlung erlangten. Eine Studie der Universität Michigan aus dem Jahre 2003 hat ergeben, dass freundliche und positive Angestellte produktiver sind, weil sie größere Fähigkeiten zur Kommunikation haben. Soziale Mobilität wird positiv von der eigenen sympathischen Ausstrahlung beeinflusst. Auch Stipendien werden besonders häufig an sympathische Menschen vergeben.

Der Student Tyle Fisher an der Universität of Central Florida ergatterte das prestigeträchtige Rhodes-Stipendium primär aufgrund seiner sympathischen Ausstrahlung, ein Journalist hatte den Student während der heißen Bewerbungsphase begleitet. Er konnte beobachten, dass dieser, obwohl er aussah wie ein unauffälliger Durchschnittsstudent, *„alle Augenblicke erkannt und gegrüßt wurde von Professoren … und anderen Studenten. Seine Sympathie blitzte stets durch"* (Michael Mcleod, zitiert in Sanders, 2006, S. 47).

Selbst der letzte Punkt, sympathische Menschen seinen gesünder, ist belegbar. Hier gibt es offenbar einen Zusammenhang mit dem Selbstvertrauen. *„Ein ausgeprägtes Selbstwertgefühl wird mit dem Glauben assoziiert, dass jemand gesellschaftlich wünschenswerte Attribute besitzt, wie zum Beispiel persönliche Sympathie"* (Mark Leary, zitiert in Sanders, 2006, S. 54). Studien zeigen auch, dass Menschen mit einem geringen Selbstvertrauen häufiger unter stressinduzierten Krankheiten leiden. Es scheint so zu sein, dass Menschen mit geringerem Selbstvertrauen keinen Puffer haben, an dem der Stress ohne körperliche Folgen von ihnen abgleiten kann.

Also, es gibt viele gute Gründe, darüber nachzudenken, wie Sie den Sympathiefaktor stärker ausspielen können. Der Experte Tim Sanders hat in seinen Vorträgen stets betont, dass die Frage, wie Sie mit anderen Menschen umgehen, sehr stark von Ihren Überzeugungen abhängig ist: ob Sie den Gang der Welt positiv verändern können oder ob Sie stärker von Ängsten gesteuert werden, dass das vorhandene vielleicht nicht ausreichen könnte. Im zweiten Fall werden Sie gewissermaßen „radioaktiv", Ihre Ausstrahlung wird verletzend, Sie fordern den anderen zu sehr heraus. Das wäre so ähnlich, wie Sie einen Hund herausfordern, indem Sie ihm den Knochen wegnehmen.

Das Buch „Die neue Schlagfertigkeit" gibt klare Hinweise, wie Sie mit einer verbindenden Kraft arbeiten können. Wie Sie eine Haltung einnehmen, wie Sie die Situation als eine gemeinsame ansehen können und wie Sie der Herausforderung begegnen können, den Konflikt oder die Integration von verschiedenen Bedürfnissen an einem runden Tisch schaffen zu können. So hilft Ihnen dieses Buch Freunde zu gewinnen und verhindert, dass Sie die Atmosphäre mit einem noch härteren und hinterhältigeren Spruch nachhaltig verpesten! Damit ist nämlich in der Regel niemandem wirklich geholfen!

Der soziale Kontext

Für die Wahrnehmung von Kritik hat der soziale Kontext eine besondere Bedeutung. Nicht umsonst lautet eine der Grundregeln in der Mitarbeiterkommunikation auch: *„Kritik nur unter vier Augen!"* Menschen sind unterschiedlich in ihrer Persönlichkeit, der eine vielleicht etwas härter im Nehmen, der andere vielleicht etwas empfindlicher. Trotzdem möchte niemand vor Dritten bloßgestellt werden. Genau das aber sind die Situationen, vor denen viele besonders Angst haben. Einen Vortrag zu halten und über einen Zwischenruf zu stolpern: Sie sind mit der Einführung noch nicht fertig, und von hinten links kommt fordernd: *„Wann geht es denn endlich los!"* – Alle Augen sind auf Sie gerichtet, wie parieren Sie die Situation? Je mehr Zuschauer, desto „riskanter" ist diese Situation in sozialer Hinsicht. Ihre Ängste sind dabei keinesfalls irrational, denn die Gefahr, dass Sie einen bleibenden, negativen Eindruck bei Personen hinterlassen, welche Sie eigentlich in positiver Weise beeindrucken wollten, ist real. Es sei denn, Sie finden den Ausweg, wie zum Beispiel: *„Oh, Sie scharren schon mit den Füßen, das sind Sie wohl ein besonders neugieriges Exemplar der Spezies Mensch"* oder Sie sagen: *„Drängler gibt es leider nicht nur auf der Autobahn. Wo waren wir stehen geblieben? Ach ja ..."* oder *„Gut, dass Sie das ansprechen, trotzdem sollten wir erst einmal den Rahmen abstecken, oder würden Sie loslaufen, ohne den Weg zu kennen?"*

Üblicherweise haben Sie keine Angst vor einer E-Mail, vor einer Botschaft auf Ihrem Anrufbeantworter oder einer SMS auf Ihrem Handy. Diese Nachrichten sind privat und von ihnen geht nur dann ein soziales Risiko aus, wenn sie weitergegeben werden, ansonsten haben Sie von reinen Nachrichten, die in der Absicht verfasst wurden, Sie zu informieren, nichts zu fürchten. Der soziale Kontext fehlt. Anders ist es, wenn Sie einen Vortrag halten und auf Ihrem Bildschirm, den alle auf der Wand sehen können, poppt ein Mail-Fenster auf und alle können lesen: *„Schatz, wann haben wir wieder Zeit füreinander?"* Und jetzt entscheidet es sich. Wenn es sich nicht um eine politisch begründbare Intrige handelt und Sie sich auf dieser Welt nicht übermäßig viele Feinde gemacht haben, schützt sie der Sympathie-Faktor in der Regel vor Übergriffen der sagen wir einmal salopp „unterirdischen" Art. Argwöhnische Personen, welche unsichtbare Stolperfallen aufstellen, werden plötzlich zu freundlich gestimmten Stichwortgebern und helfen Ihnen, wenn Ihnen mal ein Wort nicht einfällt. Hoffentlich!

1.3 Wer steht für die neue Schlagfertigkeit?

Schauen wir uns doch noch einmal die drei geistigen Paten dieses Buches, den farbigen neuen US-Präsidenten Barack Obama, das als Bundeskanzlerin sehr erfolgreiche DDR-Gewächs Angela Merkel sowie die beiden ukrainischen Spitzensportler mit Weltruhm Wladimir und Vitali Klitschko etwas genauer an. Diese wurden für die Unterzeile dieses Buches ausgewählt, nicht weil sie die allerschlagfertigsten wären. Den Vogel abgeschossen haben bei unserer Umfrage eher die je nach Geschmack mehr oder minder appetitlichen Entertainmentgrößen wie Harald Schmidt, Barbara Schöneberger, Oliver Pocher und Dieter Bohlen. Barack Obama, Angela Merkel und die Klitschko-Brüder Wladimir und Vitali sind ohne Zweifel schlagfertig, keine Frage. Das belegen die vielen in diesem Buch gesammelten Zitate. Aber sie überziehen es nicht und sie sind nicht verletzend dabei. Sie sind damit, ohne es bislang gewusst zu haben, Protagonisten, oder wie wir auch sagen können erste Vertreter der neuen Schlagfertigkeit. Die Befindlichkeit des Gegenübers oder die von Dritten haben die Vertreter der neuen Schlagfertigkeit in der Regel im Blick. Wenn es doch einmal passiert, dass unbeabsichtigt Verletzungen entstehen, entschuldigen sie sich unverzüglich, wie zum Beispiel Barack Obama, als ihm in einer Talkshow ein etwas unglücklicher Vergleich rausgerutscht war.

Während seines Auftritts in der Fernsehshow *„Tonight"* ist US-Präsident Barack Obama mit einem vordergründig selbstironischen Witz ins Fettnäpfchen getreten. Am Ende des Interviews kam der Moderator auf Obamas Bowling-Künste zu sprechen, mit denen er sich im Wahlkampf blamiert hatte. Seitdem habe er auf der Bowling-Bahn des Weißen Hauses trainiert und seine Punktzahl immerhin auf 129 gesteigert, sagte Obama. Der Talk-Master gratulierte ihm, und der Präsident witzelte: „Es war wie bei den Special Olympics oder so" (Focus, 20. März 2009). Mit dieser Bemerkung war Obama genau einen Schritt zu weit gegangen. Der stellvertretende Pressesprecher des Weißen Hauses stellte daraufhin sofort klar, dass diese „spontane Bemerkung" keineswegs die Special Olympics – die Olympischen Spiele für Menschen mit geistiger Behinderung – verunglimpfen sollte. Noch während des Rückflugs – bevor die Sendung ausgestrahlt wurde – rief der Präsident zudem den Vorsitzenden der Special Olympics, Tim Shriver, an und entschuldigte sich bei ihm. Damit ist Obama ein Vertreter der neuen Schlagfertigkeit. Die Absicht dieser ist, dass es nicht Gewinner und Verlierer geben muss, und wenn das doch einmal im Eifer des Gefechts passiert, dann ist es Zeit für eine ernst gemeinte und glaubhafte Entschuldigung.

Barack Obama, Angela Merkel, den Klitschkos und vielen anderen erfolgreichen Persönlichkeiten ist gemeinsam, dass sie die Schlagfertigkeit in einer neuen Weise einsetzen. Nicht um ein persönliches Defizit zu kompensieren oder um sich Gehör zu verschaffen. Das haben die angesprochenen auch hoffentlich gar nicht nötig und interessanterweise wird ihnen dies in der Öffentlichkeit auch gar nicht unterstellt. Nein, es geht hier vor allem darum, schwierige Situationen zu entschärfen. Die Bombe, die sich hierin verbergen könnte, zu deeskalieren und im Idealfall hieraus positive Energie für alle Beteiligten zu generieren.

Erneuerbare und nachhaltige soziale Energien, mit denen sich alle wohlfühlen, auch wenn im Moment vielleicht etwas Ungewohntes passiert. Genauso wie bei Unternehmen die „Social Responsibility", die wahrgenommene soziale Verantwortung eines Unternehmens, die ein immer wichtiges Kriterium in der Außenwahrnehmung ist und auch den Unternehmenserfolg deutlich positiv beeinflussen kann, wie neuere Studien zeigen, so ist die persönliche Glaubwürdigkeit einer Führungskraft beziehungsweise eines Unternehmensvertreters etwas, das ebenfalls zusehends wichtiger wird. So gaben 81 Prozent der Befragten in einer von der Bertelsmann Stiftung in Auftrag gegebenen Studie an, dass sich ihr Unternehmen aktiv gesellschaftlich engagiere (Pressemitteilung der Bertelsmann Stiftung, 25. Februar 2009). Dies ist inzwischen vielleicht sogar noch wichtiger geworden als zum Beispiel die wissenschaftliche Beweisbarkeit einer These, was vielleicht in den 70er- und 80er-Jahren noch im Vordergrund gestanden hat.

Denken wir einmal an Bücher wie „Die geheimen Verführer", in denen der wissenschaftliche Beweis geführt werden sollte, dass wir als Verbraucher in extremer Weise manipulierbar sind. Diese Art von Diskussion, wer recht und wer unrecht hat, würden wir heute nicht mehr wirklich als zeitgemäß erachten. Auch die Länge der Zeitungsartikel hat in den letzten 50 Jahren interessanterweise um durchschnittlich 50 Prozent abgenommen (*Die Welt*, 14. August 2009). Es hat sich die Sicht durchgesetzt, dass es in der politischen und gesellschaftlichen Diskussion vor allem darum geht, möglichst viele Meinungen in pluralistischer Form Raum zu geben, um dann schließlich die vorteilhaftesten Sichtweisen priorisiert zu verfolgen. Vielfältige Lebendigkeit statt autoritäre Einheitskost gewissermaßen. Die Zeit unumstößlicher Dogmen ist passé.

Firmen mit einer ethisch anspruchsvollen Verantwortungs- und Führungskultur sind überdurchschnittlich stabil. Ehrlichkeit, Vertrauenswürdigkeit, Sorge um die Mitarbeiter und faires Entscheidungsverhalten steigert die Arbeitszufriedenheit und die Selbstverpflichtung der Mitarbeiter signifikant, stellten Jens Rowold und Lars Borgmann von der Universität Münster in einer Studie fest (Mieg, 2009).

Aus unserer Sicht sollte in Zukunft der Blick noch stärker auf das Kommunikationsverhalten von hochrangigen Mitarbeitern in Unternehmen und Organisationen gerichtet werden. Eine Kommunikation im Sinne der neuen Schlagfertigkeit verbessert das Miteinander und erhöht die Akzeptanz von unternehmerischem Handeln in Wirtschaft und Gesellschaft. Und wer von seinem inneren Verständnis her die Special Olympics für eine positive und unterstützenswerte Einrichtung hält, wie Barack Obama, dem wird ein kleiner Schnitzer wie oben beschrieben, vom Publikum, von der manchmal auch zu Recht kritischen Öffentlichkeit am Ende auch verziehen.

Unternehmensvertreter müssen heute immer öfter ohne Möglichkeiten der Rückversicherung in der Öffentlichkeit Stellung beziehen, müssen auf spontane Anfrage der neuerdings von Vodafone umworbenen „Generation-Upload" angemessen aber auch auf eine inspirierende Weise reagieren. Dieses neudeutsche Wort (sprich „Tschänäräschn Aploht") sind also jene, die im Netz nicht nur „Entertainment" wollen, sondern sich auch einbringen (*FAZ*, 11. Juli 2009). In einem Blog von Vodafone liest sich das so „Die ‚Generation Upload' ist jetzt und ihr gehört das ‚Morgen'. Sie steht mitten im Leben, ist voller Energie und lässt sich von Konventionen nicht begrenzen. Durch Vernetzung teilt sie sich der Welt mit, sucht den Kontakt zu anderen und lässt alle an ihrer Begeisterung teilhaben."

Das schafft neue Herausforderung für alle, die heute darüber nachdenken, wie Unternehmen heute und morgen kommunizieren müssen. Nicht mehr das kalte PR-Kalkül ist gefragt, sondern glaubwürdige, und das heißt auch schlagfertige Kommunikation ich Echtzeit. Unternehmen bewegen sich in der Kommunikation weg von der klassischen Werbung hin zu Social Media. Die Ausgaben für herkömmliche Online-Werbung könnten im ersten Quartal 2009 um fünf Prozent fallen, so das Marktforschungsunternehmen IDC. Klassische Werbung funktioniert nicht mehr, erst recht nicht im Internet. Darüber philosophierte erst kürzlich Eric Clemons, Professor für Operations and Information Management. Seine These lautet (TechCrunch, 22. März 2009):

"The problem is not the medium, the problem is the message, and the fact that it is not trusted, not wanted, and not needed."

Die Konsumenten scharen sich auf Blogs, Wikis, Facebook, Twitter, Xing und Co. Das haben nun auch die Unternehmen erkannt. Sie integrieren die sozialen Netzwerke in ihren Kommunikationsmix und machen ihre Kunden über den direkten Dialog zum Sprachrohr für ihre Marke, Ihre Produkte, Ihre unternehmerischen Anliegen. Und dieser „direkte Dialog" erfordert eine bestimmte Geisteshaltung.

Ein einflussreicher Medientheoretiker hat vor mehr als vierzig Jahren über sogenannte heiße und kalte Medien (Marshall McLuhan, 1964) geschrieben:

„Es gibt ein Grundprinzip, nach dem sich ein „heißes" Medium, wie etwa das Radio, von einem „kühlen", wie es das Telefon ist, oder ein „heißes", wie etwa der Film, von einem „kühlen", wie dem Fernsehen, unterscheidet. (...) Heiße Medien verlangen daher nur in geringem Maße persönliche Beteiligung, aber kühle Medien in hohem Grade persönliche Beteiligung oder Vervollständigung durch das Publikum."

Ein heißes Medium verlangt weniger Beteiligung als ein kaltes, genauso, wie eine Vorlesung weniger Beteiligung als das Lesen eines Buches und ein Film weniger Beteiligung als ein Training erfordert.

Viele der neueren Kommunikationsformen einschließlich der Social Media Angebote der letzten Jahre wie Twitter, Xing etc. sind so gesehen sehr kalte Medien, da bei ihnen auch eine hohe Beteiligung erforderlich ist. Und um in solchen Umgebungen, im öffentlichen Raum oder in Vier-Augen-Gesprächen erfolgreich und das heißt mit einer gegenseitigen Akzeptanz und Wertschätzung auf Augenhöhe kommunikativ agieren zu können, brauchen wir heute mehr denn je die Instrumente der neuen Schlagfertigkeit.

Prominente in der Öffentlichkeit: Was wir von ihnen lernen können

Ausgangspunkt dieses Buches ist die Beobachtung, dass viele Politiker, Wirtschaftsführer, Medienstars und Sportler häufig über eine bemerkenswert ausgeprägte Schlagfertigkeit verfügen. Und insbesondere Politiker müssen schlagfertig sein, denn sie müssen sich wehren, „Schläge austeilen und ständig behaupten, sie seien die bessere Wahl" (*Die Zeit*, 5. März 1992). Aber das ist nur die halbe Wahrheit: Sie müssen auch überzeugen, unterhalten, gewinnen, andere positiv für sich und ihre Ideen einnehmen. Aber auch Wirtschaftsführer müssen in Betriebsversammlungen, in der Auseinandersetzung mit Arbeitnehmervertretungen und Aufsichtsgremien, bei Presseterminen, aber auch bei einer Grundsteinlegung oder einer Ladeneröffnung immer wieder neu auf ungewöhnliche Situationen und unerwartete Ansinnen reagieren.

Es scheint auch, dass dies umso mehr zutrifft, je weiter oben diese angekommen sind. Macht Erfolg schlagfertig? Oder Schlagfertigkeit erfolgreich? Kann man Schlagfertigkeit erlernen? Müssen Sie schlank sein, um fit zu werden? Oder ist Fitness eher die Voraussetzung, um schlank zu sein? Wie so oft bei komplexen Sachverhalten sind Ursache und Wirkung nicht voneinander zu trennen. Schlagfertigkeit ist Ausdruck einer erfolgsorientierten inneren Haltung. Gleichzeitig schafft sie die Voraussetzung, dass andere Sie als handlungs- und durchsetzungsfähig erleben. Beides ist gleichermaßen notwendig, um die Tür zum Erfolg aufzustoßen.

Dieses Buch hilft Ihnen, Ihre eigenen Türen zu finden und sich dasjenige von den „Großen", die ja auch alle einmal klein angefangen haben, abzuschauen, was Sie brauchen, um Ihr Erfolgs-Puzzle zu vervollständigen. Goethe formulierte das so: *„Den Stempel der Natur selbst ändert Übung. Sie zwingt den Teufel oder treibt ihn aus"* (zitiert nach Weller, 1977, S. 20). Sagen wir es einfacher: Eine Fähigkeit, die nicht täglich zunimmt, geht täglich ein Stück zurück.

1.4 Die neue Schlagfertigkeit – ein spannendes Spiel mit neuen Regeln

Schlagfertigkeit kann man lernen, wenn man sie als Pingpongspiel versteht. Schlagfertigkeit ist ein Spiel. Die meisten schlagfertigen Leute wurden nicht mit einem schnellen Mundwerk geboren, sondern hatten möglicherweise einen Provokationsneurotiker als Vater, Schwester oder Bruder und mussten sich früh wehren. Bei Erwachsenen nennt man Frechheit dann „Schlagfertigkeit". Aber auch andere Gründe, wie zum Beispiel die intensive Auseinandersetzung mit dem Thema, etwa durch die Lektüre dieses Buches oder die Teilnahme an einem Schlagfertigkeitstraining und eine gezielte tägliche Praxis kann zur Meisterschaft in dieser Disziplin führen. Auch ohne Provokationsneurotiker in der Familie können Sie also zu einem Meister der neuen Schlagfertigkeit werden!

Bei Schlagfertigkeit liegt das Hauptgewicht weder auf dem Schlagen, noch auf dem Fertigmachen. Schlagfertigkeit ist ein „Fechten mit Gedanken", mit dem „Florett des Geistes". Wenn man müde, unsicher oder angeschlagen ist, sich nicht anerkannt fühlt oder das Gefühl hat, sein wunder Punkt sei getroffen worden, sackt die Schlagfertigkeit ab. Das hat damit zu tun, dass Schlagfertigkeit eben auch eine Fertigkeit ist, welche die Fähigkeit einschließt, das innere mit dem äußeren in Einklang zu bringen. Wer also mit sich selbst „fertig" ist, der kann dies dann auch „äußern". Innen und außen zusammenführen und eins werden im Sinne einer integeren Persönlichkeit, das ist eine der Grundvoraussetzungen, um „das Florett des Geistes" mit Fortüne zu führen.

Und bedenken Sie: Nicht nur Frauen haben gelegentlich ein Problem, schlagfertig zu kontern, weil ihnen ihr Harmoniebedürfnis im Weg steht. Ziel von Schlagfertigkeit ist es, die eigene kommunikative Integrität wiederherzustellen und dabei vielleicht auch einmal mit gleicher Münze zu zahlen, wenn dies notwendig ist. Hierfür müssen Sie ein neues Bewusstsein für Balance entwickeln. Und hier gelten nicht mehr die Gesetze der formalen Logik, sondern die der angewandten Psychologie! Und die meisten Politiker, welche im öffentlichen Leben stehen, sind vor allem *durch die tagtägliche Praxis* (*Die Welt*, 17. Juli 2005) so fabelhaft schlagfertig geworden und haben intuitiv die Regeln der neuen Schlagfertigkeit beherzigt. Oder sie haben diese erlernt, indem sie zusammen mit einem Trainer oder einem Coach immer wieder neu darüber nachgedacht haben, wie sich herausfordernde Situationen kommunikativ gestalten lassen. Was wir als Ergebnis bewundern können, sind die Spitzen der Eisberge, die Perlen im weiten Meer der Sätze und Worte, der Statements und Meinungsäußerungen.

Was ist wichtig bei der neuen Schlagfertigkeit? Was müssen Sie beachten, wenn auch Sie die neue Schlagfertigkeit nutzen möchten:

- Es gibt niemanden, der die neue Schlagfertigkeit erlauben oder verbieten könnte, man und frau praktiziert sie einfach!
- Der Appetit kommt beim Essen: je geschickter Sie werden, desto einfacher wird es für Sie und desto erfolgreicher werden Sie damit.
- Mut tut gut: üben Sie aber ruhig in sozial weniger riskanten Situationen, zum Beispiel im Freundeskreis, bevor Sie Ihre kommunikativen Einlagen beim nächsten Strategiemeeting verschießen.
- Je schneller, je spontaner, je witziger, desto besser, auch kleine Schnitzer werden Ihnen so schneller verziehen.
- Wer es nicht versucht, hat schon verloren: die Ansatzpunkte und Einsatzmöglichkeiten der neuen Schlagfertigkeit sind nur durch Ihre Fantasie begrenzt.
- Heute schon an morgen denken: sich kommunikativ immer nach rechts und links abzusichern und alle Eventualitäten zu berücksichtigen, wird zusehends schwieriger, letztlich brauchen wir die Performance in der Situation, nicht die tagelange Vorbereitung, nicht nur Obama, Merkel und Co. fehlt die Zeit hierfür, uns fehlt sie auch!

1.5 Perspektiven der Schlagfertigkeit – Alte versus neue Schlagfertigkeit

Wir haben im Kollegenkreis immer wieder über die unterschiedlichen Formen der Schlagfertigkeit diskutiert. Dabei hat sich für uns herauskristallisiert, dass es zwei Welten zu geben scheint. Die der alten, klassischen Form der Schlagfertigkeit und eine neue Form, die es zwar in Ansätzen auch schon länger gibt, welche aber in den letzten Jahren an Bedeutung gewonnen hat. Auch wenn die alte Form auch weiterbesteht und zuweilen ihre Berechtigung hat, so ist doch das Potenzial der neuen Schlagfertigkeit ungleich höher.

Alte Schlagfertigkeit	Neue Schlagfertigkeit
Reagieren	Agieren
Einer gewinnt	Alle gewinnen
Mit Härte	Mit Humor
Männlich	Männlich und weiblich
Vergeltung	Inspiration
Mit Druck	Als Sog
Verletzend	Gestaltend
Verantwortung für sich	Verantwortung für sich und andere
Destruktiv	Sorgsam
Verteidigend	Gestaltend
Bloßstellend	Gesicht wahrend
Mit Kraft	Mit Technik

Abbildung 1: Alte Schlagfertigkeit versus neue Schlagfertigkeit

Es gibt somit ein Kontinuum und es bleibt Ihnen letztlich selbst überlassen, wo Sie sich hier genau einordnen möchten. Sowohl die klassische als auch die moderne Form der Schlagfertigkeit ist in bestimmten Situationen durchaus legitim und beide Herangehensweisen haben ihre Vor- und Nachteile. Mit der Brille dieses Buches gesehen, werden Sie immer mehr Möglichkeiten erkennen, die alte durch die neue Form der Schlagfertigkeit zu ersetzen.

1.6 Sie haben die Wahl: Schlagfertig oder nicht?

Sie können in Ihrem Leben auch die Entscheidung treffen, ängstlich, zurückgezogen und äußert verschlossen durchs Leben zu laufen. Sicherlich könnten Sie dann nur noch Jobs machen, bei denen der Kontakt zu Menschen ausgeschlossen ist, wie zum Beispiel bei einem Vogelwart oder einem Leuchtturmwächter. Programmierer oder Maschinisten, scheinbar prädestiniert für unbeeinflusstes Arbeiten, müssen sich heute sehr intensiv mit Auftraggebern, Chefs und den Nutzern Ihrer Arbeit auseinandersetzen! Müssen auf die eine oder andere Unterstellung reagieren, idealerweise schlagfertig. Nur ergeben sich solche Situationen bei solchen Berufsbildern dennoch sehr viel seltener als beispielweise bei einem Politiker, der immer wieder von Journalisten „hart rangenommen" wird oder einem Entertainer wie Harald Schmidt, der davon lebt, dass andere das, was er von sich gibt, auch witzig finden. Allerdings: Schmidt hat seine Witz- und Spruchproduzenten und moderiert dies dann vorzugsweise.

Aber auch die Rolle des Chefs, einer Führungskraft also, ist nicht zu unterschätzen. Auch ein Chef muss zuweilen schlagfertig reagieren. Die wenigsten haben Ihren Pressesprecher immer dabei. Im Unternehmen ist Kommunikation in der Regel Chefsache. Als Vertreter der neuen Schlagfertigkeit haben Chefs die Motivation Ihrer Mitarbeiter in der Regel auf Ihrer Seite. Als Vertreter einer harten, zynischen oder auf Runterputzen der Mitarbeiter gemünzten Form der Schlagfertigkeit haben diese jedoch in der Regel stark demotivierte Mitarbeiter. Sie sehen: Schlagfertigkeit wirkt in gewisser Weise wie ein Magnet, sie müssen nur wissen, wie herum sie diesen zu halten haben.

Dennoch: die besondere Herausforderung von Medienschaffenden und insbesondere auch Politikern ist die fortwährende Beobachtung in der Öffentlichkeit. Wer hier nicht innerlich „fertig" ist und dann etwas Entsprechendes

„äußert", der stürzt vermutlich sehr viel schneller ab als ein konstant de-
motivierender Chef. Allerdings haben wir in den Unternehmen den Eindruck
gewonnen, dass diese Art von beratungsresistenten Chefs so langsam aus-
stirbt, obzwar immer wieder einzelne „Dinosaurier" zu beobachten sind.

1.7 Ist es erstrebenswert, schlagfertig zu sein?

*„Schlagfertigkeit, das ist doch ein Luxusproblem der Schönen und Erfolg-
reichen",* werden Sie vielleicht denken. Aber meinen Sie nicht auch: Auch
für Menschen wie Sie und mich ist es durchaus erstrebenswert, schlagfertig reagieren zu können. Und vielleicht wollen Sie ja auch einmal etwas
Schönheit, oder Erfolg, vielleicht ja auch beides! Denken Sie nur einmal an
eine spontane positive, anerkennende Reaktion wie „Sie sind aber schlagfertig!". Wer hätte das nicht einmal gerne? Und bedenken Sie, dass Sie mit
Sicherheit besser schlafen können, wenn Sie für alle – oder sagen wir – für
viele Situationen eine Zuversicht mitbringen, dass Sie um eine schlagfertige Antwort nicht verlegen sind. Und wenn Sie nun sagen wir einmal ein
Spitzen-Politiker wären, dann müssten Sie sich genau auf diese Fähigkeit
verlassen, um nicht vor lauter Sorge um ihr persönliches Versagen um den
Schlaf gebracht zu werden. Aber das gilt bei genauerer Betrachtung für sehr
viele Berufsgruppen: Sekretärin, Vorstandsassistent, Projektleiter, Eisverkäufer, Busfahrer, Tanzlehrer und viele andere mehr.

Fazit

Schlagfertigkeit ist für jeden nützlich und im Grunde möchte auch jeder gerne
schlagfertig sein. Viele haben nur Zweifel, sie seien nicht gut genug dafür, und
geben es daher nicht gerne zu.

Kapitel 2:

Die acht Prinzipien der neuen Schlagfertigkeit

„Es ist besser, hohe Grundsätze zu haben, die man befolgt,
als noch höhere, die man außer Acht lässt."
Albert Schweitzer

Wir haben im Kollegenkreis lange überlegt, wie wir den Wunsch von vielen Teilnehmern in unseren Seminaren und Coaching nach einer neuen Schlagfertigkeit am besten erfüllen können. Die Schwierigkeit besteht ja darin, diese Fähigkeiten in wichtigen Situationen auch tatsächlich verfügbar zu haben. Nach unzähligen Seminaren und Coachings können wir sagen, mit einer kurzen Checkliste geht es nicht. Eine Checkliste mit wenigen plumpen Wenn-Dann-Regeln bietet die neue Schlagfertigkeit nicht. Das wäre ein zu schwacher Dolch, der genau dann bricht, wenn es drauf ankommt.

Mit Prinzipien oder Grundsätzen ist das anders. Hat man sie einmal verstanden und nachvollzogen, kann man sie immer wieder anwenden und damit wirksame Lösungen und tragfähige Vorgehensweisen auch für neue Situationen finden. Die Prinzipien der Schlagfertigkeit, die sich beobachten ließen, können Sie in jeder Talk-Show, in Meetings, im Ladengeschäft und sogar während einer U-Bahn-Fahrt beobachten. In Reinform finden sich diese jedoch insbesondere bei Politikern und Medienprofis, da diese sich tagtäglich in der Öffentlichkeit bewegen und dort für ihre Sache Anhänger finden müssen. Wenn Sie die acht Prinzipien der Schlagfertigkeit einmal in ihren Grundzügen begriffen haben, können Sie sich dieser jederzeit bedienen.

Sie kennen vielleicht diese Phrasen und Mustersätze aus Verkaufs- und älteren Rhetorikbüchern. Wenn Sie Ihnen schon einmal begegnet sind, dann haben Sie bestimmt auch die leidvolle Erfahrung sammeln dürfen, dass man nie den passenden Merksatz oder die passende Regel parat hat, wenn es darauf ankommt. Die neue Schlagfertigkeit bietet Ihnen statt Regeln und plumper Kasuistik zunächst einmal wenige überschaubare Prinzipien. Prinzipien haben den Vorteil, dass sie nicht auf den Einzelfall bezogen sind. Sie helfen in jeder Situation weiter und machen Sie so schneller, sicherer und souveräner.

Wie Sie an den vielen Beispielen, die in den einzelnen Kapiteln beschrieben sind, sehen werden, sind die Prinzipien der neuen Schlagfertigkeit auch universell gültig. Das heißt, auf internationalem Parkett werden diese genauso eingesetzt wie in Deutschland, in Österreich oder in der Schweiz. Die Prinzipien der Schlagfertigkeit sind auch nicht abhängig von einer bestimmten Sprache. Wenn Sie die englische, die französische, die spanische, die italienische oder eine andere Fremdsprache sehr gut beherrschen, können Sie diese Prinzipien genauso in diesen Sprachräumen anwenden. Um dies zu demonstrieren, gibt es in jedem Kapitel auch internationale Beispiele. Und auch die regionalen Unterschiede, denken Sie zum Beispiel an die Berliner Schnauze, haben Eingang in die unterschiedlichen Prinzipien der neuen Schlagfertigkeit gefunden.

Die in diesem Buch beschriebenen Grundsätze sind allgemein verständlich dargestellt und Sie können diese sowohl auf berufliche aus auch auf private Lebensbereiche übertragen, nach dem Motto: Es gibt für jedes Schloss einen passenden Schlüssel. Mit den in diesem Buch formulierten Prinzipien reduzieren wir die Zahl der Schlüssel auf eine überschaubare Zahl, sodass Sie so ganz einfach Ihren ganz persönlichen Schlüsselbund der Schlagfertigkeit zusammenstellen können.

Die Prinzipien sind entstanden aus einer sehr umfassenden Inhaltsanalyse, bei der zwei Kolleginnen und ich mehr als 800 Textstellen der Presseorgane „Die Welt" sowie „Die Zeit" der letzten Jahre und Jahrzehnte analysiert haben, in denen die Begriffe „Schlagfertigkeit" beziehungsweise „schlagfertig" explizit von einem Journalisten benutzt wurden, um ein besonders erfolgreiches schlagfertiges Verhalten oder besonders wenig schlagfertiges Verhalten zu beschreiben oder um in anderer Form das Thema „Schlagfertigkeit" aufzugreifen. Die intensive Analyse dieses Materials hat uns dann auf die Fährte der acht Prinzipien gebracht.

Die Prinzipen sind also direkt aus der Arbeit mit dem Material entstanden und auch wenn ich in diesem Kapitel eine Übersicht dieser acht Prinzipien präsentiere, in der diese auch sehr eindeutig definiert und beschrieben werden, ist es dennoch empfehlenswert, die einzelnen Folgekapitel zu lesen und vor allem auch den Übungsteil anhand der vielen Beispiele durchzuarbeiten. Jedes Kapitel beginnt mit aktuellen und zeitlosen Beispielen für das jeweilige Schlagfertigkeits-Prinzip. Die Reihenfolge ist dabei stets Politik, International, Wirtschaft, Geschichte, Gesellschaft und Medien ähnlich den Ressorts einer Zeitung. Wenn Sie also eine bestimmte Vorliebe für Gesellschaft und Medien haben, können Sie sich auch an diesen Stellen vertieft mit den Beispielen beschäftigen. Bei den jeweils ersten Episoden habe ich in Form eines Zitats auch noch einmal prägnant die schlagfertige Antwort hervorgehoben, sodass Sie sich mit einem Blick auch gut an die Essenz der Startepisode erinnern können. Die Zitate sind alle amüsant und machen die jeweiligen Prinzipien der Schlagfertigkeit anschaulich. Schlagfertigkeit ist jedoch auch etwas sehr konkretes. In jedem der kommenden acht Kapitel schließt sich an die Episoden ein Übungsteil an, in dem jeweils fünf besonders geeignete Techniken beschrieben sind. Diese Techniken erlauben Ihnen, die Anwendung des Prinzips anhand von übersichtlich aufgebauten Übungssätzen sehr konkret zu üben. Insgesamt sind in den Übungsteilen 40 Schlagfertigkeits-Techniken, 120 Textbeispiele und 200 Übungssätze beschrieben, mit denen ich Ihnen die Prinzipien der Schlagfertigkeit Kapitel für Kapitel näherbringen werde.

Wichtig ist, dass Sie die Übungssätze auch tatsächlich dazu nutzen, schlagfertige Antworten zu generieren. Nehmen Sie hierzu immer einen Stift in die Hand, während Sie das Buch lesen, und schreiben Sie Ihre Antwortsätze direkt in das Buch. Ihr Lerneffekt wird um ein vielfaches größer sein, wenn

Sie die Übungen auch tatsächlich selbst ausprobieren und Ihre Antworten festhalten. Sie können auch gern einzelne Zitate und Beispiele notieren, die Sie besonders hilfreich oder inspirierend finden. Das gleiche gilt für die Fälle und die weiterführenden Übungen. Im letzten Kapitel dieses Buches machen Sie dann noch einmal eine Bestandsaufnahme, welche der einzelnen Techniken, Fälle und weitergehenden Übungen Sie komplett durchgearbeitet haben. Außerdem bekommen Sie Hinweise, wie Sie Ihre Schlagfertigkeit noch weiterentwickeln können.

2.1 Kurzbeschreibung der Prinzipien

An dieser Stelle werden kurz die acht Prinzipien der Schlagfertigkeit beschrieben. Dies dient Ihrer Orientierung und es ist gleichzeitig der rote Faden dieses Buches. Zunächst sehen Sie alle acht Prinzipien in einer grafischen Übersicht, dann folgt eine kurze Erklärung einschließlich einer Beispielanekdote (zum Teil in Anlehnung an Weller, 1973).

Für die Darstellung wurde ein achtzackiger Stern, eine sogenannte Windrose, gewählt. Diese wird häufig für die Darstellung von Himmelsrichtungen eingesetzt, eignet sich jedoch auch hervorragend für die Visualisierung der acht Prinzipien der Schlagfertigkeit. Eine ausführliche Erläuterung zu den acht Prinzipien finden Sie in den nachfolgenden Kapiteln 3 bis 10. Alle Prinzipien haben eine gleiche Wertigkeit, ergänzen sich wechselseitig und können grundsätzlich miteinander kombiniert werden. Das ist dann aber schon höhere Kunst. Doch nun zurück zur Übersicht:

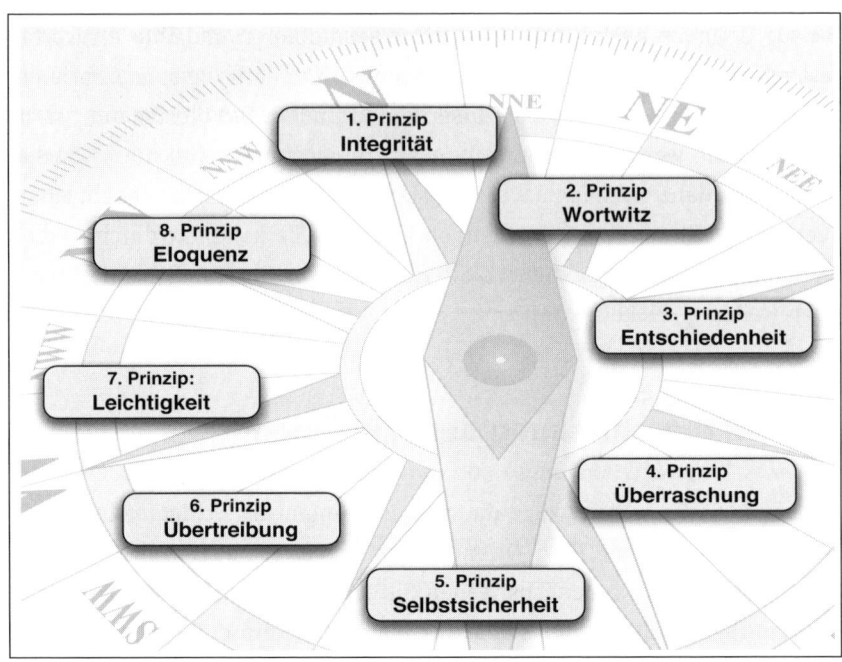

Abbildung 2: Die acht Prinzipien der neuen Schlagfertigkeit

Erstes Prinzip – Integrität:

„... dass Sie noch einmal in froher Erwartung sind"

Sich selbst treu bleiben, auch in schwierigen Kommunikationssituationen, das ist eine der Grundvoraussetzungen für Schlagfertigkeit. Konsistent im Sinne von mentaler Klarheit und geistiger Unversehrtheit die Dinge ansprechen, um die es wirklich geht, und Nebensächlichkeiten als solche zu erkennen und entsprechend links liegen zu lassen.

Beispiel: *In einer Gesellschaft bat ein jugendlicher Jurastudent eine schon reifere Dame zum Tanz, erhielt jedoch einen Korb: „Tut mir leid, aber ich tanze nicht mit einem Kind." – „Ich bitte um Verzeihung", sagte der junge Mann, „aber ich konnte angesichts Ihrer Jahre nicht damit rechnen, dass Sie noch einmal in froher Erwartung sind."*

Zweites Prinzip – Wortwitz:

„... aber die Pulle ist leer"

Mit Sprache andere zum Schmunzeln bringen heißt das Spiel mit den Worten ernst nehmen. Mr. Spock, der spitzohrige Vulkanier aus Raumschiff Enterprise, konnte damit überhaupt nichts anfangen: *„Humor? Das ist etwas Seltsames, es ist nicht logisch"*, kommentierte dieser mit hochgezogener Augenbraue. Wenn Sie die Dinge zuweilen auch so betrachten, dann ist Wortwitz Ihr Lernfeld.

Beispiel: *„Ohne Flaschenzug schaffen Sie das nicht", sagt ein etwas besserwisserischer Ingenieur zu zwei Arbeitern, die sich abmühten, einen schweren Steinblock zu bewegen. „Das wissen wir auch, aber die Pulle ist leer", sagte in süffisantem Ton einer der beiden.*

Drittes Prinzip – Entschiedenheit:

„... bis später. Auf Wiedersehen!"

Der frühe Vogel fängt den Wurm, aber erst die zweite Maus bekommt den Käse. Diese Prinzipien gelten nicht nur in der Tierwelt. Genauso wie Bakterien beim Futtersuchen im Meer extrem schnell und eindeutig auf die sedimentierenden Nahrungsklümpchen reagieren, um in der Wasserwüste des Ozeans zu überleben, so überleben auch wir, wenn wir zielgerichtet und mit einer klaren Orientierung reagieren, wenn viele Möglichkeiten zur Wahl stehen. Das setzt häufig profundes Vorwissen oder entsprechende Erfahrungen voraus. Auch eine innere Klärung im Vorfeld unterstützt eine entschiedene Haltung.

Beispiel: *Der Personalchef zur jungen, aber sehr gut ausgebildeten Bewerberin: „Sie erhalten ein Monatsgehalt von 1.000 Euro. Später mehr." – „Gut, dann bis später. Auf Wiedersehen!"*

Viertes Prinzip – Überraschung:

„‚Aber ich', und trat zur Seite"

„Mann beißt Hund", ist eine Überschrift, die überrascht. Denn das ist ungewöhnlich! Nicht der umgekehrte Fall, bei dem ein Hund einen Mann beißt wie üblich, denn das gibt es wahrscheinlich jeden Tag. Die Psychologie der Überraschung ist zwar noch nicht geschrieben, aber es ist klar, dass Überraschung eine positive Form darstellt, eine gegebene Erwartung zu enttäuschen oder sagen wir hier lieber, gekonnt zu konterkarieren. Schlagfertige Menschen nutzen gern Überraschungseffekte und verblüffen dabei zuweilen auch sich selbst!

Beispiel:
So zum Beispiel der Rechtsanwalt, welcher einmal den Kontrahenten eines zwielichtigen Geschäftsmanns vertreten hatte. Dieser trat unserem Anwalt in einem engen Gerichtskorridor in den Weg und sagte: „Ich weiche keinem Schurken aus" – „Aber ich", antwortete der Anwalt und trat zur Seite.

Fünftes Prinzip – Selbstsicherheit:

„… sagte ‚Presse' und ging weiter"

Selbstvertrauen ist eine Haltung, welche die eigenen Stärken in den Vordergrund hebt. Häufig verbunden mit einer positiven Wahrnehmung der eigenen Wesenszüge und eines klaren Unterschiedes zu anderen Menschen und zur Umwelt. Rollenklarheit und Vertrauen in sich selbst stärkt die Selbstsicherheit.

Verdeutlichen lässt sich dies gut an einer Begebenheit, die von dem irischen Dramatiker George Bernhard Shaw erzählt wird, der seinerzeit als Salonsozialist der Fabian-Society zugehörig war. Auf den Straßen Londons bat ihn ein einbeiniger Bettler um eine milde Gabe. Er tippte an seinen Hut, sagte *„Presse"* – und ging weiter. Das Verhalten bei diesem historischen Beispiel mit dem Bettler ist aus heutiger Sicht politisch nicht korrekt, aber das Prinzip lässt sich dennoch in unsere Zeit übertagen. Zum Beispiel: *„Möchten Sie in Zukunft die Zeitung x lesen"*, *„Kennen Sie schon die Kreditkarte y"* oder *„Wollen Sie eine Reise nach z gewinnen?"* – *„Presse!"*, und Sie gehen weiter. …

Sechstes Prinzip – Übertreibung:

„… im nächsten Tunnel Selbstmord begehen"

Mit dem Prinzip der Übertreibung erreichen Sie ungeahnte Effekte und das Stilmittel der Übertreibung ist aus der modernen Schlagfertigkeit nicht mehr wegzudenken. Satire zum Beispiel bedient sich ebenfalls der Übertreibung, wie im Brockhaus nachzulesen ist, um damit noch treffender, noch zielgenauer sein zu können. Allerdings, wer die Übertreibung übertreibt, verliert häufig die gewünschte Wirkung!

Von dem österreichischen Journalisten und Schriftsteller Alfred Polgar ist die folgende Episode überliefert, welche das Prinzip der Übertreibung geradezu bilderbuchartig zeigt. Dieser stieg in ein Eisenbahnabteil, in dem schon eine Dame mit ihrem fünfjährigen Töchterchen saß. Da die Dame gern allein geblieben wäre, sagt sie: *„Darf ich Sie darauf aufmerksam machen, dass mein Kind Scharlach hat."* – *„Ach, das macht fast gar nichts"*, antwortete Polgar, *„ich wollte sowieso im nächsten Tunnel Selbstmord begehen."*

Siebtes Prinzip – Leichtigkeit:

„… gleich gedacht, dass Sie die nicht kennen"

Der Wurm muss dem Fisch schmecken und nicht dem Angler, so einfach ist das, oder? Wenn Sie so richtig im Fluss sind, fallen Ihnen viele, gute Erwiderungen ein, je leichter Sie die Sache angehen, desto einfacher wird es häufig, gute und neuartige Lösungen zu finden.

Das erinnert uns an ein Gespräch zwischen Abgeordneten zweier Parteien, beide ausgewiesene Finanzexperten. „Es gibt viele Arten zu Geld zu kommen, aber nur eine einzige, die anständig ist." – „Und die wäre?", fragte sofort der andere? – „Haha", lachte der erste, „das habe ich mir gleich gedacht, dass Sie die nicht kennen."

Achtes Prinzip – Eloquenz:

„… verstehe mich nicht mehr mit dem Bodenpersonal"

Eloquenz ist die Kunst, mit Worten nicht zu verletzen und trotzdem messerscharf auf den Punkt zu kommen. Anders ausgedrückt: ein dezentes und taktvolles Verhalten, bei dem Sie jedoch trotzdem für das eigene Ziel arbeiten. Es ist zum Beispiel häufig eine Frage der Formulierung und nicht des Inhalts, ob jemand Ihre Meinung akzeptiert oder nicht.

Dieses Prinzip lässt sich am besten an dem alten Witz mit dem Kirchenaustritt illustrieren. Ein Mann, der die Absicht geäußert hatte, aus der Kirche auszutreten, wurde von seinem Freund vorwurfsvoll gefragt: *„Wie kannst du dich zu so einem Schritt entschließen! Glaubst du denn nicht mehr an Gott?"* – *„Das tue ich immer noch. Aber ich verstehe mich nicht mehr mit seinem Bodenpersonal."*

2.2 Der Transfer in den Alltag

In den folgenden acht Kapiteln wird jeweils ein einzelnes Schlagfertigkeits-Prinzip aufgegriffen und dieses dann mit vielen aktuellen, manchmal sogar auch historischen Zitaten und Episoden unterlegt. Ganz wichtig ist dann natürlich der Transfer in Ihren Alltag. In welchen Situationen könnten die beschriebenen Prinzipien bei Ihnen Anwendung finden? Wie lauten Ihre Lieblings-Prinzipien, Ihre Lieblings-Techniken und Ihre Lieblings-Formulierungen? Kein Mensch verbietet Ihnen, sich diese auch schon bei der Lektüre des Buches zu notieren, im Gegenteil, ich fordere Sie sogar dazu auf. Und wenn Ihnen jetzt nichts einfällt, dann fragen Sie doch einfach gute Freunde oder Bekannte, die haben vielleicht die eine oder andere gute Anregung!

2.3 Was sind für Sie Killerphrasen?

Machen Sie sich eine Liste und überlegen Sie sich wenn möglich ein paar Formulierungen, welche Sie als Killerphrasen erlebt haben beziehungsweise Situationen, in denen Sie in Zukunft schlagfertiger sein möchten. Wo waren

Sie in der letzten Zeit sprachlos, wo haben Sie sich geärgert oder wo waren Sie mit Ihrem Verhalten nicht zufrieden?

1. Im Beruf:

2. Bei Freunden:

3. In einer Partnerschaft:

4. In der Familie:

5. Im Alltag:

> **Tipp**
>
> Kommen Sie beim Lesen dieses Buches immer wieder auf Ihre Liste zurück und
> überprüfen Sie, welche Ideen für schlagfertige Antworten Ihnen Beispiele und
> Übungen für Ihre „Problemsituationen" geben. Einen maximalen Lerneffekt
> erzielen Sie, wenn Sie sie schriftlich festhalten. Durch die intensivere Beschäf-
> tigung steigt die Wahrscheinlichkeit, dass sich Ihr Gehirn das nächste Mal in
> einer realen Situation erinnert und Sie schlagfertig sind.

2.4 Wie lässt sich Schlagfertigkeit erforschen?

Sie sehen: Die Vorteile, welche sich durch ein schlagfertiges Verhalten ergeben, sind vielfältig. Nur wie kommen wir überhaupt auf die Ideen für
schlagfertige Antworten? Wie lässt sich Schlagfertigkeit studieren? Haben
wir Schlagfertigkeit an der Uni belegt? Eher nicht. Denn dieses Thema passt
nicht in eine Disziplin, ist eher übergreifend angelegt und die Einzeldis-
ziplinen sind überfordert. Für die Germanisten hat es zu wenig mit dem
geschriebenen Wort zu tun, die Psychologen können Schlagfertigkeit nicht
gut genug in Experimenten untersuchen, die Soziologen kommen mit der
Konkretheit der Sprachäußerungen nicht zurecht, Medienwissenschaftler
haben Schlagfertigkeit bislang noch nicht für den Fokus ihrer Betrachtung
entdeckt, denn das Medium ist ja die Botschaft, nicht der Inhalt. Dem
Politikwissenschaftler scheint dieser Bereich zu unpolitisch zu sein. Die Be-
triebswirtschaft hat sowieso schon genug Probleme, ganz grundlegend die
menschlichen Einflüsse auf den Erfolg eines Unternehmens zu beschreiben,
da ist das Thema Schlagfertigkeit doch deutlich zu weit weg usw.

Allerdings: Die Frage, ob eine Person schlagfertig ist oder nicht, hat immerhin Eingang in verbreitete Persönlichkeitsinventare gefunden. Bei dem
Bochumer Persönlichkeitsinventar zur berufsbezogenen Persönlichkeitsein-
schätzung (BIP) zum Beispiel wird eine Selbsteinschätzung zu Aussagen „Ich

bin schlagfertig", „Ich nehme die Dinge ganz genau" oder „Ich trage gern die Verantwortung für wichtige Entscheidungen" abgefragt. Im Freiburger Persönlichkeitsinventar (FPI) wird Schlagfertigkeit beispielsweise als ein Teilaspekt der Persönlichkeitsdimension „Introversion-Extroversion" verstanden. Die These, dass auch Schlagfertigkeit für den Berufserfolg ausschlaggebend ist, ist bislang noch nicht untersucht worden, wäre aber sicherlich den Aufwand einer empirischen Studie wert, insbesondere welche Formen der Schlagfertigkeit in welchen Berufsfeldern zu größeren Erfolgen führen.

2.5 Umfrage-Ergebnis: Wer ist für Sie am schlagfertigsten?

Und bevor wir uns im dritten Kapitel den einzelnen Prinzipien der Schlagfertigkeit zuwenden, möchte ich hier noch von einer Umfrage berichten, die wir als Trainingsunternehmen im Frühjahr 2009 unter Teilnehmern unterschiedlicher Foren in Xing, unter anderem auch unserer Gruppe „Schlagfertigkeit", sowie Besuchern unserer Website www.futureformat.de durchgeführt haben. Gefragt wurde nach derjenigen Person, welche die Teilnehmer – im positiven Sinne – als besonders schlagfertig wahrgenommen hatten. Jede Teilnehmerin beziehungsweise jeder Teilnehmer hatte genau eine Stimme und es hatten sich bis zum 15. Juli 2009 insgesamt 411 Personen an der Umfrage beteiligt.

Gefragt hatten wir nach 35 in- und ausländischen männlichen und weiblichen Personen aus Politik, Wirtschaft, Medien und Sport. Konkret handelte es sich um Andrea Ypsilanti, Angela Merkel, Anne Will, Barack Obama, Barbara Schöneberger, Dieter Bohlen, Erwin Huber, Franz Müntefering, George W. Bush, Gerhard Schröder, Gregor Gysi, Guido Weserwelle, Harald Schmidt, Helmut Schmidt, Hugo Egon Balder, Johannes B. Kerner, Jörg Pilawa, Jürgen Klopp, Klaus Wowereit, Michael Schumacher, Mirko Slomka, Nicolas

Sarkozy, Niki Lauda, Oliver Pocher, Peer Steinbrück, Reinhold Beckmann, Renate Künast, Silvio Berlusconi, Stefan Effenberg, Stefan Raab, Thomas Gottschalk, Tony Blair, Verona Pooth, Wladimir Klitschko sowie Wolfgang Schäuble.

An erster Stelle stehen die in den Medien sehr präsenten deutschen Entertainer Harald Schmidt (22 Prozent), Barbara Schöneberger (12 Prozent), Oliver Pocher (7 Prozent) sowie Dieter Bohlen (6 Prozent). Dann folgen der Alt-Kanzler Helmut Schmidt (5 Prozent), der Sympathieträger der Linken Gregor Gysi (5 Prozent) sowie der neue US-Präsident Barack Obama (4 Prozent). Mediengrößen wie Stefan Raab (4 Prozent), Thomas Gottschalk (3 Prozent) und Anne Will (2 Prozent) standen in der zweiten Reihe. Auch die Politiker Guido Westerwelle (3 Prozent), Angela Merkel (2 Prozent) sowie Peer Steinbrück (2 Prozent) konnten entsprechende Stimmen auf sich vereinen. Im Sport sind der Trainer von Borussia Dortmund Jürgen Klopp (3 Prozent) sowie der beliebte Boxweltmeister Wladimir Klitschko (2 Prozent) besonders schlagfertig (siehe Abbildung 3 auf der folgenden Seite).

2.6 Medienleute und Filmfiguren

Und was wir im Kollegenkreis immer wieder festgestellt haben bei der Frage *„Wer ist nun eigentlich schlagfertig?"*, war die Diskussion um Personen: jeder kennt seine eigenen Beispiele. Wenn Jörg Pilawa schlagfertig ist, dann doch auch Günter Jauch, der ist doch auch sehr schlagfertig, oder?

So sagt Pilawa in einem Interview auf eine Frage (*DWDL*, 7. April 2008): *„Franz-Josef Wagner hat Sie einen ,anpasserischen, uninteressierten Menschen bar jeder Neugier' genannt"* – Die Antwort Pilawas: *„Ich freue mich bei Herrn Wagner wahnsinnig, dass es seine Rubrik gibt – sonst wäre dieser Mensch ja arbeitslos. Ich habe nach der Veröffentlichung sehr viel unterstüt-*

Ergebnisübersicht (N=411, eine Stimme pro TN, Antworten in Prozent)	
1. Harald Schmidt **22,14 %**	2. Barbara Schöneberger **12,41 %**
3. Oliver Pocher **6,57 %**	4. Dieter Bohlen **5,84 %**
5. Helmut Schmidt **5,35 %**	6. Gregor Gysi **4,87 %**
7. Barack Obama **4,38 %**	8. Stefan Raab **3,65 %**
9. Guido Westerwelle **3,16 %**	10. Thomas Gottschalk **2,92 %**
11. Jürgen Klopp **2,92 %**	12. Anne Will **2,43 %**
13. Angela Merkel **2,43 %**	14. Andrea Ypsilanti **1,95 %**
15. Wladimir Klitschko **1,70 %**	16. Peer Steinbrück **1,70 %**
17. Gerhard Schröder **1,22 %**	18. Verona Pooth **0,97 %**
19. Hugo Egon Balder **0,97 %**	20. Niki Lauda **0,73 %**
21. Jörg Pilawa **0,73 %**	22. Renate Künast **0,49 %**
23. Klaus Wowereit **0,49 %**	24. Johannes B. Kerner **0,49 %**

Abbildung 3: Umfrage: Wer ist für Sie am schlagfertigsten?
(alle Details: *http://umfrage.futureformat.de*)

zende Post bekommen – aber ich konnte und musste über die Formulierung einfach schmunzeln. Wer hat noch keinen von Wagner mitbekommen? Wenn ich das persönlich nehmen würde, müsste ich mich irgendwo eingraben."

Günter Jauch antwortet auf die folgende, leicht inquisitorisch angespitzte Journalistenfrage zu seiner Sendung ‚Wer wird Millionär?': *„Sie sind ja dann der ideale Moderator für solche Shows. Sie sind, vermute ich mal, Millionär. Aber Sie arbeiten, als müssten Sie einen Schuldenberg abarbeiten und endlich mal sehen, dass Sie ein bisschen bekannt werden."* – Die Erwiderung Jauchs: *„Ich arbeite sicher nicht mehr, um meinen Lebensunterhalt zu verdienen. Was wiederum nicht heißt, dass ich gratis tätig bin. Was und wer speziell* *beim Fernsehen nichts kostet, ist da auch ganz schnell nichts mehr wert. Und kommen Sie mir bitte nicht mit der Mallorca-Variante: Alles hinschmeißen und morgens um zehn den ersten Rotwein auf der Luxus-Finca entkorken. Das ist vier Wochen schön, danach öde und langfristig tödlich.* " (Blog Stefan Niggemeier, 12. Dezember 2004)

Und wer fällt Ihnen ein? Könnte es sein, dass, je länger Sie darüber nachdenken, Ihnen desto mehr Personen einfallen, welche doch in bemerkenswerter Weise schlagfertig sind? Und denken Sie nicht nur an reale Personen. Da gibt es ja auch noch die große weite Welt der Film- und Serienhelden! Vielleicht kennen Sie auch Bernd Stromberg, den Protagonisten der im besten Sinne haarsträubenden TV-Büro-Komödie-Tragödie der fiktiven Kölner Metropol-Versicherung? Beispiele:

- *„Büro ist wie unter lauter Haien zu schwimmen, da brauchste nur einmal Nasenbluten zu kriegen und schon ist Feierabend."*
- *„Als Chef musst du auch Spannungen aushalten können und wenn die Luft mal wieder zum Schneiden ist, musst du ein Messer mitnehmen."*
- *„Wie so 'ne Katze, wenn man denkt, da ist Feierabend, dann hab ich immer noch so fünf, sechs Leben in der Hinterhand."*

Was bei Medienleuten schon grenzwertig ist, da diese ja auch über fleißige Gag-Schreiber verfügen, mit welchen sie sich die witzigsten Sprüche im Vorfeld zusammenpuzzeln können, macht bei einer Serienfigur wie Bernd Stromberg dann schließlich noch weniger Sinn. Allerdings: Obzwar ein Bernd Stromberg nicht in natura existiert, und ich verhindern wollte, dass eine fiktive Person am Ende als schlagfertigste Person des 21. Jahrhunderts in die Geschichte eingeht, ist es natürlich schon interessant, mit welchen sprachlichen Mitteln ein Bernd Stromberg in den Episoden agiert.

Und überhaupt: Am schlagfertigsten sei doch immer noch der gute alte Hans-Joachim Kulenkampff, sicherlich eines der ganz großen Show-Talente der frühen deutschen Nachkriegsunterhaltung! ‚Der letzte Saurier' (Weltwoche), ‚Charmeur der alten Schule' (Kölner Stadt-Anzeiger) und ‚Mozart des Plaudertons' (Spiegel) stand über den Nachrufen anlässlich des Todes von Hans-Joachim Kulenkampff im Jahre 1998 (WDR.de, 14. August 2008). Kulenkampff gelang es trotz Massenpublikum einen zuweilen tatsächlich feinsinnigen Humor zu kultivieren, wobei ihm vermutlich seine grundsätzlich menschenfreundliche Haltung zugutekam:

- *„Die Leute sind gar nicht so dumm, wie wir sie durchs Fernsehen noch machen werden."*
- *„Der Mensch ist doch ein armes Schwein."*
- *„Ein Kollege von mir berichtete mir von einem Fernsehstar, dessen Eitelkeit so weit gediehen war, dass er sich sogar zu verbeugen pflegte, wenn der Regen an die Fenster klatschte."*
- *„Auch den letzten Traum zerstört das Fernsehen: Es ist kein Vorteil mehr, Analphabet zu sein."*

Aber auch Hans-Joachim Kuhlenkampff war nicht frei von Ausrutschern. In der NDR-Talkshow sagt Kuhlenkampff, der Heiner Geißler, also der CDU-Generalsekretär, der sei ein Hetzer, *„schlimmer als Goebbels"*. Der Skandal war komplett. Geißler gab sich wirkungsvoll tiefverletzt. Und Kuli ärgerte sich im privaten Kreis über sich selbst: *„Warum habe ich Rindvieh nur nicht ‚der schlimmste seit ...' statt ‚schlimmer als ...' gesagt? Kein Aas hätte mir da an den Wagen fahren können."*

Eine zweite Sendung. Am 29. Januar mit Kulenkampff und Geißler. Anfängliche Schärfen, aber dann doch der versöhnende Handschlag. Kulenkampff nahm *„hundert Mal, tausend Mal"* seine Beschimpfung zurück. Und den Segen erteilte der greise, weise Börsianer André Kostolany: *„Bei uns Ungarn* *heißt es: Bittet einer um Pardon, ist alles vergeben. Nur kein Ehebruch ...“* Über dreißig Prozent Sehbeteiligung brachte diese Sendung (NDR Fernsehen, 9. Februar 2009).

Auch gibt es immer wieder Hinweise auf besonders schlagfertige Verbrecherjäger, wie zum Beispiel die Tatort-Kommissarin Eva Saalsfeld, gespielt von Simone Thomalla: *„Sie trägt ihr Herz auf der Zunge und ist gegenüber Kollegen, Zeugen und potenziellen Verbrechern schlagfertig und entschlossen“* (*Die Welt*, 21. März 2008). Die bekannte Darstellerin Simone Thomalla selbst brachte Ihre Schlagfertigkeit offenbar nicht nur ein Stück weit in das Tatort-Drehbuch ein, sondern sogar auch in einen bekannten Webespott für Bier zusammen mit Rudi Assauer: *„Nur gucken, nicht anfassen.“*

Insgesamt wird in den Veltins-Spots das Assauer nachgesagte Macho-Image persifliert: *„Hol' ma' Bier!“* – *„Is' keins mehr da!“*, etc. Auch diese Rollen waren Rudi Assauer, zusammen mit Dieter Bohlen einer der letzten deutschen Machos, wie auf den Leib geschneidert.

Auch wenn sich hier Realität und Fiktion mischen, so zeigt sich doch ganz viel schlagfertiges Anschauungsmaterial und ich habe daher diese fiktiven Figuren zwar nicht in die weiter unten dargestellte Umfrage *„Wer ist am schlagfertigsten“*, sehr wohl aber in die Betrachtungen und Analysen in diesem Buch integriert.

2.7 Neue Schlagfertigkeit und Öffentlichkeit

Wenn Sie sich mit den einzelnen Episoden beschäftigen, werden Sie möglicherweise den Eindruck bekommen, dass viele Personen, die im Rampenlicht stehen, unglaublich schlagfertig sind. Schlagfertiger als Sie es vielleicht je sein werden. Und Sie werden viele lustige, kreative und immer wieder neue Ideen für Formulierungen in diesem Buch finden, die ich auf meiner Suche nach den Prinzipien der Schlagfertigkeit gefunden habe. Möglicherweise fragen Sie sich: Warum verfügen diese Personen über so viel Wortwitz, Spontaneität, Mut und Chuzpe, welche ihnen ermöglicht immer wieder schlagfertige Antworten und Reaktionen zu ersinnen? Chuzpe ist übrigens ein jüdischer Ausdruck, der sich im Deutschen mit frech, dreist, unverschämt oder schlitzohrig übersetzen lässt.

Die Antwort ist einfach, und sie ist ernüchternd zugleich: Personen wie Obama, Merkel, Klitschko und die anderen müssen einfach schlagfertig agieren, um ihren Job wirklich gut zu machen und sich dabei nicht über Gebühr stressen zu lassen. Die Zeit für Vor- und Nachbereitung auf öffentliche Redesituationen ist kurz, die Notwendigkeit, sich zu behaupten und dabei im Zweifel in Führung zu gehen, ist unvermeidlich. Sie haben keine andere Wahl! Und zugleich haben sie es genau so gewählt. Und da wir in einer Demokratien leben, ist eine moderne Form der Schlagfertigkeit der Königsweg. Wer sich auf die Öffentlichkeit einlässt, ist ihr ausgeliefert oder hat mit den entsprechenden Mitteln fortan die Chance, diese Situationen zu gestalten. Leidtragender oder Gestalter? Opfer oder Täter? Eine Frage der Perspektive.

2.8 Schlagfertig sein um jeden Preis?

Diese Frage beschäftigt gelegentlich die Gemüter. Gibt es auch ein Zuviel an Schlagfertigkeit? Hillary Clinton zum Beispiel wurde in ihrer Rolle als Präsidentschaftskandidatin vorgeworfen zu schlagfertig zu sein, um noch authentisch zu wirken (*Die Welt*, 26. Oktober 2000). Bei genauerer Betrachtung stellen wir fest, dass Hilary Clinton auch in der jüngeren Vergangenheit immer wieder auch sehr schlagfertige Antworten gegeben hatte, diese jedoch zu oft mit zu wenig Herz. Zum Beispiel ließ Hillary Clinton vor den

Wahlen einen neuen TV-Spot ausstrahlen, der aus einer Montage von Bildern aus Schlüsselmomenten der amerikanischen Geschichte wie den japanischen Angriff auf Pearl Harbor, der Kuba-Krise oder der Überschwemmung in New Orleans bestand. In schweren Zeiten müsse man auf alles vorbereitet sein, sagte ein Sprecher. Wer die Hitze nicht vertrage, solle aus der Küche verschwinden, wird dann ein berühmter Spruch von Präsident Harry S. Truman zitiert, der die Atombombenangriffe auf Japan anordnete. *„Wer hat es nach Ihrer Ansicht drauf?"*, fragte eine Stimme den Zuschauer. Hillary Clinton zeigt Härte, Obama zeigte hingegen Nerven und setzte auf sanftere Töne. *„Wer wird uns in einer Zeit der Herausforderungen zusammenführen – und nicht Angst benutzen, um uns aus kalter Berechnung zu spalten?"*, hieß es als Antwort in einem Wahlspot, den seine Mannschaft zusammenstellte. Obama hatte wiederholt davon gesprochen, das amerikanische Volk vereinigen zu können (*Die Welt*, 22. April 2008).

Hillary Clinton fehlte also eindeutig der Sympathie-Faktor in der Außenwirkung.

Merke

Die neue Schlagfertigkeit braucht den Sympathiefaktor wie ein Flugzeug Flügel braucht. Ist dieser nicht gegeben, sacken Sie ganz schnell unten durch!

Dieser Mangel an Sympathie wurde Hillary Clinton als unmenschlicher Zug ausgelegt, möglicherweise ein Grund, warum es ihr trotz fast übermenschlicher Anstrengungen nicht gelungen ist, sich gegen den sympathischen Barak Obama durchzusetzen. Dieser vergaloppierte sich zwar auch das eine oder andere Mal, insbesondere in Talk-Shows, war sich aber – wie beschrieben – nicht zu schade, sich immer wieder auf eine sehr glaubhafte Weise zu entschuldigen.

Was können wir hieraus lernen? Enden Sie nicht wie der Feldherr Hannibal, der zwar alle Schlachten gewonnen hatte, aber am Ende nach 14 Jahren Kleinkrieg von Italien in die Heimat zurückbeordert wurde. Nutzen Sie Ihre Kriegselefanten, solange sie noch leben. Hannibal hatte 39 Elefanten, Sie haben genauso viele Elefanten wie Sie Beispiele für Schlagfertigkeit im Kopf haben. In diesem Buch finden Sie zahllose Beispiele, Anekdoten und Techniken, mit denen Sie arbeiten können – auch wenn das Wetter einmal etwas ungemütlicher werden sollte!

2.9 Wann ist Schlagfertigkeit negativ?

Egal welcher Partei man zuneigt, bisweilen muss man sich schon die Haare raufen über diese zwar schlagfertige und sympathische, aber politisch unbedarfte Stellvertreterin McCains, die völlig frei von Selbstzweifeln zu sein scheint. Wir erinnern uns, es ging hier im Jahre 2008 um die Vorwahlen zur US-Präsidentschaft. 90 Minuten lang grinste sich Sarah Palin durch die Debatte und überging augenzwinkernd alle Fragen, zu denen sie keine Antwort wusste. Wo würde sie im Haushalt einsparen, wie wolle sie die Finanzkrise bewältigen, was halte sie von McCains Steuersenkung für Reiche und wie würde ihr Plan für eine Beendigung des Irakkriegs aussehen?

„Ich bin doch erst seit fünf Wochen dabei", lächelte Palin, *„da kann ich doch noch kein Programm haben. Wir da oben in Alaska sehen die Dinge sowieso etwas anders und unverstellter als ihr an der elitären Ostküste. Ach, was bin ich heilfroh, dass ich eine Außenseiterin bin und ... bringe frischen Wind und Öl! Meine Antwort auf alle drängenden Fragen dieser Welt lautet: Energiesicherheit, Energiesicherheit – und noch einmal Energiesicherheit. Davon verstehe ich etwas. Mit mir singen die Leute landauf landab: Drill, baby, drill – bohre, Baby, bohre! Und übrigens: Ich bin so verdammt stolz darauf, Amerikanerin zu sein"* (Die Zeit, 22. Januar 2009). Zu simpel, grenzenlos

selbstsicher, wenig sensibel, das ist sie nicht, die neue Schlagfertigkeit. Denn diese überzeugt. Sarah Palin wurde peinlich. Wie dieses Beispiel zeigt, ist Selbstsicherheit zwar wichtig, es kann aber auch ein zuviel geben, gerade dann, wenn der Sympathie-Faktor nicht greift. Hier kippt also die Schlagfertigkeit ins Negative, da das Gegenüber gar nicht einbezogen ist.

Und so verwundert es auch nicht, dass Sarah Palin am Ende auch nicht reüssierte. Bitterböse witzelt die populäre US-Comedy-Show Saturday Night Live (SNL) über die Gouverneurin Alaskas – nun hatte die Vizepräsidentschaftskandidatin die Chance zurückzuschlagen. Wochenlang hatte SNL die republikanische Vizekandidatin mit beißenden, da treffenden Parodien durch den Kakao gezogen, in denen sie von der populären Komödiantin Tina Fey, die ihr zum Verwechseln ähnlich sieht, als dummes Landei dargestellt wurde. Fey hatte Palin gnadenlos entlarvt – ihren *„breiten Alaska-Midwest-Dialekt, ihre sinnfreien Bandwurmsätze, ihr Dauerzwinkern, ihre hilflose Gestik, ihre Schönheitswettbewerb-Routine"* (*Focus*, 19. Oktober 2008).

Besonders Palins missglücktes Interview mit CBS News – bei dem sie ihre außenpolitische Kompetenz damit begründet hatte, dass man von Alaska aus Russland sehen könne – und ihr recht affektiertes Gehabe bei der TV-Debatte boten Tina Fey und den Machern der Show endloses Material. Doch bei dem Auftritt bei CBS News zeigte sie sich dann *„überraschend humorfrei"* (*Focus*, 19. Oktober 2008) und insgesamt nur wenig schlagfertig. Und das war der Anfang vom Ende für ihre Ambitionen über die Grenzen von Alaska hinaus.

Wer Fehler macht, der muss diese erstens eingestehen und zweitens konstruktiv nutzen. So räumte Barack Obama kürzlich ein, bei dem Streit um die angeblich rassistische Polizeiaktion zu einseitig agiert zu haben. Er unterstützte zunächst, ohne allerdings alle Fakten zu kennen, den schwarzen Harvard-Professor Henry Louis Gates, welcher von dem Polizisten Cowley wegen des gewaltsamen Öffnens der eigenen Haustüre in Handschellen abgeführt wurde, obwohl er sich ausweisen konnte. Die Polizei warf Gates vor, beleidigend gewesen zu sein und randaliert zu haben. Obama will nun mit beiden Kontrahenten im Weißen Haus in Ruhe ein Bierchen trinken (*Die Welt*, 27. Juli 2009).

Ein Tipp für die Frauen	Ein Tipp für die Männer
Wenn Sie eine Frau sind, dann ...	**Wenn Sie ein Mann sind, dann ...**
Sollten Sie sich (wie Männer) eher ein dickes Fell zulegen und Unverschämtheiten elegant zurückspielen, wie die folgende Analyse zwischen Silvana Koch-Mehrin, Maybrit Illner und Renate Schmidt anlässlich einer Buchvorstellung demonstriert: **Koch-Mehrin:** *... oder wollen die Herren einen Kaffee, gucken sie die Frau in der Runde an, ob sie nicht einen macht. Da muss man unbeeindruckt bleiben.* **Illner:** *Und schlagfertig sein.* **Koch-Mehrin:** *Klar, aber natürlich nicht zu aggressiv ...* **Schmidt:** *... sonst heißt's, man ist zickig.* **Koch-Mehrin:** *Gern reagieren Männer auch auf einen inhaltlichen Beitrag, der ihnen nicht passt, mit optischen Anspielungen: „Ihre Augen strahlen ja so schön, wenn Sie sich engagieren." Da muss man auf gleicher Ebene parieren: „Da hat der attraktive Herr mit den graumelierten Schläfen aber den Punkt nicht getroffen." (Die Welt, 7.8.2005)*	Sollten Sie wissen, dass nach einer Umfrage der Frauenzeitschrift *Freundin* ganze 52 Prozent aller Frauen gepflegte schlanke Männerhände schätzen. Direkt danach kommt dann jedoch immerhin schon der geistreiche, schlagfertige Mann, der bei immerhin 51 Prozent aller Frauen voll ins Schwarze treffen kann. Das schlägt um Längen den baumlangen Kerl (> 1,85 cm) mit breiten Schultern und Knackpo, auf den nur 39 Prozent der Frauen stehen, und auch der berufliche Erfolg, Einfluss und eine entsprechende Ausstrahlung sind nur noch für 32 Prozent der Frauen interessant. **Fazit:** Pflegen Sie Ihre Hände schlank und lesen Sie dieses Buch am besten mehrfach!

Abbildung 4: Tipps für Frauen und Männer

Kapitel 3:

Erstes Prinzip – Integrität

„Integrität: Ich bewundere Menschen,
die von Natur aus freundlich und fair zu anderen sind. "
Sidney Sheldon

3.1 Einleitung: Wie Sie die eigene Integrität erhalten und ausbauen

Integrität stammt von dem lateinischen Wort „integritas", was so viel bedeutet wie „unversehrt", „intakt", „vollständig". Diese Unversehrtheit, die wir als menschliche Wesen ja nun alle einmal grundlegend haben, auch in sozialen Situationen aufrechtzuerhalten und zu verteidigen, wenn diese durch einen entsprechenden Übergriff bedroht ist, das ist eine unabdingbare Voraussetzung für schlagfertiges Verhalten. Die Verletzung der Integrität kann, wenn Sie wiederholt hingenommen wird und psychisch nicht aufgearbeitet werden kann, zu schweren Deformationen der Persönlichkeit führen. Phänomenbereiche wie Mobbing, Depression oder Burn Out lassen sich vor diesem Hintergrund rekonstruieren als nicht erfolgreiche Bewältigung von Integritätsverletzungen. Die Abgrenzung gegenüber dem Eingriff ist dann nicht stark genug, das Selbst wird brüchig, das eigene Identitätsempfinden leidet.

Ganz anders wenn Sie sich im Falle einer Integritätsverletzung erfolgreich zur Wehr setzen. Die folgende Anekdote mag dies illustrieren: Frau Ida, aus ihrer Ehe zu herrschen gewohnt und mit eherner Stimme begabt, sagte zum Taxifahrer: „Also ich möchte zum Warenhaus Kronstadt. Rasen Sie aber nicht so, nehmen Sie die Kurven vorsichtig und fahren Sie nicht schon an, wenn kaum gelb gekommen ist. Außerdem ..." – „Moment mal", sagte der Fahrer, „bevorzugen Sie ein bestimmtes Krankenhaus?" (Weller, 1973, S. 164). Integrität wahrt der Fahrer hier insofern, als er das absonderliche

Verhalten auch entsprechend würdigt und sich nicht dem Diktat zurückhaltender Höflichkeit unterwirft.

Ihre Haltung und zuweilen auch Ihre kommunikative Integrität wird natürlich auch dann auf eine Probe gestellt, wenn Sie ein mehr oder minder unmoralisches Angebot erhalten, wie beispielsweise der eingespielte O-Ton bei einer mehrstündigen Sendung des Deutschlandfunks am 18. Mai 2006 zum Thema Schlagfertigkeit mit den beiden Experten Mathias Nöllke und Valentin Nowotny:

Ich bin dieses Jahr Karneval unterwegs gewesen in einer Kneipe und hab eine junge Frau an der Theke kennengelernt, und irgendwie sind wir ins Gespräch gekommen. Und das war auch ganz lustig und wir haben uns ne halbe Stunde bestimmt ganz gut unterhalten und dann kam irgendwie das Thema auf Familie. Und dabei hab ich ganz unbefangen gesagt, dass ich also verheiratet bin und zwei Kinder hab. Ja und da hat die mich also angegriffen, das hätte ich ja wohl gleich von vornherein sagen können. Also das war so aggressiv, dass ich das Gefühl hatte, ich hätte sie jetzt hier für doof ne halbe Stunde und sie machte mir dann auch noch ein schlechtes Gewissen, was mir denn einfiele als verheirateter Mann hier so unbedarft mit irgendwelchen Leuten nett zu erzählen. Da war ich sprachlos und hätte gerne was gehabt spontan, aber da ist mir nichts zu eingefallen.

In einem Satz: der Hörer wurde also aus dem Nichts unerwartet angegriffen. Schauen wir einmal etwas genauer hin. Der Mann versucht zu flirten, Karneval, eine sehr übliche Situation im Rheinland, und wird nach einer guten halben Stunde, also wo man ja eigentlich denkt, da ist schon eine gewisse Atmosphäre geschaffen, so ein bisschen aus der Hüfte weggeschossen. *„Was hat er falsch gemacht und wie hätte er gut kontern können?"*, fragte die Moderatorin.

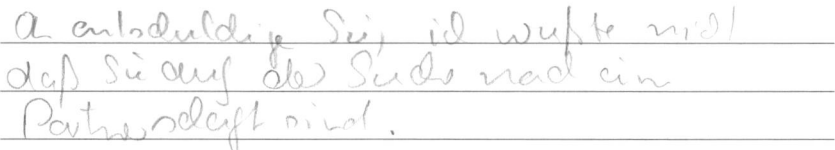

Die Empfehlung der Experten:
- Das Ganze ist von vornherein doppelbödig, denn es ist klar, dass im Karneval das Thema Flirt ganz vorne steht. Er hätte rückfragen können: *„Gut, was würden Sie an meiner Stelle tun?"*
- Er hätte vielleicht mit der Vermutung: *„Sie suchen also das schnelle Abenteuer?"* kontern können.

3.2 Integrität – Politik

„Da haben wir schon mal die ersten Lacher."

Merkel kommt ausgeruht aus ihrem Urlaub aus Südtirol und Bayreuth zurück und gibt in der letzten Augustwoche des Jahrs 2006 eine Pressekonferenz in Berlin. Die große Koalition sei *„genau neun Jahre, äh, neun Monate im Amt"*, versprach sie sich gleich zu Beginn ihrer Ausführungen, um dann jedoch die aufbrandende Heiterkeit im Saal mit einem *„Da haben wir schon mal die ersten Lacher"* zu quittieren. Beachten Sie, dass Merkel sich hier nicht etwa für den Versprecher entschuldigt, vielmehr die Reaktion des Publikums auf eine positive Weise vermerkt. Später kreuzte Merkel mit einem Journalisten die rhetorische Klinge, indem sie sich erstaunt zeigte, dass seine Frage erst *„so spät"* im Verlauf der Konferenz kam und nicht am Anfang, wie sie es doch gewohnt sei. Dessen Konter, sie habe ja auch lange nichts gesagt, parierte sie mit einer zweiten Spitze: *„Davon lassen Sie sich sonst nicht abhalten"* (*Die Welt*, 22. August 2006). Die innere Haltung von

Merkel ist hier zunächst einmal die, dass nicht das eigene, sondern das Verhalten des anderen zu überprüfen ist. Ein Machtvakuum dergestalt, dass sie fragwürdige Interpretationen Ihrer eigenen Person unkommentiert stehen ließe, lässt Merkel hier nicht aufkommen. Im Gegenteil: Ihre natürliche Autorität verbucht einen kleinen Patzer als Punktgewinn und stellt die Redlichkeit des Gegenübers in dem Moment auf den Prüfstand, da dieser seinerseits eine Schwäche bei Merkel zu sehen glaubte. Bei einem Volksbanken-Kongress in Berlin ging es um das Thema *„Fertigungstiefe"*. Ernst Welteke rief hier die deutschen Banken dazu auf, von den Auto-Bauern zu lernen. Die hiesigen Hersteller kämen auf eine Fertigungstiefe von 30 Prozent, die Banken dagegen lägen noch bei nahezu 100 Prozent. *„100 Prozent hieße in der Automobilindustrie, dass die Unternehmen selber Rinder züchten müssten, um das Leder für ihre Sitze zu produzieren"* (*Die Welt*, 12. Oktober 2003).

Eine besondere *„Fertigungstiefe"* spielte bei der Gastrednerin des Kongresses, Angela Merkel, eine Rolle. Die CDU-Chefin war zu Beginn kaum zu sehen, weil das Rednerpult viel zu groß für sie war. Schnell wurde ein kleines Podest nachgeschoben, das auch von Kanzler-Auftritten bekannt ist. Frau Merkel schlagfertig: *„Da sehen Sie, welche Strukturschwächen dieses Land noch hat"* (*Die Welt*, 12. Oktober 2003). Auch hier wieder eine blitzschnelle und blitzgescheite Reaktion und eine überraschend andere Sicht der Dinge, weg von der eigenen Person hin zum Thema der Veranstaltung.

Das Thema *„unmoralisches Angebot"*, wir hatten es bereits zum Einstieg. Geschehen jetzt auf internationalem Parkett im fernen Brüssel, wo die SPD-Europaabgeordnete Dagmar Roth-Berendt über ihre Arbeit berichtete. Ort des Treffens war der Fraktionssaal der deutschen Sozialdemokraten im EU-Parlament an der Rue Wiertz. *„Danke, dass auch ich in diesen Räumen reden darf"*, sagte der Grünen-Kollege Michael Cramer augenzwinkernd Richtung Roth-Behrendt. *„Sie können gern bei uns Mitglied werden. Ich habe immer* *ein paar Anträge dabei"*, antwortete die Sozialdemokratin keck. Doch die Replik Cramers ließ nicht lange auf sich warten: *„Dafür gab es bessere Momente"*, retournierte der Grüne flink (*Die Welt*, 19. Juni 2005).

Auch hier geht es um Verführung und Verführbarkeit, wird die Frage gestellt: Und du, Schuster, wie hältst du es mit deinem Rappen? Wer steht wie zu seiner eigenen Partei? Und wer verwehrt sich wie gegenüber einem wie auch immer konturiertem Angebot der Gegenseite? Der Hinweis *„Dafür gab es bessere Momente"* ist vieldeutig und gibt vor allem den schwarzen Peter an den anderen zurück, wohl würdigend, dass die Gegenseite eben ja auch nicht vollständig frei von attraktiven Elementen ist.

Auch Rudolf Scharping hat 1996, als er Gerhard Schröder im Kommunalwahlkampf in Niedersachsen unterstützte, dazugelernt. Während der frühere SPD-Chef noch im Jahr zuvor wegen seiner hölzernen Art gescholten und belächelt wurde, zeigte er nun ein neues Selbstbewusstsein. Auf seinen vielen Terminen präsentierte sich der neue Scharping *„offen, aufmerksam, schlagfertig"*. Einem Touristen, der ihm zurief: *„Mit Bart gefielen Sie mir aber besser"*, gibt er zurück: *„Das glaub' ich gern."* Der Mann trug Vollbart. Nur einmal redet Scharping vom Machtkampf mit Schröder und seinem Sturz als Parteichef im November. *„Ein Glück, dass das vorbei ist"*, sagte er, und: *„Mir geht es gut, und der SPD geht es besser als vor einem Jahr."* Auf sein Verhältnis zu Schröder angesprochen, sagt Scharping: *„Seitdem haben wir ein paar graue Haare mehr und sind auch schlauer geworden."* (*Die Welt*, 23. August 1996).

3.3 Integrität – International

„Tatmenschen und Provinzpolitiker"

Eine sehr überzeugende Art von kommunikativer Integrität ist das Umdeuten von Zusammenhängen aus der Kraft der eigenen Überzeugung heraus. Andrés Manuel López Obrador, der mexikanische Präsidentschaftskandidat der linken „Partei der Demokratischen Revolution", wurde mit dem Vorwurf konfrontiert, ein „ausgemachter Tatmensch" und ein auf Mexiko konzentrierter „Provinzpolitiker ohne jede Auslandserfahrung" zu sein. Seine Sicht der Dinge: „Die beste Außenpolitik ist eine gute Innenpolitik." Mit dieser salomonischen Formel münzt er einen pauschalen Vorwurf geschickt in einen grundsätzlichen Vorteil um.

3.4 Integrität – Wirtschaft

„Keine 40 Millionen Besucher auf der Expo"

Warum kommen keine 40 Millionen Besucher zur Expo nach Hannover? Weil die niedersächsische Landeshauptstadt kein Profil hat und genauso langweilig ist wie der schwäbische Provinzort Heilbronn, das sagt jedenfalls die Expo-Sprecherin Wiebke Bruhns. Auf die Frage nach den Gründen für die Besucherflaute auf der Weltausstellung hatte Bruhns in einem Interview in einem großen Boulevardmagazin eine denkwürdige, aber nicht ganz unverfängliche rhetorische Frage gestellt, welche Sie dann auch sogleich selbst beantwortete: *„Würden Sie freiwillig nach Heilbronn fahren? Nein. So ähnlich ist es mit Hannover"* (*Die Welt*, 7. August, 2000). Das führte zu einem Sturm der Entrüstung, allerdings lenkte es auch die Aufmerksamkeit auf zentrale Rahmenbedingungen, welche bei so hoch gesetzten Zielen bei einer Bewertung der eigenen Leistungen natürlich auch auf den Tisch gebracht werden müssen, um nicht über Maßen unter Druck gesetzt werden zu können. Wiebke Bruns, 1971 die erste deutsche Nachrichtensprecherin des ZDF, wurde im Jahre 2005 vom Journalistinnenbund mit der Hedwig-Dohm Urkunde für ihr journalistisches Lebenswerk geehrt und lebt heute als freie Autorin in Berlin.

Als der polnische Regierungschef 1965 auf der Posner Messe den Krupp-stand verließ, wandte er sich demonstrativ und mit erhobenem Zeigefinger an die dichtgedrängten Aussteller und sagte in deutscher Sprache: *„Wir sind für Zusammenarbeit, aber Polen kann man nicht kaufen."* Schlagfertig entgegnete Beitz der Krupp-Generalbevollmächtigte: *„Das wäre auch zu teuer"* (*Die Zeit*, 18. Juni 1965).

3.5 Integrität – Geschichte

„Zoologie und Gesinnungsadel"

Nach 1933 hatten die Nationalsozialisten die Hoffnung, Oswald Spengler, den Verfasser des berühmten Buches *Untergang des Abendlandes* auf ihre Seite zu ziehen. Im Verlauf eines Gesprächs sagte ein Mitglied der Reichsleitung zu Spengler *„Sie bekennen sich doch auch zum Rassengedanken, oder?"* – *„Etwas anders als heute üblich"*, sagte der Autor beiläufig. *„Sie sprechen von der Rasse, der man zugehört, ich meine die Rasse, die man hat. Das erste ist Zoologie, das zweite ist Gesinnungsadel."* (Weller, 1973, S. 42)

Friedrich der Große fragte einmal den bekannten hannoverschen Arzt Johann Georg Zimmermann: *„Wie viele Menschen hat er schon in die andere Welt geschickt?"* – *„Nicht so viele wie Eure Majestät"*, antwortete Zimmermann, *„und auch nicht mit dem selben Ruhm"* (Weller, 1973, S. 204).

3.6 Integrität – Regionales

„Ne zweete Republike"

Als 1848 auch in Lübeck die Zeichen auf Revolution standen und ein aufständischer Arbeiter *„ne Republike"* forderte, da antwortete ihm Thomas Manns Konsul Buddenbrook: *„Öwer du Döskopp ... Ji heww ja schon een!"* – *„Je, Herr Kunsel, denn wull wi noch een"*, kam die schlagfertige, aber unrealistische Replik (*Die Welt*, 21. Oktober, 2001). Hier lässt sich der Protagonist nicht einschüchtern und verfolgt seine Vorstellungen von einer neuen Republik – selbst wenn es diese auf dem Papier schon gibt.

3.7 Integrität – Gesellschaft

„Gänse hüten im Mädchenpensionat"

Der angesehene Pädagoge Otto Runge stammte aus kleinen Verhältnissen. Eine Zeitlang war er in einem vornehmen Mädchenpensionat in Lausanne tätig. Bei seinem Antritt fragte ihn eine vorwitzige Fünfzehnjährige: *„Ist es wahr, dass Ihr Vater noch Gänse gehütet hat?"* – *„Jawohl"*, antwortete Runge, *„diesen Beruf habe ich ja von ihm übernommen"* (Weller, 1973, S, 173). Ähnlich integer der folgende Geistliche. *„Herr Pastor, wissen Sie vielleicht, warum die einzigen Lebewesen, die rot werden, die Menschen sind?"* – *„Ja allerdings! Sie sind die einzigen, die Grund dazu haben!"* (Weller, 1973, S. 174).

3.8 Integrität – Sport

„Die machen Zigaretten, wir fahren Rennen."

Als das Team zu ersten Tests auf der Rennstrecke Montmelo bei Barcelona erschien und sich Beobachter darüber wunderten, dass kein Offizieller des Sponsors British-American-Tobacco, kurz BAT, mitkam, konterte der Fahrer Craig Pollock schlagfertig: *„Warum sollte jemand von BAT hier sein? Die machen Zigaretten, wir fahren Rennen"* (*Die Welt*, 15. Februar 1999). Solch nassforsche Selbstgewissheit ist sicher nicht unumstritten, führt aber in der Konsequenz dazu, dass die Unterstellung hier zunächst aus dem Weg geräumt wird und die kommutative Integrität somit also wieder hergestellt ist.

Ein anderes Beispiel, auch aus der Formel 1. Der britische Rennfahrer Nigel Mansell hatte vor 20 Jahren Silverstone an zahlreichen Rennen teilgenommen. Er war beliebt beim Publikum, die in Massen an den Flugplatzkurs von Silverstone strömen, um ihr Idol, den „Löwen", live zu sehen. Damals enttäuschte Mansell seine Anhänger nicht und feierte einige Heimsiege. 2009 kehrt der Weltmeister von 1992 wieder zurück nach Silverstone, wo inzwischen die nächste Generation ihre Runden dreht: Sohn Greg startete in der Renault-World-Series. Doch was der Sohnemann zuwege bringt, kann ein Nigel Mansell schon lange – solche Gedanken könnten dem ehemaligen Formel-1-Piloten durch den Kopf gegangen sein, als er sich im Wagen seines Nachwuchses anschnallen ließ. Während der Papa mit seiner Leistung recht zufrieden war, konnte Sohn Greg nur müde lächeln und hielt seinem Vater nach dessen Proberunden auf der 5,141 Kilometer langen Rennstrecke vor: *„Du bist zu langsam."* Mansell senior: *„Das mag schon sein. Dafür habe ich aber meinen Formel-1-Titel bereits in der Tasche ..."* (4. Juli 2009, Motorsport-Total.com).

3.9 Integrität – Medien

„Gewaltig viele Noten"

Auch Mozart musste gelegentlich Kritik und wo das nicht angebracht war, doch wohl zumindest spöttische Bemerkungen über sich ergehen lassen. *„Gewaltig viele Noten!"*, bemerkt Kaiser Franz Joseph in dem Film *„Amadeus"*, nachdem die Oper *„Figaro"* in Wien Premiere hatte. Mozart darauf kühn und mit dem Sinn für das Quäntchen Richtigstellung: *„Majestät, gerade so viel wie nötig"* (*Die Welt*, 5. November 2005).

Barbara Schöneberger war in unserer eingangs geschilderten Umfrage die Nummer zwei. Gut zwölf Prozent der Befragten waren der Auffassung, dass sie im positiven Sinne am schlagfertigsten sein. Ein Beispiel an dieser Stelle für die Art und Weise, wie eine Barbara Schöneberger erst gar nicht in die Verlegenheit kommt, sich in ihrer Integrität verletzen zu lassen. In der Sendung *„Blondes Gift"* beruhigt Barbara Schöneberger das Publikum mit dem Satz *„Bitte behalten Sie Ruhe, da ich noch Zeit brauche auf meine Position zu kommen"* (*ZDF*, 25. November 2006). Daraus ergibt sich eine schier unbegrenzte Handlungsvielfalt. Jeder Vorwurf liefe so ins Leere. Sparen auch Sie Energie und zelebrieren Sie sich selbst. Wenn Sie das genau so gekonnt verrichten wie Barbara Schöneberger, wird vor lauter Lachen gewiss niemand auf die Idee kommen, Sie ernsthaft im Bedrängnis bringen zu wollen. Die Protagonistin Juno in dem gleichnamigen Film, gespielt von Allen Page, welche mit 16 schwanger geworden ist, wird von ihren Eltern mit Sprüchen wie *„Wir wussten gar nicht, dass du bereits sexuell aktiv geworden bist"* traktiert. Schließlich fragt dann der Vater, dem sie soeben die Schwangerschaft gestanden hat: *„Wer ist es?"*, und Juno sagt: *„Ich weiß es nicht. Es soll Fingernägel haben"* (*Die Welt*, 19. März 2008). Eine schlagfertige Antwort, mit der Juno die kompromittierende Nachfrage des Vaters in eine etwas andere Richtung lenkt.

Die mit Abstand schlagfertigste Person ist nach unserer Umfrage Harald Schmidt, 22 Prozent und damit jeder fünfte halten ihn für – im positiven Sinn – am schlagfertigsten. Mit Sprüchen von Harald Schmidt ließe sich vermutlich das ganze Buch füllen. Schließlich werden diese auch in seinem Auftrag von den Textern der Produktionsfirma BonitoTV tagtäglich neu kreiert und zu einem offenbar fast unwiderstehlich komischen Witzcocktail zusammengemixt, die Schmidt dann zugegebenermaßen gekonnt moderiert. Täglich neue Harald-Schmidt-Sprüche wie zum Beispiel *„Ich muss nun leider los. Hier wird gerade der neue Tisch angeliefert und ich will da keine Macken sehen!"* (27. Juli 2009) und weitere 15.000 Follower finden Sie immer wieder frisch unter *http://twitter.com/BonitoTV*.

Spannend ist natürlich die Frage, ob Schmidt selbst ohne die großen Tafeln, auf denen die Texte zum Ablesen im Studio hochgehalten werden, auch schlagfertig ist. Betrachten wir doch in diesem Zusammenhang einmal die offenbar doch spontanen Dialoge, die sich bei einer Feier anlässlich des 70. Geburtstages von Feuerstein auf einem Kölner Motorschiff entsponnen haben. Während der einzelnen Gourmet-Gänge wurden die dazugehörigen Weine nicht nur präsentiert, sondern auch im Detail kommentiert. Schmidt: *„So wie sie kellnert, betrachte ich den Wein schon als getrunken."* Die beiden schienen mit den Verköstigungen so manches Mal ein wenig überfordert zu sein, liefen jedoch dann ganz ungezwungen zur Höchstform auf und versuchten, sich mit ironischen und schlagfertigen Bemerkungen gegenseitig zu übertrumpfen. Feuerstein: *„Sind wir jetzt auf ein Riff gelaufen?"* – Schmidt: *„Im Glücksfall ja!"* (*Die Welt*, 16. Juni 2007). Offenbar hat Schmidt doch auch ein wirkliches Talent, Situationen immer wieder neu zu wenden und trotz harter Tabubrüche damit jeder Kritik an seiner Person von vornherein mit ganz viel Rückenwind zuvorzukommen und zwar so, dass sich von ihm trotzdem niemand ernsthaft angegriffen fühlt.

Schmidt sei menschlicher und weicher geworden, so Feuerstein. Feuerstein war seinerzeit durch die harte Schmidt-Schule gegangen. Schmidts Verunsicherungen kurz vor so mancher Sendung (*„Du bist ein Laie! Du bringst das nicht!"*) hatten den text-unsicheren Feuerstein erst so richtig zu Höchstleistungen angespornt. Außerdem bewunderte er Schmidts Fähigkeit, sich Wissen und Talente anzueignen und diese als seine eigenen zu verkaufen. Die Besessenheit von Fred Feuerstein, sich immer wieder selbst herausfordern zu wollen, verdankt er übrigens mangelnder Nestwärme: *„Ich habe überhaupt keine Eltern! Ich habe mich quasi selbst gezeugt!"* (*Die Welt*, 16. Juni 2007).

3.10 Wirkung: Wie funktioniert das Prinzip Integrität?

Die Beispiele haben gezeigt, wie oft Angriffe auf die eigene Person erfolgen und wie wichtig es ist, diese abwehren zu können. Wenn Sie als Mensch geachtet und ernst genommen werden wollen, sollten Sie immer darauf achten, Ihre Souveränität zu erhalten. Doch wie geht man hier am besten vor?

Das Gehirn – Ein Wunderwerk der Evolution

Zunächst einmal sind natürlich grundsätzlich *„gewisse, meist schon recht komplizierte psychische Betätigungen"* wie es auch die Schlagfertigkeit erfordert, *„an die Integrität bestimmter Hirnregionen gebunden"*, was schon Anfang des vergangenen Jahrhunderts bekannt war (Helpach, 1904, S. 113). Das Gehirn ist ein sehr aktives Organ mit einem enormen Sauerstoff- und Energiebedarf. Es macht etwa 2 Prozent der Körpermasse aus, aber dennoch müssen etwa 20 Prozent des gesamten Blutes pro Minute hindurchfließen, das sogenannte Herzminutenvolumen. Es verbraucht sogar mehr als 50 Prozent der in das Blut freigesetzten Glukose.

Das menschliche Gehirn besitzt mehr als 100 Milliarden Nervenzellen, die sogenannten Neuronen, die durch etwa 100 Billionen Synapsen eng miteinander verbunden sind. Das bedeutet, dass jedes Neuron im Schnitt mit 1.000 anderen Neuronen verbunden ist und somit im Prinzip jedes beliebige Neuron von jedem Startneuron aus in höchstens vier Schritten erreichbar ist. Dieser Durchschnittswert weicht aber in einigen Arealen erheblich ab. So gibt es viele Gehirnsegmente, bei denen die Neuronen bis zu 15.000 Verbindungen eingehen. Die Länge aller Nervenbahnen des Gehirns eines erwachsenen Menschen beträgt etwa 5,8 Millionen Kilometer, das entspricht dem 145-fachen Erdumfang. Was muss also außer der physikalischen Integrität des Gehirns noch gegeben sein, damit wir unser Potenzial voll ausspielen können?

Nutzen Sie die vier Seiten einer Nachricht

Die vier Seiten einer Nachricht, ein Modell des Psychologen Friedemann Schulz von Thun, beschreibt die Kommunikationsebenen in der menschlichen Kommunikation und wird heute von nahezu allen Experten als eine wichtige Grundlage der persönlichen Kommunikation anerkannt. Er nennt denjenigen, der spricht, „Sender" und denjenigen, der zuhört, den „Empfänger", wobei die Rollen während eines Gesprächs ständig wechseln. Wenn Personen sprechen, dann hat alles, was sie sagen, vier Seiten, und wir können als Zuhörer auch alle vier Seiten mithören.

Beispiel: *Sie sitzen mit Ihrem Partner zusammen und er sagt: „Das Wetter ist grandios!"*

Die vier Ebenen sind:

I. Die Selbstoffenbarungsebene

Jeder Sprecher gibt auch immer etwas von sich preis. Er offenbart Teile seines Selbst: Seine Einstellungen, seine Emotionen, seine Meinungen, sein Wissen. Der Empfänger kann also auch immer etwas vom Sender erfahren, was über den eigentlichen Inhalt des Gesprochenen hinausgeht. Sie erfahren also, dass er Sonnenschein schätzt, dass er bei diesem schönen Wetter lieber draußen wäre oder es einfach nur genießt.

II. Die Beziehungsebene

Die Art, wie man miteinander redet, sagt etwas aus über die Beziehung, die man zu seinem Gesprächspartner hat. Bei dem oben genannten Beispiel kann man vermuten, dass die Beziehung von gegenseitiger Achtung geprägt ist.

III. Appellebene

Meist steckt auch ein Appell in den Aussagen des Senders. In diesem Fall: *„Lass uns was unternehmen!"*

IV. Sachebene

Selbstverständlich steckt auch eine reine Sachinformation in der Aussage: *„Es sind keine Wolken am Himmel."*

Probleme entstehen, wenn der Empfänger den Schwerpunkt anders setzt als der Sender. Vielleicht liegt in dem Beispiel der Schwerpunkt des Senders auf der Appellebene („Lass uns etwas unternehmen!"), aber der Empfänger hört den Schwerpunkt in der Sachinformation („Es sind keine Wolken am Himmel") und antwortet mit *„Ja, stimmt."* Aufgrund seines Schwerpunkts hat der Sender wahrscheinlich eine andere Reaktion erwartet und ist nun enttäuscht.

Sie merken: Hier haben Sie schon einen ersten Ansatz, wenn es darum geht, den Verbalangreifer in seine Schranken zu verweisen. Aber auch, warum Sie sich angegriffen fühlen können, obwohl es nicht in der Absicht des Senders lag, Sie zu verletzen. Ihre Integrität wahren Sie dadurch, dass Sie mögliche unterschwellige Botschaften aufgreifen, bevor diese ihr provokatives Potenzial entfalten.

Ein Beispiel: *Herr Keiler, der gerne andere für seine Zwecke einspannt, sagt zu seiner Kollegin Frau Zebra: „Hier muss etwas geschehen. Dieses Büro ist schon wieder unglaublich verwahrlost!" Natürlich liegt die „Verwahrlosung" vor allem darin begründet, dass Herr Keiler sich einfach nicht die Mühe macht, seine Unterlagen zu ordnen und sich von Überflüssigem zu trennen. Was ist nun eine schlagfertige Antwort, welche die „softe" Seite der Nachricht, also die Beziehungsebene zum einen, und die Selbstoffenbarungsebene zum anderen aufgreift? Hier zwei mögliche Reaktionen:*
- *Antwortet auf Beziehungsebene: „Herr Keiler, es ist ja nicht meine Aufgabe, mich um Ihre Angelegenheiten zu kümmern. Das schaffen Sie alleine, Sie sind doch ein Profi!"*
- *Antwort mit Bezug zur Selbstoffenbarungsebene: „Oh, ich verstehe, Herr Keiler, Sie leiden sehr an Ihrer Ordnungsschwäche. Vielleicht holen Sie sich mal Rat, es gibt da ausgewiesene Spezialisten für Büro-Logistik ..."*

Man sagt, einigen Zeitgenossen wurde die seltene Gabe der Schlagfertigkeit in die Wiege gelegt, der Rest der Menschheit ärgert sich tage- und wochenlang über Verbalattacken. Das muss nicht sein. Entdecken Sie den Psychologen in sich! Indem Sie spitze Äußerungen konsequent als Selbstoffenbarung des anderen begreifen, nehmen Sie sich selbst aus der Schusslinie: *„Oh, Ihnen geht es heute aber nicht so gut, oder?"* Und vielleicht ist das ja auch der angemessenste Umgang mit dem Gegenüber, das ja selbst seinen inneren Zustand offenbar nicht adäquat managen kann.

Mit einer Äußerung wie *„Beschwerden bitte in das rechte Ohr, da bin ich nämlich taub"* machen Sie den anderen scheinbar ein Angebot, sich einmal so richtig auszusprechen. Mit den unterschiedlichen Ebenen der Kommunikation zu spielen, das ist der Weg, den die Meister der Schlagfertigkeit gegangen sind. Henry Ford hatte recht: *„Das Geheimnis des Erfolges ist, den Standpunkt des anderen zu verstehen. "*

3.11 Übungsteil: Integrität zeigen und Integritätsverletzungen abwehren

Hier geht es darum, Integrität und Souveränität zu zeigen und auf Integritätsverletzungen angemessen zu reagieren. Um dies zu erreichen, gibt es hier wie in allen folgenden Kapiteln fünf Techniken sowie eine weiterführende Übung. Die Techniken lauten: 1. Die Durchzug-Technik, 2. Petersilie im Ohr, 3. Der Gegenstrom, 4. Der Gegenangriff sowie 5. Ins Lächerliche ziehen. Die weitergehende Übung in diesem Kapitel ist die Spiegel-Reflexion.

1. Die Durchzug-Technik

Sie tun so, als hätten Sie die Bemerkung gar nicht wahrgenommen und fahren einfach mit Ihren Ausführungen fort. Wichtig ist dabei, mit der gesamten Körpersprache zu signalisieren: *„Du kannst mich mit so etwas nicht treffen. "* Stehen Sie aufrecht, nehmen Sie Blickkontakt auf und lächeln Sie. Danach beenden Sie den Blickkontakt! Hier sind Sie auf dem Appellohr taub, das, was der andere von Ihnen will, ignorieren Sie.

Beispiele:

- *„Sie sind ein Idiot!"* – Sie heben die Augenbrauen und machen einfach weiter nach dem Motto *„Auf diese Ebene lasse ich mich nicht hinab"*.
- *„So wollen Sie ins Meeting gehen?"* – Sie nehmen Blickkontakt auf, lächeln und sagen sich: *„Das geht den einfach nichts an."*
- *„Immer schaust du anderen Frauen hinterher"* – Sie zucken hilflos mit den Schultern und denken: *„Hunger kann man sich holen, gegessen wird zu Hause."*

Bei den Übungssätzen stellen Sie sich die Situation bildhaft vor, stehen Sie zum Beispiel auf und spielen Sie beide Rollen. Wenn Sie eine gute Antwort gefunden haben, zögern Sie nicht, diese auch wirklich in das Buch zu schreiben. So können Sie die Technik am besten verinnerlichen.

Übungssätze:

1. Sie haben ja nicht mal eine Ausbildung.

Ihre schlagfertige Antwort:

---

2. Sie wissen nicht, wovon Sie reden!

Ihre schlagfertige Antwort:

---

3. Wann haben Sie eigentlich zuletzt ein Wirtschaftsbuch in der Hand gehabt?

Ihre schlagfertige Antwort:

---

4. Das macht einen ja ganz kirre mit Ihnen!

Ihre schlagfertige Antwort:

---

5. Herr Fuchs, müssen Sie immer das letzte Wort haben?

Ihre schlagfertige Antwort:

---

2. Petersilie im Ohr

Das Vorgehen ist einfach erklärt: das, was der andere sagt, scheinbar nicht verstehen und anstelle dessen immer wieder etwas Falsches wiederholen. Diese kann auch als „Hörfehler-Technik" bezeichnet werden, sie macht das Gegenüber unsicher, auch wenn böser Wille im Spiel ist. Mit der Technik *Petersilie* können Sie sich auch zur Wehr setzen, wenn jemand anders Sie gezielt vor Publikum angreift. Diese Technik eignet sich auch für starke Provokation, wenn keine Basis für ein sachliches Gespräch gegeben ist oder wenn Publikum dabei ist. Bei dieser Technik ist die Sachebene grundlegend ausgeblendet, Sie orientieren sich nur am Klang der Worte. Sie „missverstehen" den anderen bewusst.

Beispiele:

- *„Sie benehmen sich wie ein Clown?"* – *„Klauen, ich habe gar nicht die Absicht, hier etwas mitgehen zu lassen."*
- *„Das ist keine Frisur, haben Sie heute mit dem Kopf gebremst?"* – *„Ja, greifen Sie nur den Topf am Schopf, das kommt immer gut!"*
- *„Herrje, muss Ihr Hund mich so anglotzen?"* – *„Ach, lassen Sie mich doch in Frieden mit Ihrem Hotzenplotz!"*

Übungssätze:

1. Das ist ja ein absolutes Chaos hier!

Ihre schlagfertige Antwort:

2. Sie sind ja offenbar nicht besonders kompetent!

Ihre schlagfertige Antwort:

_____

_____

_____

3. Haben Sie etwa den Regen bestellt?

Ihre schlagfertige Antwort:

_____

_____

_____

4. Stellen Sie doch bitte nicht solche überflüssigen Fragen!

Ihre schlagfertige Antwort:

_____

_____

_____

5. Das ist doch der reinste Kindergarten!

Ihre schlagfertige Antwort:

_____

_____

_____

3. Der Gegenstrom

Der sogenannte Gegenstrom ist eine Technik, welche sich bewusst gegen den Strom stellt. Scheinbar gibt es diese oder jene Tendenz, der sich alle anschließen, aber genau das hinterfragen Sie. Sie nutzen diese Technik, indem Sie der impliziten Aufforderungen sich anzuschließen nicht nachkommen. Damit wehren Sie sich gegen Fangfragen und nehmen Suggestivfragen den Wind aus den Segeln. Sie weisen die Ihnen angebotenen Alternativen mit dieser Technik zurück und gehen kommunikativ andere Wege. Mit anderen Worten: es geht darum, den „Antwortreflex" auszuhebeln. Die Technik des Gegenstroms eignet sich für Situationen, in denen Menschen besonders dazu neigen, reflexartig zu reagieren.

Beispiel:

- Verkäufer: *„Möchten Sie den Termin am Dienstag Vormittag oder am Donnerstag Nachmittag?"* – Kunde: *„Erklären Sie mir bitte erst, warum ich überhaupt einen Termin mit Ihnen machen soll."*
- Sie rufen ein Fitness Center an und fragen nach den Preisen: *„Das sagt Ihnen Herr Wolf in einem ausführlichen Beratungsgespräch."* – *„Wozu eine Beratung? Ich brauche einen Preis!"*

Übungssätze:

1. Sie wissen doch sicher auch, dass Ihre Preise viel zu hoch sind?

Ihre schlagfertige Antwort:

2. Müssten Sie nicht eigentlich langsam zum Punkt kommen?

Ihre schlagfertige Antwort:

3. Hier herrscht der Eindruck vor, dass Sie uns etwas vorenthalten wollen!

Ihre schlagfertige Antwort:

4. Das sind ja merkwürdige Ansichten, die Sie da zum Besten geben!

Ihre schlagfertige Antwort:

_____

_____

_____

5. Finden Sie das witzig?

Ihre schlagfertige Antwort:

_____

_____

_____

4. Der Gegenangriff

Das Gegenüber hat die gesetzten Grenzen eindeutig und mit voller Absicht überschritten. Sie wollen nicht mehr nett sein, Sie wollen nur zurückschlagen. Das können Sie gerne tun, solange Sie sich über die Konsequenzen im Klaren sind! Grundsätzlich ignorieren Sie bei dieser Technik den sachlichen Aspekt des Angriffs oder der Äußerung. Hier sind Sie gewissermaßen taub. Anstelle dessen greifen Sie an einem anderen Punkt an.

Beispiele:

- _„Ich würde Ihnen empfehlen, den Mund zu halten!"_ – _„Das würde Ihnen auch gut stehen!"_
- _„Ihnen fehlt komplett der Überblick!"_ – _„Sprechen Sie aus Erfahrung?"_
- _„Ich bin der Meinung, dass dieses Konzept nicht funktionieren kann."_ – _„Das liegt wohl daran, dass Sie eine verzerrte Wahrnehmung haben."_

Übungssätze:

1. Sie sind sozial unfähig!

Ihre schlagfertige Antwort:

_____

_____

_____

2. Dir würde ich mein Auto nicht anvertrauen.

Ihre schlagfertige Antwort:

_____

_____

_____

3. Nach fünf Minuten Vortrag: „Wann fangen Sie endlich an?"

Ihre schlagfertige Antwort:

_____

_____

_____

4. Sie unterbrechen ständig.

Ihre schlagfertige Antwort:

_____

_____

_____

5. Machen Sie es doch bitte anständig!

Ihre schlagfertige Antwort:

_____

_____

_____

5. Ins Lächerliche ziehen

Hier kann zum einen die Person ins Lächerliche gezogen werden, aber auch deren Aussage. Mit dieser Technik signalisieren Sie Ihrem Gegenüber, dass mit Ihnen nicht zu spaßen ist. Lächerlich machen Sie jemanden, indem Sie Kompetenzen oder Fähigkeiten infrage stellen oder die Konsequenzen einer Haltung oder Meinung zuspitzen. So hat die Atomlobby in der 80ern versucht, die Kernkraftgegner, welche häufig mit dem Aufkleber „Atomkraft Nein Danke!" auf ihren Autos unterwegs waren, mit einem „Gegenaufkleber" lächerlich zu machen. Die Aussage dieses Aufklebers war: „Atmokraftgegner überwintern bei Dunkelheit mit kaltem Hintern." Beachten Sie, dass speziell diese Technik wirklich eine deutliche Fairness-Verletzung oder eine Herabwürdigung oder Abwertung durch den anderen voraussetzt, sonst ist die Anwendung der Technik nicht akzeptabel.

Beispiele:

- *„Das ist mal wieder typisch Frau!"* – *„Wow, beeindruckend! Biologie als Leistungskurs gehabt?"*
- *„Bei so vielen Rechtschreibfehlern müssen Sie Ihr Abitur im Lotto gewonnen haben!"* – *„Ah, ich verstehe, Sie haben ganz viel Schlagfertigkeitsratgeber verschlungen, aber dabei das Kauen vergessen."*
- *„Ich frage mich, warum Sie dich eigentlich angestellt haben?"* – *„Ich glaube kaum, dass du das beurteilen kannst."*

Übungssätze:

1. Wann hatten Sie denn das letzte Mal eine gute Idee?

Ihre schlagfertige Antwort:

2. Die Schwierigkeiten mit Ihnen fangen doch erst an!

Ihre schlagfertige Antwort:

---

3. Sie sind ein Egoist und vollkommen stur!

Ihre schlagfertige Antwort:

---

4. Ihr neues Auto ist aber mickrig!

Ihre schlagfertige Antwort:

---

5. Ich fasse Ihren Vortrag in einem Wort zusammen: scheußlich!

Ihre schlagfertige Antwort:

Fälle, die das Leben schreibt: Fall 1

„Kannst du nicht sprechen?"

Fälle, die das Leben schreibt, in diesem Fall im Leben von Patricia S. (Studi VZ, 7. November 2008), die als Verkäuferin in einem „Klamottenladen" arbeitet: *Ich sitze in einem Lokal, mit meinem damaligen Freund und seinen Kumpels. Wir sind gerade alle an der Reihe, unsere Getränke zu bezahlen.*

Dann bin ich dran, aber weil mein Freund für mich zahlen will, sage ich nichts, sondern kümmer mich um mein Handy, muss er ja schließlich sagen, was wir beide hatten, wenn er alles zahlt. Die blöde unverschämte Kellnerin schaut mich an und lässt plötzlich ein „Und du? Kannst du nicht sprechen?!" raus.

Wie hätten Sie schlagfertig reagiert, wenn Sie die Verkäuferin gewesen wären?

1. Die Durchzug-Technik

2. Petersilie im Ohr

3. Gegenstrom

4. Gegenangriff

Merke

Häufig reicht es auch, sich eine Reihe von Standard-Antworten zurechtzulegen. Die kürzeste und effektivste ist: „Aha!" Wenn Sie sich diese immer wieder ins Gedächtnis rufen, stärkt dass Ihre Haltung. Dies wiederum signalisiert dem Gegenüber: „O.k., ganz ohne Blessuren komme ich hier nicht raus, wenn ich jetzt eine dumme Bemerkung mache." Gut so!

Weitergehende Übung: Spiegel-Reflexion

Es fällt sicherlich nicht leicht, auf Integritätsverletzungen souverän zu reagieren. Um diese Fähigkeiten auszubauen, hilft Ihnen die weiterführende Übung Spiegel-Reflexion, bei der Sie sich über die eigenen Stärken bewusst werden. So wird es in Zukunft nicht mehr so leicht sein, Ihre Integrität infrage zu stellen.

Gönnen Sie sich ab heute drei Mal täglich einen erfrischenden Blick in den Spiegel. Beantworten Sie sich die folgenden Fragen immer wieder neu:

- Was kann ich?
- Was weiß ich?
- Was möchte ich?

So erfinden Sie sich jeden Tag ein kleines Stückchen neu. Von Max Frisch stammt das Zitat: *„Jeder Mensch erfindet sich eine Geschichte, die er – oft unter großen Opfern – für sein Leben hält. "* Erfinden Sie nicht eine, erfinden Sie viele Geschichten und tun Sie dies täglich neu, nicht unter Opfern, sondern aus der Lust heraus, die eigene Persönlichkeit immer wieder neu herauszufordern!

Und jetzt sind Sie dran:

Meine Fähigkeiten

Meine Kenntnisse

Meine Ziele

Formulieren Sie Ihre Motivationssätze positiv und arbeiten Sie an Ihrer Bereitschaft, alltägliche Kommunikationssituationen als willkommene Herausforderungen zu betrachten. Das sind Gewinner-Strategien, die Ihnen die nötige Kraft für schlagfertiges Verhalten geben. Weitere Anregungen dazu erhalten Sie im Abschlusskapitel!

Kapitel 4:

Zweites Prinzip – Wortwitz

„Sage nicht immer, was du weißt,
aber wisse immer, was du sagst."

Matthias Claudius

4.1 Einleitung: Das Wechselspiel von Sprache und Gedanken

Unsere Sprache und unsere Gedanken sind eng miteinander verknüpft. Manchmal gehen unsere Gedanken auch der Sprache voraus. Bei Manchem ist es jedoch auch umgekehrt. Sprachwitz macht sich dies zunutze und spielt mit solchen Erwartungen beziehungsweise Kuriositäten. Unsere Sprache macht es möglich, Gefühle und Bedürfnisse auszudrücken. Insbesondere wirkt sich Lachen vorteilhaft auf die eigene Psyche aus. Deshalb muss es nicht verwundern, dass viele Menschen oft lachen, selbst wenn die Sache selbst vielleicht gar nicht zum Lachen ist. Denken Sie an die Kraft politischer Witze wie den folgenden Klassiker aus der ehemaligen DDR: *„Im Kapitalismus hat der Mensch den Menschen ausgebeutet, im Sozialismus ist es genau andersherum."*

Man sagt: *„Ein Witz ist eine kurze, Lachen erregende Geschichte."* Was ist dann Wortwitz? Das ist ein von der Art der Formulierung ausgehender Lachimpuls, der auf den Gegenüber ausstrahlt. Man sagt auch: *„Humor ist die Bereitschaft, andere über mich lachen zu lassen."* In diesem Sinne gibt Humor Handlungsspielraum. Nutzen Sie also in Zukunft die Kraft von witzigen, humorvollen Formulierungen! Ab sofort sammeln Sie bitte alle witzigen, kuriosen, eigensinnigen und verblüffenden Formulierungen, welche Ihnen tagtäglich über den Weg laufen und schreiben diese auf. Ihr Ziel sollte sein, diese dann in Ihre Alltagskonversation einzubauen. Wenn Ihnen das gelingt, werden Ihnen diese Formulierungen auch in Momenten hilfreich sein, wenn es gilt, wieder einmal mit einer witzigen Sprachverwendung Schlagfertigkeit zu beweisen!

Ganz so wie Berta Drews, die verstorbene Berliner Schauspielerin und Mutter von Götz George, welche auf die Frage, ob es wahr sei, dass ihr Mann sich vorgenommen hätte, mit dem Trinken aufzuhören, salomonisch erwiderte: *„Er schwankt noch"* (Weller, 1973, S. 101).

4.2 Wortwitz – Politik

„Wir brauchen nicht mehr fragen, wer aufgehängt wird."

Ein goldener Gerhard Schröder komplettiert inzwischen die Ahnengalerie der deutschen Bundeskanzler im Berliner Kanzleramt. Bei der Präsentation von Immendorffs Porträt des siebten bundesdeutschen Regierungschefs prophezeite ein bestens gelaunter Schröder seiner Nachfolgerin Angela Merkel: „Sie werden möglicherweise einmal neben mir hängen – wann auch immer." Die Kanzlerin revanchierte sich mit einer humorvollen Spitze: *„Jetzt brauchen die Besucher endlich nicht mehr zu fragen, warum der Schröder nicht aufgehängt wird"* (*Die Welt*, 11. Juli 2007). Während die Reaktion Merkels hier nach allem, was wir wissen, tatsächlich spontan erfolgte, ist es sehr gut möglich, dass die Schröder'sche Formulierung eine ist, welche ihm in Zusammenhang mit der bevorstehenden Übergabe in den Sinn gekommen ist. Politiker sind gute Formulierungsarbeiter, das heißt, wenn sie eine sprachliche Formel gefunden haben, um einen Gedanken, einen Appell oder eine Ansicht kundzutun, dann nutzen Sie diese immer wieder, wobei kleine Variationen die Wirkung immer noch ein Stückchen verbessern.

In der N24-Sendung „Klartext" im Juni 2008 dichtete Berlins damaliger Finanzsenator Thilo Sarrazin einen schönen Dreiklang: *„Dumm, dümmer, PDS. "* In der Sendung ging es um das Thema Armut in Deutschland. Beim Thema Hartz IV ist Sarrazin Experte, denn er ist einer der wenigen Besserverdiener, die jemals im Selbstversuch ausprobiert haben, wie es sich bei Wiener Würstchen und Butterstulle vom Regelsatz leben lässt. Er sei mit dem angeblichen Linken-Slogan „Arm, ärmer, SPD" konfrontiert worden, erläuterte Sarrazin dann im Abgeordnetenhaus auf eine Frage aus der CDU-Fraktion, die sich offenbar Sorgen machte über das zwischenmenschliche Klima im rot-roten Bündnis. Spontan habe er geantwortet: „Dumm, dümmer, PDS." Und Sarrazin fügte hinzu: „Und darauf bin ich eigentlich recht stolz." Nach einer Sekunde des Unglaubens brachen die Abgeordneten im Halbrund in johlendes Gelächter aus. Auch auf den Bänken der Linken lachten einige, andere verdrehten die Augen, eine Abgeordnete hob mahnend den Finger und deutete ein „Du, du, böser Thilo" an. Und Sarrazin reagierte ebenso prompt wie schlagfertig: „Es gibt ja keine PDS mehr" (Die Welt, 13. Juni 2008).

Mit einem geschickten Winkelzug holt sich Sarrazin hier selber aus der Schusslinie und es soll hier keiner sagen, dieser Witz sei bösartig. Vielmehr ist es ja so, dass jemand, der eine Anspielung geboten bekommt, auch aufpassen muss, dass er sie versteht. Es handelt sich also um eine mentale Herausforderung, es ist in der Formulierung von Eike Christinan Hirsch „eine echte Entdeckung, ein freudiger Schrecken". Und er fügt hinzu: „Ich glaube, wir fühlen uns so, als seien wir diejenigen, die den Witz gemacht haben" (zitiert nach Reiner Foerst, 2006, S. 22). Allerdings erfordert nicht jeder Witz wirklich eine Entdeckungsleistung, aber ein Sprung in den Denkrillen, welche wir gerade nutzen, ist allemal damit verbunden und das macht den Wortwitz so erfrischend und wertvoll für die menschliche Kommunikation. Ein Ottomotor kommt sicher nicht ohne Kolben, Pleuelstange und Motorblock aus, ohne Motoröl allerdings fliegt uns die ganze Kiste schneller um die Ohren als wir meinen. Wortwitz ist also so etwas wie das kommunikative Schmieröl und auch die neue Schlagfertigkeit macht sich das zunutze! Thilo Sarrazin ist seit 1. Mai 2009 Mitglied des Vorstands der Deutschen Bundesbank. Seinem Nachfolger in Berlin wünschte er „viel Spaß, vor allem beim rechnen und streiten" (ZDF, 17. Februar 2009).

Manchmal sind es einfach auch Versprecher, die etwas in Gang bringen. Bei einer Veranstaltung im Düsseldorfer Landeskirchenamt wurde Bischof Wolfgang Huber vom örtlichen Rabbiner Julian Chaim Soussan als *„Landesrabbiner Dr. Huber"* begrüßt. Huber dankte dem Geistlichen der Düsseldorfer Jüdischen Gemeinde anschließend charmant für den Versprecher, *„Landesrabbiner"* sei für ihn eine durchaus *„ehrenvolle Auszeichnung"*. Er werde den kleinen Vorfall seiner Kirchenleitung vortragen: *„Ich werde sie fragen, ob sie mir dann und wann erlaubt, diesen Titel zu führen"* (*Die Welt*, 5. März 2008). Schon geschickt, dieser Bischof!

Guido Westerwelle versuchte sich an einem Aschermittwoch ebenfalls mit spöttischem Wortwitz Luft zu machen: *„Früher hat man gesagt, der Winter macht arbeitslos. Heute macht es auch der Sommer"*, war sein Seitenhieb auf den DGB-Chef Michael Sommer, und der SPD-Fraktionsvize Stiegler wurde zu einem *„roten Rumpelstilzchen"* degradiert. Nur ein Mal wird Kritik am Parteichef laut. Als dieser gerade stolz die Erfolge der Liberalen bei den letzten Landtagswahlen aufzählt, ruft einer im Saal: *„Und dann kamen die Schuhe."* Westerwelle gibt sich schlagfertig wie immer: *„Wenn ihr in Bayern 13,3 Prozent macht, werdet ihr barfuß laufen"* (*Die Welt*, 6. März 2003).

Jemand, der ohne Zweifel in diesem Sinne schlagfertig ist, war Franz-Josef Strauß. *„Stiernackig, Kragen sprengend, engagiert – ein Geysir aus Worten, Emotionen und Schweiß, ein barocker, schlagfertiger Adhoc-Mensch. Bodenständige, massiv verkörperte Politik"* (*Die Welt*, 20. August 2006). Eine Journalistenfrage: *„Was halten Sie von den Grünen?"* Seine Antwort: *„Grüne sind Rote, die noch nicht reif sind."* Eine aus seinem Weltbild heraus auch inhaltlich gültige Kurzformel, in jedem Fall aber eine schlagfertige Replik, welche allerdings nicht geeignet war, Brücken irgendeiner Art zu bauen.

Im Jahre 1960 sagte Erich Ollenhauer, der damalige SPD-Parteivorsitzende, bei einer Bundestagsdebatte: *„Herr Bundeskanzler, seinen Sie doch nicht so eklig zur Opposition, wir müssen alle unter demselben Himmel leben."* – *„Schon richtig"*, sagte Konrad Adenauer, *„aber wir haben nicht denselben Horizont"* (Weller, 1973, S. 66). Durchaus schroff, aber immer noch diplomatischer als Franz-Josef Strauß rhetorisch mit der Opposition ins Gericht ging.

Den ehemaligen SED-Vorsitzenden und damals zukünftigen Bürgermeister von Berlin Gregor Gysi hielten in unserer Umfrage immerhin knapp 5 Prozent der Befragten für die schlagfertigste Persönlichkeit. Woanders wurde er als der *„schlagfertige Advokat mit dem Undercover-Charme"* (*Die Welt*, 24. Oktober 2001) beschrieben. Auch wenn Gysi politisch als Linker immer auch sehr kontrovers gewertet wird, in zwei Punkten waren sich bei Gysi immer alle einig: er ist sehr schlagfertig und der Mann ist zwar nicht groß, hat aber in jedem Fall einen hohen Sympathiewert.

Gysi tafelte also mit seinen Getreuen in einem der besten und teuersten Restaurants von Berlin. Ein köstlicher Abschluss der Koalitionsgespräche mit den Sozialdemokraten. Die Runde weiß, was gut ist, bestellt das Beste vom Biokalb. Kolja Kleeberg, der Fernsehkoch, serviert knackiges Bries, Nierchen und Filet, wie gesagt, alles von einem milchgezogenen Biokälbchen. Ein bisschen Öko muss heutzutage auch beim Genuss sein. Das gewählte Rebhuhn war in freier Natur gejagt worden, stammte nicht aus einer Zuchtfarm. Darum ist es aromatischer und teurer, 35 Euro pro Person berechnet der Restaurateur. Gysi kommentiert mediengerecht schalkhaft: *„Ich bleibe mir doch als Ossi treu und wähle so ein kleines Federvieh."* Kolja Kleeberg setzt schlagfertig nach: *„Gibt es dafür nicht auch einen typischen Ausdruck wie Broiler?"* (*Die Welt*, 10. Januar 2002).

4.3 Wortwitz – International

„Süßes für die Bitterkeit des Regimes"

Mehr oder minder tiefsinnigen Wortwitz zeigte auch der neue Bürgermeister von Qsar, der wichtigsten Hafenstadt des Irak, Najim Abd Mahdi bei einer Bahnfahrt zur Eröffnung einer mehr als zehn Jahre gesperrten Strecke. Überall bedeuten arabische Zeichen den Reisenden, bitte nicht zu rauchen. Der 51-jährige Bürgermeister zündet sich ungerührt eine elegante Rothman-Zigarette an und grinst: *„Wir nehmen Verbote jetzt nicht mehr ganz so ernst."* Der Zug ruckelt los und fährt im Schneckentempo Richtung Basra. Doch nach wenigen hundert Metern kommt der erste Stopp. Die erst 18 Monate alte Lokomotive chinesischer Herkunft wird überprüft, ebenso die verbogenen Gleise. Den Bürgermeister stört das überhaupt nicht, er lässt sich von Soldaten der amerikanischen Küstenwache Tabletts mit Roastbeef-Sandwiches reichen. Dazu nimmt er einen Becher mit Tee, in den er mindestens vier Löffel Zucker kippt. Mahdi sieht den erstaunten Blick und antwortet schlagfertig: *„Ich brauche hier viel Süße, um die Bitterkeit des alten Regimes zu überwinden"* (*Die Welt*, 22. April 2002).

Als sich Semjon Zarapkin, der damalige russische Botschafter in Bonn, 1956 in einer Sicherheitsratssitzung der Vereinten Nationen zu Wort meldete, fragte der republikanische US-Politiker Cabot Lodge: *„Wozu wünscht der Gentleman aus der Sowjetunion das Wort?"* – Zarapkin: *„Ich bin Delegierter und kein Gentleman."* – Lodge: *„Ich hatte gehofft, dass sich beides nicht ausschließt"* (Weller, 1973, S. 52).

Bei einer Pressebegegnung versuchte ein russischer Kollege den frischgebackenen Präsidenten Dmitri Medwedew aus der Reserve zu locken mit der Frage, ob China nun als wichtigster Partner an die Stelle Deutschlands getreten sei. Medwedew sei im Unterschied zu Putin ja kein *„Germanist"* und seine erste Reise habe ihn nach Peking geführt. Medwedew gab schlagfertig zurück, er sei nun allerdings auch *„kein Sinologe"*, und es komme ja wohl nicht auf die Reihenfolge der Besuche an, sondern auf die Aufmerksamkeit, die man den Partnern widme. Und da seien die Deutschen nun für Russland in Europa unverändert die erste Adresse. Angela Merkel warf an dieser Stelle ein, man hätte zur Verständigung übrigens ja auch noch das Englische, *„auch wenn wir beide keine Anglisten sind"* (*Die Zeit*, 21. Januar 2009).

Beide demonstrieren Sprachwitz, indem Sie mit dem Bedeutungsumfeld von Worten spielen, hier die Sprachwissenschaft, von deren Akribie sich beide hier gewitzt distanzieren.

George Pompidou, der zweite Präsident der fünften französischen Republik, wurde eines Tages gefragt, ob er glaube, dass unser Zeitalter bedeutende und fähige Politiker hervorbringt. *„Das glaube ich schon"*, sagte er, *„aber wir müssen mehr als in früheren Zeiten darauf achten, ob es sich um fähige Männer handelt, oder um Männer, die zu allem fähig sind"* (Weller, 1973, S. 50). Bleibt noch hinzuzufügen, dass diese Betrachtung aus einer Genderperspektive heraus nicht nur auf Männer beschränkt sein darf, sondern natürlich auch gleichermaßen für Frauen zu gelten hat.

4.4 Wortwitz – Wirtschaft

„Sozial und sozialistisch wie Zigarre und Haschisch"

Ludwig Erhard wurde als damaliger Bundeswirtschaftsminister von einem Freidemokraten gefragt: *„Ist das, was Sie soziale Marktwirtschaft nennen, nicht eine Annäherung an den Sozialismus?"* – *„Nein, sozial verhält sich zu sozialistisch wie Zigarre zu Haschisch. Wenn auch Kompromisse zwischen den Wirtschafts- und Gesellschaftsformen stattgefunden haben, so gibt es einen* *grundlegenden Unterschied: Der Kapitalismus macht soziale Fehler, der Sozialismus macht kapitale Fehler"* (Heller, 1973, S. 241).

Der aus Schottland stammende amerikanische Stahlkönig Andrew Carnegie, damals der reichste Mann seiner Zeit, wurde einmal gefragt, was er für die entscheidende Kraft in der Großindustrie und für den stärksten Hebel seines persönlichen Erfolges halte, Intelligenz, Kapital oder Arbeit. *„Ihre Frage kann ich am besten mit einer Gegenfrage beantworten"*, sagte er, *„welches ist das wichtigste Bein bei einem dreibeinigen Schemel?"* (Weller, 1973, S. 247).

Auch die Werbung spielt gerne mit Mehrdeutigkeiten, so nutzte zum Beispiel McDonald's bei der Markteinführung des McFarmer den Slogan *„Für Großmundbesitzer"* (Espinat, 2006).

4.5 Wortwitz – Geschichte

„Ein lächerlicher Überfluss an Worten!"

Bismarck hatte einmal bei einer höfischen Festlichkeit eine Unterhaltung mit der Gattin eines ausländischen Gesandten, der nicht gerade einen bedeutenden Staat vertrat und auch nicht als überragender Diplomat bekannt war. Diese gab sich recht anmaßend und behauptete, die deutsche Sprache sei minderwertig und leide an einem lächerlichen Überfluss an Wörtern, die dasselbe bedeuteten. Bismarck bat sie, Beispiele dafür zu bringen, worauf sie sagte, statt *„sicher"* könne man genauso *„gewiss"* sagen, statt *„essen"* auch *„speisen"* und statt *„senden"* *„schicken"*. Bismark entgegnete: *„Wenn das Gebäude, in dem wir hier sitzen, in Brand geriete, würde ich Sie an einen sicheren Ort geleiten, nicht jedoch an einen gewissen. Desgleichen hat Christus bei der wunderbaren Brotvermehrung die*

Fünftausend wohl gespeist, jedoch davon Abstand genommen, sie zu essen. Und schließlich, gnädige Frau, ist ihr Gatte zwar ein Gesandter, aber kein Geschickter" (Weller, 1973, S. 41).

Jüdische Bürger waren Vordenker und Modernisierer Deutschlands und dabei bekannt für ihre Chuzpe, also ihren Wortwitz und kommunikativen Mut. Wenige Familien in Deutschland haben derart Bedeutsames geleistet wie die Mendelssohns, die Philosophen, Komponisten, Wissenschaftler, Schriftsteller und Bankiers hervorbrachten. In den gebildeten Kreisen des deutschen Judentums wurde eine Episode erzählt, die sich in einer Abendgesellschaft zugetragen haben soll. Propst Wilhelm Abraham Teller fühlte sich durch Mendelssohns Kontroverse mit dem Schweizer Diakon Lavater, der ihn zum Christentum hatte bekehren wollen, zu folgender spöttischer Anfrage in Versform veranlasst: *„An Gott den Vater glaubt ihr schon, so glaubt doch auch an Gott den Sohn. Ihr pflegt doch sonst bei Vaters Leben, dem Sohne schon Kredit zu geben."* Schlagfertig antwortete Mendelssohn darauf, ebenfalls in Form eines Reims: *„Wie sollen wir Kredit ihm geben, wird doch der Vater ewig leben"* (*Die Welt*, 2. Februar, 2003).

Der Schweizer Dichter Conrad Ferdinand Meyer erhielt von einem jungen Schriftsteller einen Roman mit der Bitte um Beurteilung. Der Autor führte in seinem Schreiben aus, die Flüssigkeit des Stils müsse man ihm wohl zubilligen. Meyer sandte den Roman mit der Begründung zurück: *„Ihr Stil ist flüssig, Ihr Buch überflüssig"* (Weller, 1973, S. 118).

Ein junger Sekretär suchte das Arbeitszimmer des Geheimen Rates Goethe auf, um ein Schriftstück zu überbringen. Im Vorzimmer traf er auf Eckermann. *„Wo ist Goethe?"*, fragte er diesen. Goethe, der vom Nebenzimmer aus zuhörte, war verärgert über diese saloppe Wortwahl. Er betrat den Raum und sagte mit strenger Stimme: *„Für Sie, Herr Sekretär, Herr von Goethe!"* Der Gerügte antwortete in respektvollem Ton: *„Niemals, Euer Exzellenz,* *hörte ich, dass von einem Herrn Cäsar oder Herrn Homer gesprochen wurde!"* (*Die Welt*, 22. April 2006).

Auch die Stellungnahme von Karl Kraus zur Psychoanalyse entbehrt nicht eines gewichtigen Wortwitzes: *„Die Psychoanalyse ist selbst jene Geisteskrankheit, für deren Therapie sie sich hält"* (Weller, 1973, S. 121).

Mit der robusten Geschicklichkeit des erfahrenen Taktikers hat der damalige Bundeskanzler Konrad Adenauer drei Tage vor Beginn des SPD-Parteitages eine Reihe von Fragen an die Sozialdemokraten gerichtet, mit denen er sie in Verlegenheit, vielleicht sogar in innere Schwierigkeiten zu bringen hoffte. Wehner antwortete in Hannover, die SPD werde die Leiter, die ihr der Bundeskanzler hingestellt habe, nicht benutzen. *„Ihre Sprossen sind morsch"*, bemerkte er sarkastisch. Und auf die Frage, ob auch die atomare Ausrüstung der Bundeswehr eine solche morsche Sprosse sei, antwortete er schlagfertig, diese Sprosse sei nicht nur morsch, die sei auch noch eingeseift. (*Die Zeit*, 25. November 1960) Wie wir hier sehen können, ist das Weiterspinnen von Metaphern ein probates Mittel, um Wortwitz entstehen zu lassen.

Ein Bischof machte Heinrich IV., dem König von Frankreich, Vorwürfe wegen seines genussreichen Lebenswandels. Er müsse als König doch ein Wegweiser für seine Untertanen sein. *„Haben Sie schon einmal"*, entgegnete der König, *„einen Wegweiser gesehen, der den Weg geht, den er weist?"* (Weller, 1973, S. 47).

4.6 Wortwitz – Gesellschaft

„… den Antrieb der Zukunft?"

In einer aktuellen Kampagne von Evonik Industries (früher „RAG"), realisiert von der Hamburger Werbeagentur KNSK, wird inzwischen ein sehr frisches, modernes Image der ersten deutschen Kanzlerin bemüht. Unter der Überschrift *„Haben Sie schon den Antrieb der Zukunft?"* werden ein sprachloser Barack Obama, ein verwirrter sprachloser Nicolas Sarkozy als auch ein sehr ernst aus der Wäsche schauender Wladimir Putin gezeigt. Nur die Deutschen haben den Antrieb der Zukunft: Nur Angela Merkel als auch Frank-Walter Steinmeier heben sympathisch und amüsiert die Hand (*Horizont*, 28. Mai 2009). Eloquenz hat eben auch etwas mit überzeugenden Konzepten zu tun.

Auch Plakate müssen überzeugen. Doch was macht Plakate aus, die besonders gut sind? *„Ausgefallen, originell und schlagfertig müssen Plakate sein, eben wie ein guter Witz"* (*Die Welt*, 3. August 2001). Als frech und durchaus überraschend und schlagfertig kann auch die Kampagne der Hamburger Agentur Jung von Matt für Sixt in München gelten, in der seit 2001 Prominente mit einem überraschendem Vorher-Nachher-Effekt mit Witz vorgeführt werden. Angela Merkel wurde (mit biederer Frisur) untertitelt: *„Lust auf eine neue Frisur?"* Das rechte Bild zeigt eine neue Angela Merkel (mit Punk-Frisur) und der Aufforderung *„Mieten Sie sich ein Cabrio".* Die Presse bemerkte hierzu, dass Merkel, anstatt gegen Sixt wegen der Verletzung ihrer Persönlichkeitsrechte vorzugehen, auf jedes Trittbrett, auch das eines Cabrios, aufspringen würde und das sei auch gut so, denn *„von Container-Westerwelle oder Fallschirm-Möllemann zu lernen heißt siegen zu lernen"* (*Der Spiegel*, 8. März 2001).

Der Professor einer technischen Hochschule, der nicht nur seinem wissenschaftlichen Ruf, sondern auch seiner Körperfülle nach sehr gewichtig war, hatte bei den Studenten den Spitznamen *„Fass".* Eines Tages näherte er sich der halb offenen Hörsaaltür und hörte, wie jemand sagte: *„Achtung, Fass im Anrollen!"* Er ging nach vorne und sagte: *„Meine Herren, der Einwurf beruht auf Irrtum: ein Fass ist von Reifen, ich aber bin hier von Unreifen umgeben"* (Weller, 1973, S. 174).

4.7 Wortwitz – Regionales

„Heute ist die gute alte Zeit von morgen."

Der zeitlose Kabarettist, Komiker, Autor und Filmproduzent Karl Valentin, eigentlich Valentin Ludwig Fey (berühmte Zitate: *„Heute ist die gute alte Zeit von morgen"*, *„Fremd ist der Fremde nur in der Fremde"*, *„Mögen hätt ich schon wollen, aber dürfen habe ich mich nicht getraut"*), wurde 1882 in München geboren und ist 1948 in Planegg bei München gestorben, ein waschechter Bayer also, der einen ganz speziellen, sehr schlagfertigen Wortwitz hervorgebracht hat, der in zahlreichen Büchern, Theaterstücken, Hörspielen und Filmen dokumentiert ist.

Eine mit *„Schlamperei"* überschriebene Episode zeigt sehr gut die Art von Wortwitz, welche Karl Valentin zeit seines Lebens kultiviert hat. Er ist eigentlich zum Tod durch Enthauptung verurteilt. Da der Henker wegen Schlamperei aber das Beil nicht findet, will der Richter auf Tod durch den Strang umdisponieren. Valentin aber kennt auch noch auf dem Richtplatz seine Paragrafen: *„Ausgeschlossen! In meinem Urteil hab ich es schwarz auf weiß: Enthauptung. Ich bestehe darauf, dass ich geköpft werde, und zwar sofort. Jetzt bin ich schon amal da, und Abschied hab ich auch schon genommen von meinen Angehörigen – also los!! Runter mit'n Kopf! Scheißt's net so lang rum."*

Zum Thema Nein Sagen, ich hatte das Thema bereits angesprochen, gibt es von Karl Valentin die folgende überlieferte Episode:

A: *Kennen Sie meinen Schwager?*
B: *Nein.*
A: *Überhaupt nicht?*
B: *Nein.*
A: *Gesehen haben Sie ihn auch nicht?*
B: *Nein.*
A: *Aber Sie wissen doch, dass ich einen Schwager habe?*
B: *Nein.*
A: *Sagen Sie zu allem Nein?*
B: *Nein.*
A: *Ein Neinsager sind Sie doch auf jeden Fall!*
B: *Nein.*
A: *Ein Mensch, der zu allem ja sagt, sind Sie aber auch nicht?*
B: *Nein.*
A: *Ja, dann sind Sie ja ein Depp.*
B: *Nein.*

Im Übungsteil finden Sie eine Sammlung von Zitaten, welche Karl Valentin zugeschrieben werden, welchen Ihnen in vielen Situation helfen können.

4.8 Wortwitz – Sport

> *„... dann müssen die erst recht am Boden liegen."*

Auf die Frage, ob die Pleite in der Bundesliga einen mentalen Knacks nach sich ziehen könnte, konterte Abwehrchef Joris Mathijsen schlagfertig: *„Manchester City hat schon wieder verloren – dann müssen die erst recht am Boden liegen"* (*Die Welt*, 14. April 2009).

4.9 Wortwitz – Medien

> *„Wer die ganze Woche über Wale zerlegt ..."*

Den beruflichen Stress als Ursache japanischer „Sexmuffelei" analysierte Harald Schmidt in einer hoch pointierten Weise: *„Wer die ganze Woche über Wale zerlegt, der will auch nicht privat noch in die Schwarte greifen"* (*Die Welt*, 15. März 2007).

4.10 Wirkung: Wie funktioniert das Prinzip Wortwitz?

„Wer sich unkollegiale Widerlinge vom Hals halten will, sollte sich deshalb darin üben, schlagfertig zu werden, statt sich fertig schlagen zu lassen", wie der Wiener Psychotherapeut und Humorforscher Alfred Kirchmayr es ausdrückt (*Die Welt*, 20. September 2008).

Die Lachforschung, die sogenannte Gelotologie, holt Stück für Stück gegenüber anderen Wissenschaftsbereichen auf. Verhaltensbiologen kitzeln Affen und anderes Tiere und Psychologen ergründen, in welchen Situationen wir die Mundwinkel nach oben oder unten ziehen. Neurowissenschaftler erzählen Witze oder spielen lustige Videos ein, während sie mit bildgebenden Verfahren zuschauen, wie die verschiedenen Hirnareale reagieren. Die Ergebnisse machen deutlich: Humor ist eine richtig ernst zu nehmende Angelegenheit, erfordert besondere geistige Fähigkeiten und spielt im sozialen Zusammenleben eine bedeutende Rolle.

Es gibt eindeutige Hinweise darauf, dass das Abstrahieren, welches bei der Verarbeitung eines Witzes erforderlich ist, Lust entstehen lässt, denn *„der Schluss von der Bezugsaussage auf die beiden ultimativen Kontrastvorstellungen, zum Beispiel gut/schlecht, richtig/falsch, tot/lebendig, ist immer eine Abstraktion!"* (Reiner Foerst, 2006, S. 85). Da bei der Verarbeitung eines Witzes die Abstraktionsfähigkeit des Gehirns in hohem Maße gefordert wird, ist also ihr Einfluss auf den Lachreiz anzunehmen. Dies deckt sich übrigens mit der Annahme Freuds, der davon ausging, dass Verallgemeinerungen einen Lustgewinn für den Mensch darstellen.

Was passiert im Gehirn? Welche geistigen Prozesse sind hier am Werk? Auf Sachinformationen folgen neuronale Aktivitäten, welche wiederum Vorstellungen, Emotionen, Reaktionen auslösen. Die neuronalen Aktivitäten werden dabei stets nach Eigeninteresse bewertet. Wenn Sie nun einen Witz machen oder eine spaßhafte Bemerkung, wird das Eigeninteresse Lustgewinn des Gegenübers aktiviert, andere Eigeninteressen treten gleichzeitig in der Hintergrund. Die ursprüngliche Absicht des anderen, Sie anzugreifen und zu destabilisieren, verliert an Bedeutung. Der Witz legt es immer darauf an, eine Vorstellung aufkommen zu lassen, die später revidiert wird. Deswegen verschaffen Witze, witzige Formulierungen und gekonnter Wortwitz eine spannende und aufgeschlossene Gesprächsatmosphäre.

Um einen gelesenen oder erzählten Witz zu verstehen, bedarf es mehrerer gedanklicher Schritte. In der ersten Phase stellen wir Spekulationen über den logischen Ausgang der Geschichte an, die dann durch ein unerwartetes Ende über den Haufen geworfen werden. Zunächst ergibt die Pointe, da sie nicht in den Kontext passt, üblicherweise keinen Sinn. Wie Mr. Spock ganz richtig sagen würde: Da ist etwas nicht logisch! Aufgrund einer solchen „Inkongruenz" sind wir für einen kurzen Moment irritiert, dann macht sich das Gehirn an die Lösung des Problems. Wir suchen nach einem Blickwinkel, aus dem die Pointe mit dem Rest der Geschichte in Einklang steht. Auf der dritten Stufe fällt dann auf, dass der Sinn, den der Witz durch die veränderte Sichtweise bekommt, vielleicht nicht besonders naheliegend, aber doch vergnüglich ist – und quittieren diese überraschende Erkenntnis in der Regel mit einem Schmunzeln, der Erzähler wird uns ein Stück weit sympathisch:

Zwei Jäger wandern durch den finsteren Wald. Plötzlich fällt der eine um und bleibt reglos liegen. Der andere ruft per Handy den Notarzt: „Mein Freund ist tot! Was soll ich tun?" Der Arzt versucht zu beruhigen: „Entspannen Sie sich. Zuerst einmal müssen wir sicher gehen, dass er auch wirklich nicht mehr lebt." Stille – dann fällt ein Schuss. Der Jäger zurück am Telefon: „Okay, und was jetzt?"

Witze können also in unterschiedlicher Weise anregend sein und sie bringen den Gesprächspartner auf andere Gedanken, er hat die Möglichkeit, seine Denkrillen zu wechseln.

Mehr noch. Wer in den richtigen Momenten ein Gespür für Komik hat, der ist häufig beruflich erfolgreicher. Das ist jedenfalls die Ausgangsthese eines interessanten Artikels mit der inspirierenden Überschrift *„Komik als Karrierekick"* (*Berliner Tagesspiegel*, 11. Juli 2009). Lachen ist gesund – das ist inzwischen wissenschaftlich bewiesen. Doch die Studien zeigen, dass kleine Scherze und Witze mehr bewirken können, als nur Stress zu reduzieren und gelegentlich die Laune zu heben. Die Untersuchungen legen nahe, dass Komik insbesondere auch im beruflichen Kontext sehr viel häufiger als uns dies bewusst ist als produktive Konfliktlösungsstrategie verwendet wird. Entsprechend hoch ist die Bedeutung von Komik als institutionalisiertes Konfliktmanagement (Zeichhardt, 2009).

Amüsiert sich ein Mitarbeiter zum Beispiel aufrichtig über die Witze und schlagfertigen Äußerungen seines Chefs, so kann das durchaus motivierend wirken. Als bekanntestes Beispiel wurde hier der beliebte Apple-Mitbegründer Steve Jobs genannt, der in dem erfolgreichen Unternehmen nicht zuletzt durch Selbstironie und Humor eine entspannte und kreative Atmosphäre geschaffen hat. *„Die Berichte über meinen Tod sind stark übertrieben"*, ließ der Apple-Mitgründer im vergangenen Jahr zum Beispiel während eines Vortrags auf einer Videoleinwand einblenden (*FAZ*, 28. Juli 2009). Komik kann auch eine Strategie sein, um wichtige Dinge zur Sprache zu bringen, und im Scherz dürfen bekanntlich Dinge gesagt werden, die sonst tabuisiert wären.

Nehmen wir ein anderes Beispiel. Trotz aufwendiger Computer-Präsentationen sind viele Vorträge, wenn man ehrlich ist, ziemlich langweilig. Viele Redner langweilen mit vorgefertigten und überladenen Power-Point-Präsentationen. Doch es geht auch anders. Wenn der Referent von dem Thema, über das er spricht, keine Ahnung hat, kann es selbst bei diesem Medium regelrecht komisch werden. Das machen sich die Veranstalter von sogenannten Powerpoint-Karaokes zunutze. Langsam erobert diese Art von Veranstaltung Deutschland, zunächst in den Metropolen Berlin und München. Das Motto heißt *„Einer labert, alles lacht"* und die Teilnehmer müssen spontan ihnen völlig unbekannte Powerpoint-Folien kommentieren. Dabei geht es um Themen wie *„Geschichte der Schokolade"*, *„Giftmechanismen von Wirbeltieren"* oder *„Erotik im Alter"* (*Die Welt*, 15. November 2007). Was können wir hiervon lernen? Hier sieht man, dass man aus fast beliebigem

Material komische Effekte erzielen kann. Verlieren Sie die Angst, etwas falsch zu machen, und Sie gewinnen die Freiheit, mit Humor, Komik und Wortwitz vieles richtig zu machen, auch unter Beschuss! Sprachlich kompetente Menschen sind schlagfertig, haben einen großen Wortschatz und können sprachlich differenzieren. Angeboren ist das den wenigsten, mit Training jedoch lassen sich diese Fähigkeiten deutlich verbessern (*Die Welt*, 19. August 2001).

Von Sammy Davis Junior wird übrigens geschrieben, dass wenn er von gerade erlebten Szenen im Hotel erzählt, er Lieder unterbricht und Erklärungen wie Renaissance-Intermezzi dazwischen plaudert, während das Klavier die Brücke zur Fortsetzung mit Orchester schlägt, er witzelt, wenn er etwas erklärt oder biografische Notizen an den Rand streut – dass man dann seine Einfälle als schlagfertige Improvisationen interpretiert, wie er es ja auch behauptet. Trotzdem hat er sie allesamt auswendig gelernt (*Die Zeit*, 17. September 1976).

4.11 Übungsteil: Witziger werden und mit Humorlosigkeit umgehen

Hier geht es um die Fragen: Wie können Sie noch witziger werden und was können Sie tun, wenn der andere zu wenig Spaß versteht? In diesem Abschnitt werden Sie die folgenden Techniken kennenlernen: 1. An Worte anschließen, 2. Valentins Zitate, 3. Metaphern ausbauen, 4. Mit Ambiguitäten arbeiten sowie 5. Lieblingswortspiele. Der Marktschreier ist eine weitergehende Übung zum Ausbau Ihres Wortwitzes.

1. An Worte anschließen

Mit der nachfolgenden Übung können Sie auf schnelle Art und Weise eine Replik generieren, die ablenkt, die Situation entspannt und das Gegenüber auch zu Lachen bringen. Ein Meister dieser Technik sind Sie dann, wenn die Sätze „wie aus der Pistole geschossen" kommen. Sie greifen das letzte gesagte Wort auf und formulieren mit diesem Stichwort einen komplett neuen Satz, der inhaltlich nichts mit dem gesagten zu tun hat. Sie sind hier auf dem Appellohr taub, das heißt, das, was der andere ursprünglich von Ihnen wollte, ist nicht Gegenstand Ihrer Antwort. Steigen Sie bitte so lange nicht in den Ring, bis Sie ein befriedigendes Maß an Schnelligkeit erreicht haben!

Beispiele:

- *„Sie träumen wohl, während ich mit Ihnen* **rede!** *"* – **„Reden** *ist Silber, Schweigen ist Gold!"*
- *„Sie sind ja ganz schön* **ungebildet!** *"* – **„Bildung** *und Herzensbildung waren immer schon zwei unterschiedliche Dinge!"*
- *„Das ist ja wirklich eine Unverschämtheit, was man hier serviert* **bekommt!** *"* – *„Wer etwas* **bekommt** *sollte sich auch dafür bedanken!"*

Übungssätze:

1. Du bist nie zufrieden!

Ihre schlagfertige Antwort:

_____

_____

_____

2. Immer muss ich alles zwei Mal wiederholen!

Ihre schlagfertige Antwort:

3. Du solltest dich einmal zusammenreißen!

Ihre schlagfertige Antwort:

4. Lass mich mal in Ruhe!

Ihre schlagfertige Antwort:

5. Fragen Sie bitte nicht so dämlich.

Ihre schlagfertige Antwort:

2. Valentins Zitate

Grundlage dieser Technik ist eine Sammlung von 30 Karl Valentin-Zitaten. Diese sind so originell, dass Sie Ihnen in sehr vielen Situationen als Rettungsanker dienen können. Wichtig ist, dass Sie viele Beispiele im Kopf haben, bei denen die Zitate passen könnten, so sind diese zeitlosen Aussprüche im Alltag optimal einzusetzen.

1. Ich bin auf Sie angewiesen, aber Sie nicht auf mich! Merken Sie sich das!

2. Ich freue mich heute noch, dass es mir gelungen ist, den heutigen Tag noch zu erleben.

3. Ein Optimist ist ein Mensch, der die Dinge nicht so tragisch nimmt, wie sie sind.

4. Sicher is, dass nix sicher is, drum bin i vorsichtshalber misstrauisch.

5. Ich kenne keine Furcht, es sei denn, ich bekäme Angst.

6. Ich hab ein Leben lang Angst vor dem Sterben gehabt, und jetzt das!

7. Sie wissen schon, dass man ein weiches Ei nicht als Zahnstocher benutzen soll?

8. Ich habe Bildung nie mit dem Löffel gegessen, nur mit der Messerspitze.

9. Ich bin kein direkter Rüpel, aber die Brennnessel unter den Liebesblumen.

10. Was? Drei Mark kost oa Plattn, wissens was, gebns mir die Hälfte.

11. Ein so kleiner Schirm und trotzdem wird man nicht nass, wenn es nicht regnet.

12. Sie wissen ja: Sie sind auf uns nicht angewiesen, sondern wir auf Sie. Merken´s Ihnen des!

13. Wissen Sie schon, dass Pfingsten vor Ostern kommt, wenn man den Kalender von hinten liest?

14. Mögen hätt ich schon wollen, aber dürfen hab ich mich nicht getraut.

15. Als ich das Licht der Welt und sodann die Hebamme erblickte, war ich sprachlos. Ich hatte diese Frau ja noch nie in meinem Leben gesehen.

16. Hoffentlich wird es nicht so schlimm wie es schon ist!

17. Es ist schon alles gesagt, nur noch nicht von allen.

18. Gut, dass Hitler nicht Kräuter heißt, sonst müsste man ihn mit „Heil Kräuter" grüßen.

19. Kunst kommt von können, nicht von wollen, sonst müsste es ja Wunst heißen.

20. Kunst ist schön, macht aber viel Arbeit.

21. Wissen Sie schon, dass München heute 76 Kinos hat gegen gar keine vor 100 Jahren?

22. Heute ist die gute alte Zeit von morgen.
23. Gar nicht krank ist auch nicht gesund.
24. Der Mensch ist gut, die Leute sind schlecht!
    (Original: „Der Mensch is guad, de Leit san schlecht!")
25. Wer am Ende ist, kann von vorn anfangen, denn das Ende ist der Anfang von der anderen Seite.
26. Die Zukunft war früher auch besser!
27. Fremd ist der Fremde nur in der Fremde.
28. Jedes Ding hat drei Seiten, eine positive, eine negative und eine komische.
29. Metaphysik ist der Versuch, in einem verdunkelten Zimmer eine schwarze Katze zu fangen, die sich gar nicht darin befindet.
30. Das Fischen von lebenden Fischen mit der Angel wird von vielen Seiten als Grausamkeit empfunden; hauptsächlich vom Fisch selbst.

Beispiele:

- *„Mein Gott, so ungebildet kann man ja gar nicht sein!" –„ Ich habe Bildung nie mit dem Löffel gegessen, nur mit der Löffelspitze." (Valentin-Zitat Nr. 8)*
- *„Wie soll ich arbeiten, der Kollege Storch ist schon wieder nicht da!" –„ Gar nicht krank ist auch nicht gesund." (Valentin-Zitat Nr. 23)*
- *„Die Bewerber hatten früher viel mehr drauf." – „Die Zukunft war früher auch besser!" (Valentin-Zitat Nr. 26)*

Übungssätze:

1. Sie haben wieder alles durcheinander gebracht!

Ihre schlagfertige Antwort:

_____

_____

_____

2. Ihr Entwurf zeigt mir, dass Sie nichts gelernt haben.

Ihre schlagfertige Antwort:

_____

_____

_____

3. Warum haben Sie den Kunden Herrn Igel nicht zu unserer Veranstaltung eingeladen?

Ihre schlagfertige Antwort:

_____

_____

_____

4. Herr Stier, können Sie Ihrerseits noch etwas zu dem Projekt sagen?

Ihre schlagfertige Antwort:

_____

_____

_____

5. Jetzt seien Sie doch mal ehrlich, trauen Sie sich das wirklich zu?

Ihre schlagfertige Antwort:

_____

_____

_____

3. Metaphern ausbauen

Die Sprache enthält viele bildhafte Ausdrücke, auch wenn uns das nicht immer bewusst ist. Zum Beispiel: *„Schnecken-tempo"*, *„Schalf-tablette"* oder *„Geld-regen"*. Sie sehen, dass die Bilder, welche in vielen Worten stecken, sehr vielfältig sein können. Bei der Technik *Metaphern ausbauen* greifen Sie nun genau diese Bildwelten auf und spinnen Sie ein wenig weiter. Es ist dabei egal, ob der Satz sinntragend ist oder nicht, es geht einzig und alleine darum, eine neue Idee einzuführen. Will man Sie zum Beispiel mit einem Tiernamen beleidigen, können Sie dies aufgreifen und wortwitzig in einen neuen Kontext stellen. So gesehen sind Tiernamen Steilvorlagen!

Beispiele:

- *„Sie arbeiten im Schneckentempo!"* – *„Lieber eine nette Schnecke als ein böses Rennpferd!"*
- *„Sie sind bei uns das schwarze Scharf!"* – *„Lieber ein schwarzes Schaf als gar nichts Schickes im Büro!"*
- *„So eine arrogante Ziege wie Sie habe ich schon länger nicht mehr getroffen!"* – *„Ziegenkäse ist ja auch sehr viel würziger als handelsüblicher Schmelzkäse."*

Übungssätze:

1. Mann, Sie arbeiten hier ja wie eine Schlaftablette.

Ihre schlagfertige Antwort:

2. Du blöde Kuh!

Ihre schlagfertige Antwort:

_____

_____

_____

3. Sie freuen sich ja wie ein Schneekönig, Herr Wurm!

Ihre schlagfertige Antwort:

_____

_____

_____

4. Beweg dich mal, du lahme Ente!

Ihre schlagfertige Antwort:

_____

_____

_____

5. Wollen Sie das Rad jedes Mal neu erfinden?

Ihre schlagfertige Antwort:

_____

_____

_____

4. Mit Ambiguitäten arbeiten

Bei dieser Technik geht es darum, Mehrdeutigkeiten zu erkennen und Möglichkeiten für veränderte Bezüge zu entdecken und diese dann für eine schlagfertige Antwort zu nutzen. Zeigen Sie sich hier von der humorvollen Seite, das entspannt Sie und die Situation. Sich selbst nicht zu ernst zu nehmen lockert die Atmosphäre. Vermeiden Sie übermäßigen Respekt, halten Sie lieber mal dagegen, meistens wird dies auch von Vorgesetzen immer noch akzeptiert, wenn es lustig ist und humorvoll gemeint war.

Mehrdeutigkeiten liegen in der Sprache selbst. Aus *„armer Schlucker"* wird *„runterschlucken"*, aus *„zur Mutter zurück"* wird *„zur Vernunft zurück"*, aus *„aufpassen"* wird *„treffen"* etc.

Beispiele:

- *„Sie armer Schlucker"* – *„Und das soll ich jetzt so einfach runterschlucken?"*
- *„Dann ist es wohl am besten, wenn ich zu meiner Mutter zurückkehre",* *schluchzt sie auf den Höhepunkt des Ehekrachs. Die Antwort des Gatten:* *„Nein, besser wäre es, wenn du zur Vernunft zurückkehrtest."*
- *Sie haben etwas verschüttet und jemand in Ihrer Umgebung hat etwas* *abbekommen. Dieser sagt gereizt: „Ja Mensch, pass doch auf!" Sie ant-* *worten: „Das habe ich doch! Ich habe dich schließlich getroffen."*

Übungssätze:

1. Was man nicht im Kopf hat, hat man in den Beinen.

Ihre schlagfertige Antwort:

_____

_____

_____

2. Bist du etwa sauer?

Ihre schlagfertige Antwort:

_____

_____

_____

3. Lass mich bitte mal ausreden!

Ihre schlagfertige Antwort:

4. Herr Eber, der Ton macht die Musik!

Ihre schlagfertige Antwort:

5. Sie haben weiche Knie, Frau Strauß. Was Sie bräuchten, wären starke Nerven!

Ihre schlagfertige Antwort:

5. Lieblingswortspiele

Erinnern Sie sich noch an den Lieblingssatz von Altbundeskanzler Schröder, dass wenn er jetzt sagen würde, was er dächte, alle etwas zu lachen hätten, oder an den Satz einer Freundin eines guten Bekannten, dass Philosophen jetzt schweigen würden? Was ist Ihr absoluter Lieblingssatz, auf welchen Wortwitz setzen Sie? Was hat bei Ihnen das Zeug zum *„Running-Gag mit der Nummer 1"*? Was ist Ihr Allzweck-Schmieröl, mit dem Sie jede quietschende Tür behandeln können? Was lohnt sich auswendig zu lernen so wie es Sammy Davis Junior bei seiner Bühnenshow offenbar gemacht hat und ist dabei so gut, dass Sie es auch wirklich jederzeit verfügbar haben möchten?

Eine gute Bekannte sagt immer *„Ich lebe nach dem Prinzip: Machen Sie noch weniger aus Ihrem Typ"*, wenn Sie zum Beispiel auf die Kombination von rotem Lippenstift und rosa T-Shirt angesprochen wird. Wenn die Fachkräfte in einem Geschäft einfach nicht dazu kommen, Sie zu bedienen, können Sie schon mal nach dem *„anständigen Zusprechpartner"* fragen oder aber Sie kleiden Ihren aufkeimenden Ärger in die folgenden Worte: *„Das ist ein Komplott, ich bin außer sich!"* Die Wortverdrehungen und grammatikalischen Kuriositäten der beiden letzten Formulierungen sind hier übrigens bewusst gewählt und nicht etwa ein Druckfehler! Ebenso der nächste Ausspruch. Ob Sie ein Häuschen mit Garten haben oder nicht, warum sich nicht empfehlen mit den Worten: *„Ich gehe jetzt mal den Rasen schmähen ..."*.

Am besten wäre es wohl, die Sprüche, die doch im Ernstfall so schlagfertig erscheinen sollen, vor dem Einschlafen auswendig zu lernen. Schließlich gilt es, vielerlei Wortfallen zu entkommen. Oder, besser, sie selber zu stellen (*Die Zeit*, 9. November, 2000). Fallensteller und Fallstricke, ja das ist die eine Seite. Spaß und gute Laune die andere, aber auch dafür lohnt es sich, auch mal einen Spruch auswendig zu lernen, ein Wortspiel vor dem Einschlafen zu notieren. Umso schneller ist Ihnen das Material dann zugänglich, wenn Sie alle wieder etwas zu lachen haben möchten. Vergessen Sie nicht: *„Vermehrung und Verbesserung des Wortschatzes beruhen auf Mühe und Fleiß"* (Weller, 1973, S. 20).

Bei dieser Technik geht es im Kern darum, dass Sie Lieblingskombinationen konstruieren oder finden, die Sie gewissermaßen immer im Ihrem Portemonnaie mitführen. Nehmen Sie diejenigen Konstruktionsprinzipen, welche Sie besonders überzeugend finden. Hier finden Sie Anregungen.

Beispiele:

- *„Sag mal, kannst du mir nicht tausend Euro leihen!" – „In der Tat nicht. Aber wieso wusstest du das schon vorher?"*
- *Ein von der Universität abgehender Student macht seinem Professor einen Abschiedsbesuch: „Ihnen verdanke ich alles, was ich weiß!" – Der Professor: „Oh, erwähnen Sie doch eine solche Kleinigkeit nicht."*
- *Gespräch unter Liebenden. Sie: „Wenn ich dich anschaue, habe ich lauter Herzchen in den Augen." Er: „Moment, in einem habe ich das Dollarzeichen aufblinken sehen." Sie: „Hmmm, da müssen sich deine Äugelein in meinen gespiegelt haben."*

Übungssätze:

Kreieren Sie selbst ein Wortspiel, welches Sie dann in ganz unterschiedlichen Zusammenhängen einflechten können.

1. Mit den Wörtern „schnell" und „langsam"

2. Mit den Wörtern „ernst" und „locker"

3. Mit den Wörtern „früh" und „spät"

4. Mit den Wörtern „groß" und „klein"

_____

_____

_____

5. Mit den Wörtern „süß" und „bitter"

_____

_____

_____

Fälle, die das Leben schreibt: Fall 2

„Dekorieren ist nicht Ihr Ding!"

Fälle, die das Leben schreibt, hier der Fall von Frau M. als Höreranruf während einer Radiosendung zum Thema Schlagfertigkeit (*Deutschlandfunk*, 18. Mai 2006):

„Ich arbeite im Einzelhandel und vorgestern kam dann meine Chefin zu mir und sagte: ‚Frau M. es wäre wunderbar, wenn Sie das Dekorieren des Schaufensters mal übernehmen könnten. Machen Sie's ganz nach Ihrem Geschmack, holen Sie sich überall die Deko, die Ihnen gefällt, und Sie machen das schon, da bin ich ganz zuversichtlich.' Und dann hab ich mich auch drangegeben und hab ein schönes Schaufenster dekoriert. Es gefiel mir selber auch ganz gut. Und am nächsten Tag stand meine Chefin vor mir und sagte: ‚Frau M., wie ich sehe ist das Dekorieren ja wirklich nicht ihr Ding!'"

Wie hätten Sie schlagfertig reagiert, wenn Sie Frau M. gewesen wären?

1. An Worte anschließen

2. Valentins Zitate

3. Metaphern ausbauen

4. Mit Ambiguitäten arbeiten

5. Lieblingswortspiele

Weitergehende Übung: Der Marktschreier

Ein weiterer Weg, Ihren Wortwitz zu üben, können Sie im sogenannten Marktschreierspiel beschreiten (Thiesen, 2006, S. 56 f.). Marktschreier haben ja bekanntlich die Aufgabe, möglichst wortgewandt, überzeugend und unterhaltend etwas an den Mann beziehungsweise die Frau zu bringen. Wenn Sie wieder einmal Freunde zu Besuch haben, die alle ihre Schlagfertigkeit verbessern möchten, dann sammeln Sie hierfür zu Spielbeginn eine Reihe unterschiedlicher Gegenstände ein, teilen diese im Kreis der Spieler auf und preisen Sie diese schließlich abwechselnd an. Diskutieren Sie anschließend die folgenden Punkte:

- Wer war besonders ausdauernd?
- Wer hatte die besten Argumente?
- Wer brachte den anderen zuerst zum Lachen?
- Welche Mittel waren hierfür besonders geeignet?

Und wenn Sie jetzt noch nicht genug haben, dann besuchen Sie doch einfach einen Improvisationstheater-Kurs. Bei dieser Form des Schauspielens trainieren sich die Schauspieler darauf, Einwürfe des Publikums spontan aufzugreifen und sie in die Handlung zu integrieren. Szenen entstehen so durch die Vorgaben des Publikums. Mal witzig, mal dramatisch. Aber immer unerwartet! Denn keiner weiß im Voraus, was beim Improvisationstheater schlussendlich herauskommt. Das macht es so spannend! Wer schon einmal eine komische Dinnerparty oder etwas Ähnliches erlebt hat, weiß, von was hier die Rede ist.

Eine Geschichte entsteht aus der Spontaneität und gegenseitigen Inspiration der improvisierenden Spieler, Pessimismus weicht der Fantasie. *„Damals gilt, was heute gilt: Bin ich inspiriert, geht alles gut, doch versuche ich es richtig zu machen, gibt es ein Desaster"* (Johnstone, 1993, S. 36).

Tipp

Wenn jemand in der Lage ist, in allen möglichen Situationen spontan witzige Bemerkungen zu machen, so gilt dies als schlagfertig. Interessant ist hier, dass diesen witzigen Bemerkungen nicht einmal ein Angriff vorausgegangen sein muss. Hier ergibt sich also für Anhänger der neuen Schlagfertigkeit ein ganz neuer Gestaltungsspielraum!

Kapitel 5:
Drittes Prinzip – Entschiedenheit

„Will man angreifen,

so muss es mit Entschiedenheit geschehen."

Helmuth Karl Bernhard Graf von Moltke

5.1 Einleitung: Klarheit von Rollen und Haltungen

Entschiedenheit hat viel zu tun mit der Fähigkeit, sich auf eine Sache, ein Ziel, eine Operation zu konzentrieren. Yoshida Kenko, ein Bogenschütze, Autor und buddhistischer Mönch, welcher von 1283 bis 1350 nach Christus in Japan lebte und von dem das Buch *„Betrachtungen aus der Stille"* überliefert ist, sagte: *„Ein Mann, der das Bogenschießen lernte, stellte sich einmal mit zwei Pfeilen vor der Zielscheibe auf. Darauf wies ihn sein Lehrer zurecht: „Anfänger dürfen nie über zwei Pfeile auf einmal verfügen; sie verlassen sich sonst auf den zweiten und gehen sorglos mit dem ersten um. Sie sollten lieber davon überzeugt sein, dass die ganze Entscheidung von dem einen Pfeil abhängt, den sie gerade aufgelegt haben."*

Hilfreich für eine solche entschiedene Herangehensweise ist eine Klarheit in den Rollen und Haltungen. Bedenken Sie einmal das folgende Beispiel. Die Frau eines Fürsten sagt zum König: *„Mein Mann behandelt mich schlecht!"* – Der König: *„Geht mich nichts an!"* – Die Frau: *„Aber er redet auch schlecht über Eure Majestät"* – *„Geht Sie nichts an!"* Ein Buch von Alexander Kluge trägt den Titel *„In Gefahr und höchster Not ist der Mittelweg der Tod"*. Schlagfertigkeit braucht Mut und Kommunikation eine Richtung.

5.2 Entschiedenheit – Politik

„Beißt die Richtigen, dann wird alles gut!"

Horst Seehofer hat sich zum CSU-Parteitag am 17. Juli, der mit Merkels 55. Geburtstag zusammenviel, etwas Besonderes für die anwesende Kollegin einfallen lassen. Er hatte für sie ein bayrisches Buchgeschenk unter dem Arm und für die Übergabe nach passenden Zitaten gesucht, wobei er bei Martin Luther fündig geworden war. Der nämlich habe einst über das schöne Bayern geschrieben, wenn er nur irgendwo anders hin müsse, würde er stets und immer wieder Bayern auswählen. Dort seien die Menschen *„freundlich und gutwillig"*. Er könne schon verstehen, dass *„du uns nicht jeden Tag verstehst"*, die Gründe seien mit dem überreichten Bayrischen Geschichtsband sowie einem Mini-Wörterbuch „Bairisch" zu beheben. Merkels Antwort kommt prompt und trocken: Sie freue sich, dass hier ausgerechnet Luther zitiert werde. Das zeige, dass auch Protestanten mal recht haben könnten. Später dann blitzt bei Merkel auf, dass sie Seehofers Sticheleien doch nicht ganz kalt gelassen haben. Gegen Ende ihrer Rede erinnert sie an Seehofers Zitat, die CSU habe wieder Biss. Merkels Kommentar hierzu: *„Beißt die Richtigen, dann wird alles gut!"* (*Süddeutsche Zeitung*, 17. Juli 2009). Der Beifall zeigte sehr eindeutig, dass die Parteifreunde verstanden hatten, wer gemeint war. Angela Merkel versteht es offenbar sehr gut, bei Auseinandersetzungen in der Öffentlichkeit die Aufmerksamkeit ganz entschieden in eine neue, konstruktive Richtung zu lenken. Dabei weist sie den Parteifreunden eben eine ganz bestimmte Rolle zu, es ist eben doch ganz entscheidend, wer in Zukunft gebissen werden soll ...

Auf einer Pressekonferenz hatte Merkel das falsche Podium gewählt. Als man sie darauf ansprach sagte sie: *„Ich verwechsle immer links und rechts – das kommt von der Mitte."* Auch hier gewinnt Merkel Sicherheit, indem sie mit der ihr eigenen Entschiedenheit einen eindeutigen Betrachtungswinkel wählt, mit dem sie dann wiederum eine Situation neu interpretiert.

Szenenwechsel. Einen Tag später hatte Michael Naumann nun, was man immer hat, einen Tag nach einer Schlagfertigkeitskrise: eine gut zurechtgelegte, pointierte Erwiderung. Mit Ausnahme seiner umständlich gedrechselten Nachtragsschlagfertigkeit zum vorabendlichen Stotterer schien er am „Tag danach" trotzdem nichts unterbringen zu können. Als *„weltgewandt, schlagfertig und intellektuell"* war Michael Naumann den Zuschauern des TV-Duells im Februar 2008 vorgestellt worden. Den Ausrutscher lebenslang auf YouTube wiederzufinden, darauf freue er sich schon, bemerkt er dann tapfer am nächsten Tag (*Die Welt*, 21. Februar 2008). Und tatsächlich, das Video existiert, lässt sich jederzeit abrufen und hat bis heute rund 10.000 Abrufe auf YouTube verzeichnet! Was war passiert? Naumann verhaspelt sich, verliert mehrfach den Faden vor laufender TV-Kamera: *„Wir wollen die Kinder- und Bildungs- und Studiengebühren abschaffen. Wir wollen dafür sorgen, dass die Kinder wieder Zeit haben … zum Spielen, zum Sport. Wir werden die Studien … Pläne. Entschuldigung. Wir werden die Pläne an den Schu … Oh Gott. Wir werden die Schulpläne an den … (lange Pause). Wir. Werden. Die Schulstunden entrümpeln."* Unentschiedener geht's nicht.

Die beißenden Kommentare lassen sich so erklären, dass Naumann in dem Wahlkampf den Eindruck erwecken wollte, er sei superschlau und dann fällt man natürlich besonders tief. Auch Abraham Lincoln wurde zitiert: *„Besser schweigen und als Narr erscheinen, als sprechen und jeden Zweifel beseitigen."* Auch die Entscheidung, etwas nicht zu kommentieren, ist ein Ausdruck von Schlagfertigkeit, solange klar ist, dass es sich hierbei um eine bewusste Entscheidung handelt. *BILD Hamburg* sprach sogar von einem *„Stotteranfall"*. Das *Hamburger Abendblatt* von Naumanns *„Blackout"* im TV-Duell mit Ole von Beust. Dieser *„Aussetzer"* war das beherrschende Thema in den Hamburger Zeitungen. Diskutiert wurde zum Beispiel, wie viele Stimmen so ein „*schwerer Stotteranfall*" kostet – oder andererseits eventuell gar bringen könnte. Es kamen auch Psychologen zu Wort. Es wird sogar kolportiert, Naumann habe nach der Sendung zu von Beust gesagt, damit habe er, von Beust, die Wahl wohl gewonnen. Sprecher Beling wird dies heute allen aufgeregt Anrufenden gegenüber als „Witz" sprachregeln.

Während die Auslöser klickten und die Blitze blitzten, gab Naumann dem gegnerischen Generalsekretär gönnerhaft Wissenswertes über dessen Wahlkreis Kleve mit auf den Weg und fragte ihn, ob er überhaupt wisse, was ein „*Kielschwein*" sei. So oder so, Naumann erklärte es gerne. Er hatte nämlich Pofallas generalsekretärsüblich markigen, so dämlichen wie zitablen Spruch, Naumann sei auf einem Segelboot besser aufgehoben als im Hamburger Rathaus, im Wahlkampf immer gern mit einer Einladung an Pofalla erwidert, doch mitzusegeln, und zwar als, eben, „*Kielschwein*". Die Endung „Schwein" ist natürlich auf jedem Marktplatz und in jedem Saal ein sicherer Lacher, doch da man nun schon mal so schön zusammenstand, erläuterte Naumann dem freundlich über des Herausforderers Schulter die Verteilung seiner Presseerklärung kontrollierenden Generalsekretär, welche stabilisierende Längsstrebe im Schiffsrumpf nun eigentlich genau der Segler als Kielschwein bezeichnet.

Sehr viel souveräner agierte die im Prinzip ja zunächst nüchterne Kanzlerin, damals Kandidatin im Fernseh-Duell mit dem „*Medienkanzler*" Schröder: Als Moderator Thomas Kausch den Grünen Daniel Cohn-Bendit mit der Bemerkung zitiert, ohne Rot-Grün wäre eine Frau als Kanzlerin und auch ein Homosexueller an der Spitze der FDP „*undenkbar*", bemerkte Merkel, dass es doch sehr realitätsbezogen sei, dass sich Herr Cohn-Bendit mit der Frage auseinandersetze, „*dass ich Bundeskanzlerin sein werde*" (*Die Welt*, 6. September 2005).

Und Merkel hat gelernt. Unter dem Titel *„Mensch, Meyer"* präsentierte an einem trüben Novembertag im Jahre 2000 Parteichefin Angela Merkel als neuen Generalsekretär der CDU Laurenz Meyer. Er sei in einer komfortableren Situation als die Parteichefin selbst, plauderte Meyer da fröhlich, frei und unverkrampft in Mikrofone und Kameras: *„Einen zweiten Fehlgriff kann sich Angela Merkel nicht leisten."* Die verdutzte CDU-Chefin hätte damals, so sagt heute ein bekanntes Parteimitglied, schlagfertiger reagieren müssen. *„Das war Ihr erster Fehlgriff, einen zweiten können Sie sich nicht leisten"*, hätte sie sagen sollen. *„Dann wäre sie und die gesamte Union das Problem Meyer längst wieder los"* (*Die Welt*, 9. Juli 2001).

Sehr eindeutig war übrigens die Bilanz zwischen Stoiber und Schröder in einem Fernseh-Duell zwischen den beiden. Stoiber agierte hier angriffslustig, faktensicher und sachlich. Aber unsicherer, verkniffener. Schröder wirkte stärker, souveräner und schlagfertiger. *„Sie haben das 36-Mark-Gesetz abgeschafft"*, haspelt Stoiber. Schröder verbessert: *„Das 630-Mark-Gesetz"* (*Die Welt*, 9. September 2002). Ein Volltreffer. Der Medienprofi schlägt den Kompetenzarbeiter. Durch eine entschiedene Haltung. Mit einer überzeugenden Körpersprache. Mit Eloquenz und Standfestigkeit. In einem Wort: mit Schlagfertigkeit.

Gerhard Schröder war der Medienkanzler, das ist zweifellos richtig. Aber Angela Merkel, seine damalige Herausforderin, hatte zu diesem Zeitpunkt ihre ursprüngliche Unbeholfenheit im Umgang mit Fernsehen, Fotografen und Entertainment vielleicht nicht für jeden sofort sichtbar, aber umso kontinuierlicher abgebaut. Wer Merkel zuvor abseits der politischen Routine erlebt hat, weiß, welch charmante, lustige, schlagfertige und schlaue Frau sie ist – und wie wenig davon zunächst im Alltag der Oppositionsführerin über Fernsehbilder und Fotos transportiert wurde (*Die Welt*, 6. März, 2005).

Nachdem Merkel im Spätherbst 2004 drastisch für ihren Führungsstil kritisiert worden war, hielt sie sich mit Auftritten in der Öffentlichkeit zurück und nutze die Zeit für den Dialog mit der Basis. In ihrer rund dreißigminütigen Rede vor rund 200 Zuhörern des CDU-Kreisverbandes in Berlin-Marzahn stieg sie mit den folgenden Worten ein: *„Der Dialog hier in Marzahn findet zu einer Zeit statt, in der es eine Reihe von Konflikten in der eigenen Partei und unterschiedliche Positionen mit unserem Partner in der Union gibt. Gerade für die Mitglieder der Parteibasis und die Freunde und Unterstützer der CDU ist es in solch einer Situation alles andere als leicht, weil sie viele Hintergründe nicht kennen."* Merkel machte dann eine kurze Pause, ließ den Blick langsam im Saal schweifen, als ob sie prüfen wollte, wie ihre Worte auf die Zuhörer wirkten. Dann setzte sie ein spitzbübisches Lächeln auf und sagte mit einer starken Selbstironie: *„Auch ich bin nicht ganz sicher, ob ich alle Hintergründe einzelner Abläufe immer kenne. Haben Sie daher vielen Dank, dass Sie trotzdem so zahlreich erschienen sind."* Die anschließenden Fragen drehten sich dann vor allem wieder um die CDU. Wie ist die Union für die Wahl 2006 personell aufgestellt? Merkel darauf souverän: *„Ich gebe mich keinen Illusionen hin. Natürlich steht diese Frage im Raum. Aber man muss nicht jede Frage sofort entscheiden."* Für diese schlagfertige Antwort bekam Merkel Zuspruch vom Publikum und einen Blumenstrauß von Gastgeber Czaja (*Die Welt*, 22. Oktober 2004).

Altbundeskanzler Helmut Kohl bei der Eröffnung der Buchmesse in Frankfurt übte sich in Platitüden: *„Es ist etwas Besonderes"*, sagte er, *„ein Buch in den Händen zu halten oder es im Bücherschrank zu wissen."* Aber auch: *„Das Buch ist greifbar, und oft ist es auch schön."* Dann Rundgang nur mit Fachbesuchern. Am Stand des Stroemfeld/Roter-Stern-Verlags liegt eine Hölderlin-Ausgabe. Und Hölderlin, so Kanzler Kohl vor Jahren in einem Interview auf die Frage nach seinen literarischen Vorlieben, *„Hölderlin schlägt alles tot!"* Was also lag auf der Messe näher für Verleger K. D. Wolf, als beim vorüberziehenden Kanzler per Zuruf Klarheit einzufordern: *„Wie war das,*

Herr Kohl, Hölderlin schlägt alles tot?" Er war aber mit seiner Frage an den Falschen geraten: Entgegnete der Pfälzer doch schlagfertig: *„Sie bestimmt!",* und war damit fein aus dem Schneider (*Die Zeit,* 11. Oktober 1996).

5.3 Entschiedenheit – International

„... damit das Mikrophon wieder geht."

Auch mit den Kleinigkeiten des Alltags muss man umzugehen wissen. In Bonn, im Park des Kanzleramtes, wo sich Kohl und Clinton das erste Mal den Journalisten stellten, wäre wegen einer Panne fast untergegangen, was der Präsident genau sagte. Sein Mikrophon funktionierte nicht. Clinton reagierte schlagfertig: *„Der Kanzler und ich werden alles tun ..., damit das Mikrofon wieder geht"* (*Die Zeit,* 15. Juli 1974).

5.4 Entschiedenheit – Geschichte

„Seinetwegen kann ich keinen Krieg anfangen."

Ein hochverdienter, aber pedantischer Offizier im Heere Friedrich des Großen wurde in den Friedensjahren vom König mit einem Orden ausgezeichnet. *„Eure Majestät",* sagte der Offizier bei der Verleihung, *„einen Orden kann ich nur auf dem Schlachtfeld annehmen." – „Sei er kein Narr",* entgegnete der Alte Fritz, *„und hänge er sich das Ding an! Seinetwegen kann ich keinen Krieg anfangen."* Als in einem anderen Zusammenhang zwei hochgestellte Damen sich nicht entscheiden konnten, wer von beiden den Vortritt haben sollte, da beide Männer gleichrangig waren, sprach der Alte Fritz ein entschiedenes Machtwort: *„Die hässlichere soll vorangehen"* (Weller, 1973, S. 254).

5.5 Entschiedenheit – Regionales

„... die müssen genossen werden."

In der N24-Talkshow *„Links-Rechts"* wollten die Moderatoren Hajo Schumacher und Hans-Hermann Tiedje Berlins regierenden Bürgermeister Klaus Wowereit auseinandernehmen, eine *„Watsche für Wowi"* hatte die N24-Talksendung *„Links-Rechts"* angekündigt. Provokant bezeichnete Journalist Schumacher den Politiker im Einstieg gleich als *„König der Unterschicht"*, doch Wowereit ließ sich nicht aus der Reserve locken. Ruhig, sachlich, entspannt beantwortete er jede noch so unqualifizierte Frage, lullte mit einschläfernden Monologen zu den Vorzügen der rot-roten Koalition nicht nur den Zuschauer ein. Eine Weile kaute Hans-Hermann Tiedje noch auf seinem Feindbild Rot-Rot herum. *„Die Roten müssen weg"*, prostete er gutgelaunt mit seinem Glas Rotwein den beiden Weißweintrinkern Wowereit und Schumacher zu. *„Nein, die müssen genossen werden"*, kalauerte Wowereit zurück. Ein kurzes Nachdenken, ein Lacher! Die Angriffslust war verpufft. Ungewohnt sanft räumte Tiedje ein: *„Ich mache Sie ja nicht verantwortlich für alle Probleme, die Berlin hat."* (*Die Welt*, 7. Dezember 2006)

Cindy aus Berlin-Marzahn, eine der Shooting-Stars unter den *„selfmade-Komödianten"* (neues Programm: *„Nicht jeder Prinz kommt uff'm Pferd!"*), demonstriert die klassische Berliner Schnauze, indem sie der Presse zum Beispiel steckt, dass sie an Alzheimer-Bulimie leide, was sie wie folgt umschreibt: *„Du frisst den ganzen Tag und vergisst abends zu kotzen"* (*Die Welt*, 8. April 2007). Inzwischen haben die Damen und Herren des Schuhhändlers Deichmann entschieden, sie unter Vertrag zu nehmen, einer Weltkarriere steht nun sicher nichts mehr im Wege!

In Zusammenhang mit der Grenzöffnung nach Polen und deren Auswirkungen wird in einem Artikel Hans beschrieben, der in einem Tabakladen neue Zigaretten kaufen will. Pro Schachtel muss er schon 1,80 Euro und damit 50 Cent mehr zahlen als in der Vorwoche. *„Alles wird teurer"*, sagt Hans einmal auf Deutsch, dann auf Polnisch, damit es die Verkäuferin auch versteht. *„Das ist Politik"*, antwortet ihm die Verkäuferin schlagfertig (*Die Welt*, 20. Dezember 2007).

Die Berliner selbst halten sich selbst übrigens auch für schlagfertig, humorvoll und unverbildet. Sie sind stolz auf ihre sprichwörtliche Berliner Schnauze. Nicht-Berliner halten die Berliner interessanterweise vielfach für unhöflich, prollig und bildungsfern, und Berlin halten sie manchmal für eine groß angelegte Bausünde (*Die Welt*, 23. Oktober 2003). Eine Umfrage von infratest-Dimap unter Brandenburgern ergab folgendes Bild. Für 28 Prozent ist die *„Berliner Schnauze"* typisch, ebenso eine *„große Klappe"*. Ebenso viele halten den Hauptstädter für *„frech, kess und schlagfertig"* (16. März 2007).

Als Klaus Wowereit von dem Moderator Plasberg aufgefordert wird, nun doch mal Kritik an von der Leyen zu üben, kontert Klaus Wowereit mit Berliner Schnauze: *„So blöd bin ich nicht. Ich kritisiere Frau von der Leyen doch nicht, nur weil sie in der CDU ist. Sie folgt doch der SPD-Meinung"* (*Die Welt*, 28. Februar 2007).

Vergessen wir nicht, dass die Schlagfertigkeit auch in anderen Landstrichen zuhause ist. Als man einmal den US-amerikanischen Schauspieler Nick Nolte, der im Jahre 1992 vom People Magazine zum *„Sexiest Man Alive"* gewählt worden war, fragte *„Sag einmal, Nick, was war das schlimmste, wozu der Alkohol dich einmal getrieben hat?"*, sagte er, er war mal im „Pony" in Kampen auf Sylt. Gegen ein Uhr stand er an der Bar, ganz in Schwarz und bis auf eine sehr feminine Handtasche recht stilsicher gekleidet. Er bestellte Wodka-Sprite, blieb bis halb drei. Als er kurz auf der Toilette verschwinden wollte, störte er eine hübsche Hamburgerin, die vergessen hatte, die Tür abzuschließen. Plötzlich stand Nolte direkt vor ihr. Ihre schlagfertige Reaktion entlockte dem ehemaligen Bühnendarsteller ein entspanntes Lächeln: *„Sorry Nick, but I am piseling"* (*Die Welt*, 29. August, 2004).

5.6 Entschiedenheit – Sport

„... ich knutsche doch nicht mit fremden Männern."

Die hessische Stabhochspringerin Annika Becker wurde gefragt, ob der junge Mann, den sie nach dem Wettkampf in Paris umarmte, ihr Freund sei. Sie antwortete mit gespielter Entrüstung: *„Natürlich, ich knutsche doch nicht mit fremden Männern."* Und auf die 30.000 Dollar-Prämie für Platz zwei angesprochen, schränkte sie sofort ein: *„Sie dürfen nicht vergessen, dass ich Spitzensteuersatz habe, da bleibt nicht viel übrig"* (*Die Welt*, 27. August 2003).

An freundlichem Respekt schien es dem Berichterstatter aus Griechenland nicht zu fehlen. *„Berti Vogts ist ein großer Name, vor dem ich mich verneige"*, sagte ein Journalist dem damaligen Trainer des Fußball-Bundesligisten Bayer Leverkusen nach dem turbulenten 4:4 im Uefa-Pokal-Hinspiel gegen AEK Athen, um dann aber hinzuzufügen: *„Ich möchte jedoch bemängeln, dass Ihre Mannschaft mit vier Stürmern gespielt hat. So etwas wird international nicht mehr gemacht."* Vogts reagierte hier zwar schlagfertig (*„Deshalb haben wir auch vier Tore geschossen"*), wurde jedoch dann eiskalt ausgekontert: *„Ja, aber deshalb haben Sie auch vier bekommen"* (*Die Welt*, 25. November 2000).

5.7 Entschiedenheit – Medien

„... weil die Franzosen sie alle aufgegessen haben!"

Zu dem Thema Medien gibt es von dem lustigen, allerdings auch etwas durchgeknallten Fernseh-Franzosen Emmanuel Peterfalvi – besser bekannt als Alfons, der Reporter mit dem Puschelmikro – zu berichten. Dieser stellte nämlich bei einem Beitrag zu der Sendung „Verstehen Sie Spaß?" mit Frank Elstner in Friedrichshafen einer Passantin in seinem umständlichen Kauderwelsch eine Frage zum Thema Klimawandel: *„Warum setzt man heute keine Wetterfrösche mehr ein?"* Er erhielt daraufhin eine spontane, wie ich finde sehr lustige Antwort: *„Weil die Franzosen sie alle aufgegessen haben!"* (*Die Welt*, 25. Februar 2007).

Seit dem 20. Juni ist Alfons mit *„PuschelTV"* wöchentlich um 0.20 Uhr in der ARD zu sehen. Kürzlich interviewte er Motoradfahrer: *„Was ist für Motoradfahrer der wichtigste Treibstoff?"* – *„Bier",* kam da spontan zurück. Die Frage *„Was bringt das Motorrad Ihnen persönlich"* wurde von einem Biker mit *„Hämorrhoiden"* beantwortet (*ARD*, 28. Juli 2009).

Besonders geschickt ist Barbara Schöneberger, wenn es darum geht, erst harmlos zu fragen und dann geschwind und manchmal auch tückisch nachzuhaken. Sie nimmt dabei immer eine scheinbar entschiedene Pose ein und wartet darauf, dass sich der Gesprächspartner daran abarbeitet. Perfektioniert hat sie diese Masche bei ihrer eigenen TV-Sendung *„Blondes Gift",* welche für einige Zeit spät abends in den Regionalprogrammen lief. Frech und schlagfertig alberte sie damals mit ihren Gästen herum und ermittelte deren jeweiligen *„Blondfaktor"* (*Die Welt*, 18. Januar 2008). Ihre Fernsehkarriere begann Barbara Schöneberger übrigens 1998 als Assistentin von Elmar Hörig in der Sat.1-Sendung *„Bube, Dame, Hörig",* wo sie wegen ihres schlagfertigen Witzes und ihres Talents für Tierimitationen am Ende mehr Aufmerksamkeit erntete als der umtriebige Star-Moderator selbst. Ihre Bekanntheit wurde ebenfalls 1998 durch einen Auftritt in der Harald-Schmidt-Show gesteigert. Sie präsentierte sich dort so schlagfertig, dass Harald Schmidt sichtlich beeindruckt war. An einer anderen Stelle wird ihr Markenzeichen wie folgt zusammengefasst: *„Schnell denken, schlagfertig antworten. Immer ein bisschen Schalk. Aber nie ohne Substanz"* (*Die Welt*, 5. März 2004).

Schnell denken, im Zweifel schneller als der Gegenüber und das dann in kommunikative Handlungen übersetzen, das ist hier also das Prinzip. Barbara Schöneberger zeigte sich auch schlagfertig, als Reinhold Beckmann sie im Interview dazu aufforderte, den schwulen Mark Medlock bei der Erzeugung eines eigenen Kindes zu unterstützen: *„Ich kann mich ja nicht um alle kümmern"*, ist hier ihre lapidare, aber in jedem Fall entschiedene Haltung (*ARD*, 19. Dezember 2007).

5.8 Entschiedenheit – Film

> *„... bin nie Affenwärter im Zoo gewesen."*

Denken Sie an Terence Hill, der stets gut gelaunte Partner an der Seite von Bud Spencer: *„Der Mann war stets smart, nett, unbedingt schlagfertig, er konnte sich gut ducken, steckte Hiebe mit Holzbeinen locker weg, und er teilte fantasievoll aus"* (*Die Welt*, 27. März 2009). Der Schauspieler Terence Hill, mit bürgerlichem Namen Mario Girotti, geboren 1939 in Venedig mit deutsch-italienischer Abstammung. Terence Hill und Bud Spencer waren als gutmütige, doch schlagkräftige Abenteurertypen zu sehen, die sich durch flapsige Sprüche hervortaten. Die obligatorischen Prügelszenen waren unblutig und parodistisch überzeichnet. Zumeist verbunden mit schlagfertigen Dialogen:

Film „Nobody ist der Größte"
Bandit: *„Sag mal, kennen wir uns nicht?"*
Terence Hill: *„Unmöglich, bin nie Affenwärter im Zoo gewesen. "*

Film „Das Krokodil und sein Nilpferd"
Bud am Telefon zu Terence, tut so als wäre er ein Anrufbeantworter: *„Hier ist der automatische Telefonsklave von Steve Forrester. Mein Brötchengeber is nich da … Hinterlassen Sie Ihren Namen – falls Sie einen haben – und Ihre Adresse nach dem Piepton …"*

Film: „Nobody ist der Größte"
Nobody: *„Hör mal, Bübchen, ich suche einen Mann. "*
Bandit: *„Und was für ein Mann soll das sein?"*
Nobody: *„Mmhh, er sieht aus wie ´ne ausgekotzte Zwergpygmäe, aber soll schnell mit dem Colt sein, ich mein' wenn man auf ihn schießt. "*

Film „Supercop"
Terence Hill: *„Du Kamel mit Locken! Zieh die Höcker ein und schwing die Hufe!"*

Film „Die Troublemaker"
Bud Spencer zu lispelndem Mönch: *„Du musst Dir mal die Zunge besohlen lassen!"*

5.9 Wirkung: Wie funktioniert das Prinzip Entschiedenheit?

Bei der Episode mit Helmut Kohl auf der Buchmesse haben wir sehr klar sehen können, dass eine entschiedene und schnelle Reaktion eine sehr überzeugende Wirkung haben kann. Helmut Kohl schöpfte dabei sicherlich aus seiner Impulsivität und es ist bemerkenswert, wie entschieden Kohl bei unangenehmen Eier- oder Tomaten-Attacken immer wieder direkt auf den Angreifer zugelaufen ist. Das Prinzip heißt hier vielleicht: „Wenn einer Angst zu haben hat, dann jedenfalls nicht ich!" Entschiedenheit können Sie also dadurch entwickeln, dass Sie sich (wieder) Zugang zu Ihren eigenen Impulsen verschaffen und diese dann gezielt für eine offensive Replik nutzen.

Der erste Schritt hin zu einer entschiedenen Haltung ist das bewusste Zulassen von Assoziationen. Welche Assoziationen drängen sich zum Beispiel beim Wort kreativ auf? *„Verkrampft"*, denken Sie jetzt? Wohl ein verkehrter Gedanke. *„Quatsch"*, sagt hierzu Carmen Thomas, keine Assoziation sei dumm oder falsch. *„Man muss das scheinbar Nutzlose nur ‚umnutzen', etwas Wertvolles daraus machen"* (*Die Welt*, 15. September 2001). Wer das beherrscht, ist in jeder Lebenslage kreativ und originell, kann in vier Minuten das Gerüst für eine Rede zu einem x-beliebigen Thema aufstellen, ist schlagfertig und brillant im Gespräch.

Zum zweiten geht es darum, das Gegenüber mit einer entschiedenen Haltung mitunter aus den bereits angesprochenen Denkrillen zu werfen. Es ist so, wie wenn Sie einem Plattenspieler einen kleinen Stups geben, und plötzlich sind Sie bei einem anderen Musikstück! Sie fahren so plötzlich auf der gegenüberliegenden Spur einer Autobahn mit anderem Verkehrsaufkommen und neuen Schildern. Die Forschungen auf dem Gebiet der Neuroassoziation zeigen sehr deutlich, dass das Gehirn vor allem eines tut: es arbeitet während es enorme Leistungen vollbringt, gleichzeitig möglichst energieeffizient. Alles was automatisiert werden kann, wird automatisiert. Bin ich mal in meiner Denkrinne drin, komme ich nicht mehr so schnell raus. Muster werden fortgeschrieben, und zwar so lange, bis sie irgendjemand unterbricht. Und da wird es nun interessant. Wenn Sie etwas gefragt werden, reagieren Sie zumeist automatisch: In welcher Stadt wohnen Sie?

Welche Farbe hat Ihr Auto? Haben Sie eine Brille? Merken Sie das? Zack, und Sie haben eine Antwort!

Bei dem Prinzip Entschiedenheit geht es darum, mit der gleichen Geschwindigkeit und Sicherheit mindestens drei Antworten zu generieren, unabhängig davon, welche Frage oder Aussage Ihnen entgegengeschleudert wird. Nur eben schlagfertige, und gleichzeitig sollten Sie dabei nicht in die – möglicherweise von der Gegenseite angelegte – kommunikative Falle tappen. Aus den generierten Alternativen sollten Sie dann bewusst eine auswählen und damit antworten.

Hans von Bülow, ein deutscher Klaviervirtuose und Kapellmeister, stürmte eines Tages kurz vor einem seiner Konzerte die Treppe hinauf, rannte um die Ecke und stieß mit einem korpulenten Herrn zusammen. Wütend schrie der Herr: *„Esel!"* Verbindlich lächelnd und dabei seinen Hut lüftend erwiderte der Musiker: *„Bülow."*

Gut, das ist eine entschiedene Antwort. Welche gibt es noch? *„Vor welchen Karren wollen Sie mich spannen?"*, *„Zoogeschichten machen wir hier heute nicht"*, *„Ein Esel kommt selten allein!"*, *„Gott schuf den Esel und gab ihm ein dickes Fell. Gottseidank!"*, *„Die Technik wird das Pferd überholen, Esel wird es aber immer geben."* Das wären fünf Alternativen. Was ist Ihr Favorit?

Geistesgegenwart entsteht dann, wenn es Ihnen gelingt, sich auf den Menschen und die Situation sehr schnell einzustellen. Wir können vermuten: *„Wirkliche Geistesgegenwart ist sehr viel mehr als bloße Schlagfertigkeit. Wie die Weisheit der Sprache schon zeigt, ist sie die Gegenwart des Geistes"* (Tepperwein, 2007, S. 179). Mit der Entschiedenheit geben Sie Ihrer Geistesgegenwart auch noch eine Richtung. Aus einer im Grunde defensiven Verhaltensweise zur Abwehr von Angriffen wird die neue Schlagfertigkeit, bei der Sie Menschen mitnehmen, verblüffen und dann auch überzeugen.

Je entschiedener Sie dieses Thema angehen, desto klarerer werden Ihre Konturen. Desto sichtbarer werden Sie als meinungsstarke Persönlichkeit.

Ob Ihre Haltung nun zeitgemäß oder eher altmodisch ist, progressiv oder konservativ, wie auch immer, auf die klare Haltung kommt es an, wie sie zum Beispiel bei dem Schöpfer des Homo Faber, Max Frisch, sichtbar wird. Dieser wurde einmal gefragt, was er unter Intuition verstehe. Auch wenn wir dies heute vielleicht anders einschätzen, seine Antwort hierzu war unzweifelhaft eine schlagfertige: *„Darunter versteht man die Fähigkeit gewisser Leute, eine Lage in Sekundenschnelle falsch zu beurteilen"* (*Weller*, 1973, S. 121).

Auch die Körpersprache wirkt ...

Der körpersprachliche Ausdruck ist für die Wirksamkeit einer schlagfertigen Reaktion von hoher Bedeutung. Nehmen wir an, Sie betreten das Büro eines Chefs oder eeines Schuldirektors, und dieser sagt zu Ihnen (*Dahms & Dahms*, 1995):

„Sie haben mir jetzt gerade noch gefehlt!" Sie zucken innerlich zusammen. Ihr Rückgrat beugt sich leicht nach vorn, die Schultern und Arme verlieren ihre Spannung und hängen schlaff herunter. Sie atmen aus, und der Kopf fällt leicht vorne über. Die Mundwinkel hängen und fangen an zu zittern. Sie zupfen sich verlegen an der Kleidung und schauen verwirrt zu Boden. Mit zurückgenommener, zögerlicher Stimme sagen Sie kleinlaut und etwas eingeschüchtert: *„Ähm, ich wollte Sie nicht stören, aber ich bräuchte Ihre Hilfe. Ich weiß hier irgendwie gar nicht mehr richtig weiter."* Damit signalisieren Sie Unterwerfung.

Ganz anders das zweite Reaktionsmuster. Sie richten sich leicht auf und drücken Ihr Rückgrat durch. Ihre Schultern sind kraftvoll gespannt, die Arme sind in die Hüften gestemmt, und Sie atmen tief ein. Den Kopf heben

Sie leicht an, die Mundwinkel spannen sich etwas, der Mund öffnet sich. Die Kleidung unterstützt Ihre souveräne Ausstrahlung, und Sie schauen dem Gegenüber in die Augen. Mit forscher, fordernder Stimme sagen Sie: „Hallo Herr Hirsch, es kommt wie es kommen muss. Die Vormittags-Lieferung ist noch nicht da. Was sollen wir tun?" Behalten Sie das Heft des Handelns in der Hand und signalisieren Sie auch körpersprachlich Eindeutigkeit und Klarheit. Wichtig ist dabei, mit der gesamten Körpersprache zu signalisieren: „Du kannst mich mit so etwas nicht treffen." Sie stehen aufrecht, Sie halten Blickkontakt und, wenn Sie gut sind, lächeln Sie.

5.10 Übungsteil: Entschiedenheit demonstrieren

Hier erfahren Sie, wie Sie Entschiedenheit demonstrieren und verhindern, dass Sie andere aus dem Konzept bringen. Hierzu werden wir die folgenden Techniken vermitteln: 1. Standardsätze, 2. Das Hinterfragen, 3. Gerade-Deshalb-Technik, 4. Rückfrage nach dem Gegenteil sowie 5. Unterstellungen aufdecken. Zudem begeben Sie sich mit der Übung „Ich, der König" in eine Königshaltung.

1. Standardsätze

Schlagfertigkeit nach dem Prinzip der Entschiedenheit lässt sich zunächst sehr gut mit sogenannten „Standardsätzen" erzielen, da Sie so schnell und sicher über eine schlagfertige Antwort verfügen und damit auch eine entschiedene Wirkung erzeugen. Die Äußerung *„Aha!"* wurde bereits angesprochen. Beispiele (bitte immer auf der zweiten Silbe betonen):

- *„Sie sehen heute aber nicht gut aus!"* → *„Aha!"*
- *„Herr Stolz, Sie haben da einen Fleck auf der Hose!"* → *„Aha!"*
- *„Von einem Experten erwarte ich etwas anderes!"* → *„Aha!"*

Solche Standardsätze, manchmal wird auch von „Instant-Sätzen" gesprochen, können Sie sich zurechtlegen und für alle wichtigen Situationen bereithalten. Ein wohlüberlegter Satz – und manchmal reicht auch ein Wort! – ist damit für diverse Situationen nutzbar. Dies nennt man dann Schlagfertigkeit auf Abruf, da Sie sich den Satz aktiv zurechtlegen können und dann nur noch auf den Moment warten müssen, um diesen Satz dann zu platzieren. Ein Ping-Pong-Spiel, auf das Sie sich sehr gut vorbereiten können. Denken Sie daran: Es braucht circa zwei bis drei Wochen, bis Sie eine neue Gewohnheit sicher reproduzieren können. Und machen Sie jedes Mal eine bewusste Pause vor der Antwort, das erhöht den Effekt und Ihren Spaß beim Üben …

Wenn Ihnen einmal gar nichts einfällt, reagieren Sie am besten mit einem solchen *„Instant-Satz"*, bevor Sie stumm bleiben wie ein Fisch. Beispiele hierfür sind die Figuren *„Lieber A als B"*, *„Ich passe mich nur meiner Umgebung an"*, *„Schön für Sie"* oder *„Wenn es Ihnen dabei besser geht"*. Sie müssen dabei nicht immer zu virtuosen Konstruktionen kommen wie in dem folgenden Fall: *„Frau Ulrich, Sie sind ja ganz schön fett geworden!"* Reaktion: *„Lieber ganz schön und fett als schlank und schön hässlich!"*

Das Prinzip in dem letzteren Beispiels wird gelegentlich auch als die Lieber-dick-als-doof-Technik bezeichnet. Lieber simpel und erfolgreich als kompliziert und wirkungslos also. Eine sicherlich grobe, aber durchaus wirkungsvolle Formel!

Kinder machen es uns vor, wie wir ganz einfach den schwarzen Peter zurückgeben können: *„Selber!"* ist ein beliebter Ausspruch der Kleinen, mit dem sie sich auch heftiger verbaler Angriffe erwehren können. Das Prinzip lautet *„Wer es ausspricht, ist es selber!"*. Was Kinder sonst noch gerne nutzen: *„Das wollte ich gar nicht"*, *„Das wusste ich nicht!"* etc. Machen wir es konkret.

Mögliche Standardsätze

1. Aber Sinn und Verstand.
2. Aha!
3. Brauche ich nicht, ich habe Kenntnisse.
4. Dann haben Sie überhaupt nicht zugehört.
5. Das ist Arbeitsteilung: Andere machen Probleme, ich sehe und löse sie.
6. Das haben Sie mir noch nie gesagt!
7. Das wollte ich gar nicht!
8. Das wusste ich gar nicht!
9. Fürchten Sie sich vor Emotionen?
10. Gott sei Dank!
11. Gut, dann können wir die Sache mit mehr Abstand betrachten.
12. Gut, dass Sie fragen, ich dachte, dass ...
13. Haben Sie denn einen gemacht?
14. Ja, ich bin eben voll bei der Sache.
15. Ja, ich habe eine klare Linie.
16. Natürlich, wer sonst?
17. Nicht? Ich bin eben vielseitig.
18. Nur wer über Grenzen hinaus denkt, kommt weiter.
19. Prima! Dann heben wir das Niveau!
20. Richtig, letztlich reden wir hier über Menschen.
21. Selber!
22. Sprechen Sie aus Erfahrung?
23. Was dann? Ein Hund? Eine Katze?
24. Wie soll ich es denn sonst nehmen?

Beispiele:

- *„Das hat weder Hand noch Fuß!"* – *„Aber Sinn und Verstand."* *(Standard-Satz Nummer 1)*
- *„Sie haben ja keine Ahnung!"* – *„Brauche ich nicht, ich habe Kenntnisse."* *(Standard-Satz Nummer 3)*
- *„Das ist doch kein Argument!"* – *„Dann haben Sie überhaupt nicht zugehört."* *(Standard-Satz 4)*

Übungssätze:

1. Sie übertreiben!

Ihre schlagfertige Antwort:

2. Es geht hier nicht um die Sache!

Ihre schlagfertige Antwort:

3. Sie sind so ungeduldig!

Ihre schlagfertige Antwort:

4. Das habe ich von Ihnen nicht erwartet.

Ihre schlagfertige Antwort:

_____

_____

_____

5. Musst Du deine schlechte Laune immer an mir auslassen?.

Ihre schlagfertige Antwort:

_____

_____

_____

2. Das Hinterfragen

Das Hinterfragen schlägt gleich mehrere Fliegen mit einer Klappe: Sie müssen nicht Stellung beziehen, Sie gewinnen Zeit und bringen Ihren Gesprächspartner unter Umständen in Erklärungsnotstand. Sie sind hier besonders sensibel auf dem Sachohr. Versuchen Sie mit präzisierenden Fragen der Thematik wirklich auf den Grund zu gehen. Welche? Was genau? Vergleichsmaßstäbe? Begriffsdefinition? Was ist der Hintergrund? Was bezwecken Sie damit?

Beispiele:
- *„Ihre Zahlen sind falsch." – „Mit welchen Zahlen arbeiten Sie, wenn Sie so einen Schluss ziehen?"*
- *„Sie sehen so unglücklich aus." – „Wie definieren Sie denn Glück?"*
- *„Du bist total dünn!" – „Mit wem vergleichst du mich?"*

Übungssätze:

1. Sind Sie überhaupt in der Lage, nett zu den Kollegen zu sein?

Ihre schlagfertige Antwort:

_____

_____

2. Tun Sie einmal so, als ob Sie intelligent wären!

Ihre schlagfertige Antwort:

_____

_____

3. Kannst du überhaupt irgend etwas gut machen?

Ihre schlagfertige Antwort:

_____

_____

4. Sie verstehen keinen Spaß!

Ihre schlagfertige Antwort:

_____

_____

5. Das ist wieder mal typisch für Sie.

Ihre schlagfertige Antwort:

_____

_____

3. Gerade-deshalb-Technik

Besonders gut eignet sich die Gerade-deshalb-Technik, da sie sich tatsächlich in praktisch allen Situationen anwenden lässt (*Moritz & Rimbach,* 2006). Bei dieser Technik reagieren Sie nicht wie gewöhnlich argumentativ auf einen Einwand, sondern begründen mit der Formel *„gerade deshalb …"*, warum Ihre Auffassung die richtige ist. Der Einwand wird zum Fundament der nachfolgenden Aussage. Diese Technik eignet sich insbesondere für Einwände und berechtigte Kritik. Mögliche Eingangsformulierungen können sein (Dahms & Dahms, 2004, S. 86):

- „Gerade das ist der Grund für …"
- „Gerade daran …"
- „Gerade deshalb …"
- „Gerade deswegen …"
- „Genau deshalb …"
- „Deswegen …"
- „Deshalb …"

Beispiele:
- *„Sie haben doch gar keine Erfahrung."* – *„Stimmt, ich habe keine Erfahrung, gerade deshalb kann ich die ganze Sache unvoreingenommen betrachten."*
- *„Sie sind ja erst neu hier!"* – *„Gerade deshalb kenne ich ja die Spielregeln noch nicht."*
- *„Ich kenne mich mit dem Thema nicht aus"* – *„Gerade deshalb können Sie unbeeinflusst und mit neuen Ideen an das Projekt herangehen."*

Übungssätze:

1. Fragen Sie mich nicht, heute ist mein erster Arbeitstag!

Ihre schlagfertige Antwort:

_____

_____

2. Ich kann doch gar kein Englisch!

Ihre schlagfertige Antwort:

_____

_____

3. Ich interessiere mich nicht für Politik.

Ihre schlagfertige Antwort:

_____

_____

4. Wir haben momentan andere Probleme.

Ihre schlagfertige Antwort:

_____

_____

5. Sie haben ein schlechtes Gedächtnis!

Ihre schlagfertige Antwort:

_____

_____

4. Die Rückfrage nach dem Gegenteil

Die Technik nutzt den Kontrast des Gegenteils, um die Relationen wieder zurechtzurücken. Ihnen wird etwas vorgeworfen und Sie formulieren nun das Gegenteil dessen. Am besten funktioniert es, wenn Sie dieses Gegenteil mit einem negativen Beiklang versehen und dann daraus eine Frage machen. Die typische Antwort des anderen ist dann: *„Ja, das will ich nun auch wieder nicht!"* Damit haben Sie mit Wortwitz die Balance wiederhergestellt und können sich gegebenenfalls anderen, erquicklicheren Themen zuwenden.

Beispiele:

- *„Du benimmst dich wie ein Macho."* – *„Wäre dir ein Jammerlappen lieber?"*
- *„Sie sind ganz schon frech, Frau Mücke"* – *„Wäre Ihnen eine graue Maus lieber, Herr Löwe?"*
- *„Ihnen gehen wohl die Argumente aus!"* – *„Ist es Ihnen lieber, ich würde Sie in Zukunft vollabern?"*

Übungssätze:

1. Das ist ungenau, was Sie da sagen!

Ihre schlagfertige Antwort:

_____

_____

_____

2. Du hast ja schon wieder dasselbe an!

Ihre schlagfertige Antwort:

_____

_____

_____

3. Sie wissen ja noch nichts vom Leben!

Ihre schlagfertige Antwort:

4. Sie widersprechen ja nur, um Zeit zu gewinnen!

Ihre schlagfertige Antwort:

5. Mir scheint, Sie setzen Kollegen immer unter Druck.

Ihre schlagfertige Antwort:

5. Unterstellungen aufdecken

Sie fühlen sich angegriffen? Dann sagen Sie es! Vor so viel Mut zieht fast jeder Zuhörer den Hut. Die Technik funktioniert so, dass Sie blitzschnell nachdenken, welche Fähigkeiten oder Eigenschaften Ihr Gegenüber in aller Konsequenz angreift. Dies bringen Sie dann auf den Punkt, eingeleitet zum Beispiel mit Formulierungen wie *„Sind Sie sich im Klaren darüber, dass ..."* oder *„Wissen Sie, dass Sie mir hiermit ..."*. Die Technik wirkt durch die sprachliche Zuspitzung, seien Sie also ruhig drastisch, auch wenn Sie sich damit scheinbar selbst ins Unrecht setzen. Darum geht es nicht. Es geht vielmehr darum, unterschwelliges greifbar zu machen und den anderen in die Verantwortung zu nehmen.

Beispiele:

- „Glauben Sie wirklich, dass Sie dem gewachsen sind?" – „Sind Sie sich darüber im Klaren, dass Sie mir gerade Inkompetenz unterstellt haben?"
- „Herr Marder, Ihre Präsentation war ja nicht gerade state-of-the-art, oder?" – „Frau Fink, wissen Sie, dass Sie mir hiermit die Fähigkeit absprechen, das Publikum zu begeistern?"
- „Solche Menschen wie Sie sollte man von der Gesellschaft fernhalten!" – „Sind Sie sich im Klaren darüber, dass Sie mich zum Verbrecher stempeln?"

Übungssätze:

1. Alleine kommen Sie wohl nicht klar.

Ihre schlagfertige Antwort:

_____

_____

_____

2. Sie trinken zu viel!

Ihre schlagfertige Antwort:

_____

_____

_____

3. Sie wissen auf alles eine Antwort.

Ihre schlagfertige Antwort:

_____

_____

_____

4. Die Frau Wahl, immer wenn es was zu essen gibt, sind Sie ganz vorne mit dabei!

Ihre schlagfertige Antwort:

---

5. Herr Bieber, für mich sind Sie ein bissiger Hund!

Ihre schlagfertige Antwort:

Merke

Es ist nicht so wichtig, eine 100 Prozent logische Aussage zu machen, es geht hier vielmehr um Schnelligkeit, Entschiedenheit und innere Überzeugungskraft. Glauben Sie an die Stichhaltigkeit Ihrer Aussage und andere werden Ihnen folgen!

Fälle, die das Leben schreibt: Fall 3

„Meinen Sie es ehrlich mit mir?"

Fälle, die das Leben schreibt, hier ein Höreranruf von Frau B. während einer Radiosendung zum Thema Schlagfertigkeit (*Deutschlandfunk*, 18. Mai 2006):

Neulich beim Zahnarzt: Da soll jetzt wohl eine Wurzelbehandlung gemacht werden, ich bin ja in der Krankenkasse und wir unterhalten uns, er prüft das auch alles und dann sagt er: „Ja, den Arbeitsaufwand, den müsste ich dann

*ja selber bezahlen. Es werden zwischen 450 und 600 Euro sein." Ich reagiere
mit: „Meinen Sie das auch ehrlich mit mir?"*

Wie hätten Sie schlagfertig reagiert, wenn Sie der Zahnarzt gewesen wären?

1. Standardsatz

_____

_____

_____

2. Das Hinterfragen

_____

_____

_____

3. Gerade-deshalb-Technik

_____

_____

_____

4. Rückfrage nach dem Gegenteil

_____

_____

_____

5. Unterstellungen aufdecken

_____

_____

_____

Weitergehende Übung: Ich, der König

In dieser Übung geht es um das Thema Entschiedenheit. Wenn Sie sich in Kommunikationssituationen häufig bedroht fühlen oder Sie sich in einem Dilemma befinden, dann wird Ihnen diese Übung helfen, Handlungsmöglichkeiten zurückzuerobern und entschiedener zu agieren. Dafür ist es hilfreich, sich einmal als „König" oder „Königin" zu erleben. Ein König zu sein bedeutet hier, dass Sie die Freiheit genießen können, jederzeit frei von Sachzwängen und Beeinflussungen von anderen eine unabhängige und eigenmächtige Entscheidung zu treffen.

Gehen Sie bei der Übung bitte wie folgt vor: Zunächst schreiben Sie fünf Personen auf jeweils eine Karte, zum Beispiel Partner/in, Chef/in, Kollege/Kollegin, Freund/Freundin, Bekannter/Bekannte, Nachbar/Nachbarin, Kunde/Kundin, Mitarbeiter/Mitarbeiterin. Wenn Sie keine leeren Karten zur Hand haben, dann nehmen Sie ein DIN A4 Blatt und zerschneiden Sie es zwei Mal jeweils in der Mitte, so entstehen dann vier Kärtchen mit der Größe DIA 6.

Zu jeder Person notieren Sie dann unterschiedliche Anliegen, welche diese an Sie haben könnten. Notieren Sie diese Anliegen stichwortartig jeweils auf eine separate Karte.

Beispielsweise könnte Ihr Chef folgende Anliegen haben: dass Sie mit der Bewältigung von Aufgaben zügiger fertig werden, dass Sie weniger Rechtschreibfehler in E-Mails produzieren, dass Sie mit Kunden häufiger telefonisch in Kontakt treten, dass Sie pünktlicher am Arbeitsplatz erscheinen, dass Sie mit Mitarbeitern freundlicher umgehen, etc.

Ihre Partnerin könnte zum Beispiel folgende Anliegen an Sie richten: dass Sie früher nach Hause kommen, dass Sie am Wochenende mehr Zeit mit ihr verbringen, dass Sie weniger Alkohol trinken, dass Sie mehr Sport treiben, dass Sie ein paar Pfund abnehmen, dass Sie weniger Geld ausgeben, dass Sie ihr mal einen Blumenstrauß schenken könnten, dass Sie bessere Laune haben etc.

Wenn Sie für alle fünf Personen mindestens fünf Anliegen notiert haben, legen Sie die Personenkarten in einen Kreis vor sich auf den Boden. Zu jeder Personenkarte legen Sie den zugehörigen Stapel mit den fünf Anliegen der jeweiligen Person verdeckt auf den Boden und mischen diesen kurz durch. Insgesamt haben Sie also 30 Kärtchen auf dem Boden, fünf Personenkarten mit jeweils fünf möglichen Anliegen.

Nun wenden Sie sich der ersten Person zu und ziehen ein Anliegen aus dem dazu gehörendem Stapel. Jetzt haben Sie als König beziehungsweise Königin drei unterschiedliche Möglichkeiten, über das Anliegen dieser Person zu entscheiden:

1. Uneingeschränkte Zustimmung:
   „Ja, ich als König habe volles Verständnis für dein Anliegen und schätze deinen Wunsch. Ich werde ihn dir erfüllen!"
2. Klare Ablehnung:
   „Nein, du als mein Untertan treibst es hier zu weit – Ich lehne deine Forderung ab!"
3. Ja, aber mit einer Bedingung:
   „Ich habe Verständnis für dein Anliegen, jedoch musst du hierfür noch folgendes tun …!"

Für den Punkt 1. und Punkt 2. gilt nun einfach Ihre Entscheidung. Sie brauchen sich auch nicht für diese Entscheidung rechtfertigen. Sie sind König oder Königin – Sie haben entschieden. Bei Punkt 3. definieren Sie Auflagen, die die Person erfüllen muss, zum Beispiel bei dem Anliegen der Frau, dass Sie mehr Sport treiben sollen: *„Du als meine Frau sollst mit* *mir gemeinsam Sport treiben"* oder *„Wenn ich Sport treibe, darf ich mich anschließend noch mit Freunden verabreden."* Oder: *„Wenn ich Sport treibe, musst du dich in der Zeit um die Kinder kümmern"* etc.

Die Karten, bei denen Sie sich entschieden haben, legen Sie auf einen von drei Entscheidungs-Stapeln ab. Diese heißen so wie Ihre drei Alternativen 1. *„Uneingeschränkte Zustimmung"*, 2. *„Klare Ablehnung"* und 3. *„Ja, aber mit Auflage"*.

Und jetzt wenden Sie sich im Uhrzeigersinn der nächsten Personenkarte zu und wählen einen Auftrag aus dem Stapel. Nun haben Sie wieder die Möglichkeit, sich zu entscheiden, und können die Karte dann auf einen der drei Alternativ-Stapel ablegen. Dies machen Sie so lange, bis Sie alle Auftragskarten abgearbeitet haben.

Kapitel 6:
Viertes Prinzip – Überraschung

„Ich mache es systematisch anders;
das ist die einzige Sache, die ich systematisch mache."
George Lois

6.1 Einleitung: Beweglichkeit, Schnelligkeit und Überraschung

Schon zu einem Zeitpunkt, als es die Schlagfertigkeit nur auf dem Gefechts-feld und nicht im allgemeinen Sprachgebraucht für kommunikative Fähig-keiten gab, war Überraschung für die Schlagfertigkeit in militärischer Sicht von besonderer Bedeutung. Lesen wir zum Beispiel einmal nach im „Hand-buch für Heer und Flotte", *einer Enzyklopädie der* „Kriegswissenschaften und Verwandter Gebiete" aus dem Jahre 1912: *„... alle auf die Schlagfertig-keit des Heeres Einfluss nehmenden Angelegenheiten ... [wie] Beweglichkeit, Schnelligkeit und Überraschung"* (von Alten, 1912, S. 688).

Überraschung ist Trumpf. Bringen Sie Ihre grauen Zellen auf Trab! Je schneller und spontaner eine Reaktion ist, desto härter darf sie ausfallen. Der mazedonische König Archelaos, im Jahre 17 nach der Geburt Christi gestorben, antwortete auf die Frage, wie er die Haare geschnitten haben wolle, *„schweigend!"* (Weller, 1973, S. 33). Menschen wussten also schon früh in der Konversation zu überraschen! Die Reaktion war ja anscheinend spontan, also scheinbar auch ohne Berechnung! Je spontaner, desto überra-schender und desto schlagfertiger, heißt also die Regel! Allerdings: vorher-sehbare Reaktionen, durchschaubare Konter-Techniken und abgedroschene Standardsprüche verfehlen mitunter die Wirkung.

Überraschung hat inzwischen einen großen Stellenwert im Sport und in der Wirtschaft gewonnen. Die Fußballnationalmannschaft wurde zur WM 2006 von Jürgen Klinsmann auf Schnelligkeit und Aggressivität getrimmt.

Der dritte Platz gab ihm recht. Ganz ähnlich in der Wirtschaft. Siemens war nicht *„schnell genug"* für das Handy-Geschäft und musste die gesamte Sparte verkaufen. Die Schnellen fressen die Langsamen und nicht mehr die Großen die Kleinen. Typisch für das 21. Jahrhundert mit einer exponentiellen Explosion der Computerentwicklung, die uns ob ihrer schnellen und überraschenden Entwicklungen jeden Tag erneut verblüfft. Prognosen sagen, dass ein 1.000-Euro-Computer bis zum Jahr 2020 die Verarbeitungskapazität eines menschlichen Gehirns erreicht haben wird. Noch haben wir Menschen offenbar einen kleinen Vorsprung!

Haben Sie schon einmal überlegt, warum man sich nicht selber kitzeln kann? Genau, es fehlt der überraschende Moment! Beim Selbstkitzeln wird offenbar ein Teil der Nervenimpulse, die eigentlich im somatosensorischen Cortex ankommen müssten, unterdrückt (Kraft, 2005, S. 88).

Eines Abends kam Peter gerade unter der Dusche hervor. In diesem Moment rief ihn seine Frau an und bat ihn innständig, im Keller das Bügeleisen auszuschalten. Sie hatte vergessen dies zu tun, bevor sie über das Wochenende verreist war. Er ging alleine durch das Haus und lief splitternackt in den Keller. Als er das Licht anknipste, schrien zwei Duzend Personen: „Überraschung"! An diesen Geburtstag erinnert sich Peter heute noch gerne zurück.

Diese Geschichte zeigt, wie entscheidend der Überraschungseffekt für unser Gedächtnis, aber auch für unsere emotionale Beteiligung ist. Ohne Überraschung keine Aufmerksamkeit. Die alte „AIDA"-Formel aus der Werbung machte sich dies zum Beispiel ebenfalls zunutze. Attention – Interest – Desire – Action. Und Aufmerksamkeit kann in einer von Werbebotschaften nur so strotzenden Medienumwelt in der Regel nur durch Neues, Überraschendes erfolgen.

Im *Handbuch für Heer und Flotte*, das bereits zitiert wurde, findet man den folgenden Hinweis: *„Wenn die Überraschung gelingt, tritt nämlich für den Angegriffenen eine plötzliche Gefahr ein"* und weiter *„... zur Erreichung dieser Überraschung muss das Geheimnis gewahrt bleiben, die Aufstellung muss unsichtbar sein"* (von Alten, 1912, S. 768). Und da haben wir auch schon des Pudels Kern. Schlagfertigkeit lebt vom Überraschungseffekt. Wenn Ihr Handeln und Ihre Repliken vorhersehbar und durchschaubar werden, wirken sie auch nicht mehr.

Schlagfertigkeit ist eben mehr als eine passende Retourkutsche. Gefragt sind hier vor allem *„Kreativität und Improvisationstalent, um in jeder Situation handlungsfähig zu bleiben"* (*Die Welt*, 16. Oktober 2004). Eine kurze Geschichte mag dies illustrieren.

Es ist noch gar nicht lange her. Da kam ein Schuljunge viel zu spät in die Schule. Er begründete es damit, dass der Schulweg dieses Mal sehr lang gewesen sein, die Straßen seinen voller Eis gewesen, sodass auf einen Schritt nach vorne immer zwei zurück gefolgt seien. „Wenn das so ist", fragte der Lehrer, „warum hast du es dann überhaupt bis zur Schule geschafft?" – Der Junge antwortete: „Nach einiger Zeit habe ich es aufgegeben und wollte nach Hause laufen."

Schon Sun Tsu, ein chinesischer General, Militärstratege und Philosoph wusste circa 500 v. Chr.: *„Im Kampf gibt es nur zwei Methoden und aus deren Kombinationen unendlich viele Manöver: die direkte wuchtige Methode, um die Schlacht zu beginnen, die indirekte, überraschend listreiche, um den Sieg zu sichern."* Er folgte damit dem Prinzip: *„Halte deine Absichten stets geheim"* (Noll-Arukaslan, 2000).

Es ist ein Prinzip, das nicht nur in kriegerischen Zusammenhängen wirksam ist, sondern zum Beispiel ein essenzieller Bestandteil einer funktionierenden Verhandlungstaktik ist. Wer überraschen möchte, tut gut daran, die eigenen diesbezüglichen Absichten in der Tat auch geheim zu halten.

Und eins draufsetzen geht schließlich immer. Wäre Kanzlerin Angela Merkel noch etwas schlagfertiger, hätte sie Sarkozy, der sie mit dem Satz vorführte, *„Frankreich handelt, Deutschland denkt nach"* antworten können: *„Deutschland handelt, andere kündigen an"* (*Die Zeit*, 4. Dezember 2008).

6.2 Überraschung – Politik

> *„... ein bisschen Emotion kann ich schon aushalten."*

Schlagfertig und offensiv zeigte sich die Kanzlerin auch auf einem Treffen mit fünfhundert IG Metall-Gewerkschaftern. Als sie sagt: *„Sozial ist, was Arbeit schafft"*, gibt es Pfiffe. Für die Metaller darf es nur „gute Arbeit" sein, keine Zeitarbeit, keine Ein-Euro- oder Mini-Jobs. Als Merkel die Zeitarbeit als Jobmotor lobt und gesetzlichen Änderungen eine Absage erteilt, wird es in der Leipziger Kongresshalle richtig laut. *„Kollegen, Ruhe behalten"*, mahnt der Tagungspräsident erschreckt. *„Ach"*, beruhigt ihn die Kanzlerin, *„ein bisschen Emotion kann ich schon aushalten."* Da habe sie schon viel schlimmere Gewerkschaften erlebt. Nun lachen sie, nun hat sie die Gewerkschafter auf ihrer Seite. Zumindest für einen kleinen Moment (*Die Welt*, 9. November 2007).

Über das Geheimnis des Erfolges von Angela Merkel wurde viel spekuliert. Bei der Vorstellung der Männer und Frauen des Jahres 2006 wurde gemutmaßt, dass wohl vor allem ihre schlagfertigen Antworten auf männliche Angriffe, insbesondere aus der Riege der Unions-Ministerpräsidenten, hierfür ausschlaggebend gewesen sein könnten (*Die Welt*, 29. Dezember 2006).

Maybrit Illner gehört zu den Ausnahmeerscheinungen des deutschen Fernsehens. Ihr Markenzeichen aber ist und bleibt ihre Berliner Schnauze, die sie sich trotz des perfekten Hochdeutschs, das sie spricht, erhalten hat. Brillanter Geist, schlagfertig, gut informiert, bestens vorbereitet, herzlich aber hartnäckig in der Gesprächsführung und dabei so schnell, dass man ihr fast jeden Ausrutscher auch verzeiht (*Die Welt*, 13. Januar 2005).

Maybrit Illner mit Angela Merkel im Einzel-Interview: *„Führen Sie, Frau Merkel?"* – *„Selbstverständlich"*, antwortet die Befragte und erläutert dann, warum die Geführten bisher so wenig gespürt haben, dass sie geführt werden. Ihr Prinzip sei nicht das Basta, sie verfolge eine alternative Methode: Nachdenken, beraten – und dann erst entscheiden. *„Der Führungsstil einer Frau ist anders"*, so ihr überraschendes Resümee (*Die Welt*, 28. September 2006). Fürwahr, überraschend anders.

Wolfgang Schäuble wurde vorgeworfen, dass er sich nicht um Terrorbekämpfung und Integration gleichzeitig kümmern könne. Seine Antwort: *„Terrorbekämpfung und Integration, das sind zwei völlig verschiedene Veranstaltungen und wir sollten entweder über das eine oder über das andere sprechen. Ja, ich bin zwar als Minister für beides zuständig, aber es gibt ja auch Ministerien für Sport UND Dopingbekämpfung"* (*Die Welt*, 20. Dezember 2007).

Ähnlich Umweltministerin Bärbel Höhn, die mit der folgenden Bemerkung von Boris Lazar, seinerzeit Tschechiens Botschafter, umgehen musste: *„Ich kenne Sie aus dem Fernsehen. Sie sind ja zu jedem Thema dort."* Die Ministerin darauf: *„Ich habe auch ein weites Aufgabengebiet"* (*Die Welt*, 21. März 2004).

Klaus Wowereit sieht sich in Düsseldorf zum schlagfertigen Kontern gezwungen. An diesem Abend holt ihn die Vergangenheit ein. Genauer gesagt ein Foto. Es zeigt ihn küssend mit Entertainerin Desirée Nick. *„Stellen Sie sich mal vor, unser Ministerpräsident Jürgen Rüttgers würde Hella von Sinnen küssen“*, sagt WDR-Moderator Frank Plasberg, *„unvorstellbar!“* – Wowereits Reaktion: *„Früher hätte man sich entschuldigen müssen, wenn man einen Mann küsst. Heute muss man sich entschuldigen, wenn man eine Frau küsst“* (*Die Welt*, 28. Februar 2007). Ein Klaus Wowereit, der das Florett geschickt einzusetzen weiß. Auf der Bühne illustre Gäste, die Unternehmensführung von Audi, Arcor, E-on und diversen Banken. Eine Frage nach seiner Partygängerei beantwortete er dann ähnlich keck: *„Ich brauche nicht mehr auf eine Party zu gehen, weil alle denken, ich bin sowieso da.“*

Besondere Belastungen für Theo Waigel: Haushalt, Sparpaket, die Rentenkommission und die Steuerkommission der Koalition sind in ihren Wirkungen miteinander verknüpft. Viktor Dammertz, der Bischof von Augsburg, sagte mitfühlend: *„In Ihrer Haut möchte ich nicht stecken, Herr Bundesminister.“* Waigel entgegnete so schlagfertig wie scharf: *„Ich in Ihrer auch nicht“* (*Die Welt*, 11. Juli 1996). Nicht wirklich elegant, aber durchaus wirksam hat unser ehemaliger Finanzminister hier den Spieß einfach umgedreht, womit dieser effektiv ins Leere läuft.

6.3 Überraschung – Internationales

„... und die sind auch noch klug.“

Unter der Überschrift *„Bush blödelt sich durch den Nahen Osten“* wird von der eher grenzwertigen Form von Schlagfertigkeit bei dem ehemaligen US-Präsident George W. Bush berichtet. Der saudische König verwies demnach darauf, dass am Vormittag bereits Sarkozy dagewesen sei und ihm zwei

Atomkraftwerke und 900 Sexbomben versprochen habe. Bush hat in für ihn vielleicht typischer, schmerzfreier Weise wie folgt gekontert: „Ich verkaufe dir 1.800 Bomben, und die sind dann auch noch klug" (*Die Welt*, 16. Januar 2008).

Im US-Bundesstaat Arizona war Wahlkampf und die republikanische Partei hatte kurz vor dem Wahltag eine gut besuchte Versammlung anberaumt. *„Liebe republikanische Wähler"*, begann der Redner, *„so darf ich Sie doch wohl nennen, oder gibt es hier einen Demokraten?"* – *„Ja, ich bin Demokrat"*, sagte ein Mann. Der Redner: *„Darf ich Sie einmal fragen, warum Sie Demokrat sind?"* – *„Also mein Vater war Demokrat, mein Großvater war Demokrat und so bin auch ich Demokrat!"* – *„Und wenn Ihr Vater ein Pferdedieb gewesen wäre, und Ihr Großvater auch einer ..."* – *„Moment, in diesem Falle wäre ich Republikaner!"* (Weller, 1973, S. 75).

Bei einem Treffen Anfang 1979 reagierte Chinas Spitzenpolitiker Deng Xiaoping, der von diesem Zeitpunkt an China faktisch bis zu seinem Tod 1997 führen sollte, ähnlich schlagfertig, als ihm Jimmy Carter erklärte, dass die USA Handelsvorteile nur Staaten einräumen könnten, die ihren Bürgern freizügige Ausreise erlauben. *„Kein Problem. Soll ich Ihnen morgen zehn Millionen Chinesen schicken?"* Der amerikanische Präsident flachste zurück: Dann müsse Peking zehntausend US-Journalisten ins Land lassen. Deng winkte lachend ab: *„Ich verzichte lieber auf die Normalisierung"* (*Die Welt*, 2. März 2009).

Als politische Profis, die sich der Ökologie nur bedienten, werden die Anhänger Brice Lalondes auch von Umweltministerin Ségolène Royal beschimpft. Diese *„Ökologen"* könnten nicht einmal *„einen Löwenzahn von einem Kopfsalat unterscheiden"*, höhnte sie in einem Fernsehinterview. Dominique Vaynet darauf schlagfertig während einer Wahlversammlung: Sie könne das sehr wohl – und noch viel mehr, nämlich auch *„zwischen einer*

Sozialistin mit grünem Anstrich und einer Grünen unterscheiden" (*Die Zeit*, 26. Februar 1993). Eine Frau macht grüne Politik in Frankreich attraktiv.

Unbeirrt von allen Alarmsignalen redete Fred Sinowatz im Wahlkampf einer fünften Kreisky-Alleinregierung das Wort und hielt sich dezent im Hintergrund: *„Ein Mann wie ich, der kann sich doch nicht in die erste Reihe drängen."* Die Sticheleien der Journalisten, allein schon seiner Leibesfülle wegen sei der Weg für einen anderen Kanzlerkandidaten versperrt, konnten den wendigen 100-Kilo-Mann Sinowatz nicht der Ruhe bringen: *„Also, so dick bin ich nun wirklich nicht!"* (*Die Zeit*, 29. April 1983).

6.4 Überraschung – Wirtschaft

> *„… darum habe ich ja dieses Parfum gemacht!"*

Gabriela Sabatini, eine der besten Tennisspielerinnen der Welt, hielt sich zehn Jahre in den obersten Zehn der Weltrangliste. Bereits mit 18 Jahren, noch während ihre Profikarriere andauerte, hatte die gutaussehende Argentinierin ihren Namen als Lizenz für eine Duftserie an die deutsche Firma *Mülhens* abgegeben (heute ein Teil der *Wella AG*). Ihr erstes eigenes Parfum, Gabriela Sabatini, wurde ein großer Erfolg. Es zählt heute zu den Klassikern („I do it my way"). Auf die Frage eines Journalisten, ob es einen Mann in ihrem Leben gibt, antwortet sie bei der Markteinführung: *„Nein, zurzeit nicht, darum habe ich ja dieses Parfum gemacht, um damit einen Mann anzulocken"* (*Die Welt*, 9. Februar, 2001). Sie legte damit den Grundstein für eine internationale Parfummarke, die in den vergangenen Jahren eine Reihe Gabriela-Sabatini-Duftserien für Frauen und Männer hervorbrachte und inzwischen einen dreistelligen Millionenumsatz in Euro erzielt. Auch eine neue Rosenzüchtung trägt inzwischen den Namen Gabriela Sabatini.

6.5 Überraschung – Geschichte

„Für Geld begeht er alles, selbst eine gute Tat."

Der Aphoristiker Rivarol wurde während der Französischen Revolution über die Fähigkeiten des Grafen Mirabeau befragt, der seinen Lebensunterhalt vom französischen Königshof bezahlen ließ. *„Für Geld begeht er alles, selbst eine gute Tat"* (Weller, 1973, S. 123).

Dem damaligen US-Präsidenten und ehemaligen Oberbefehlshaber der Alliierten Streitkräfte während des Zweiten Weltkriegs in Europa Dwight „Ike" David Eisenhower wurde in seiner Amtszeit als Präsident versehentlich die Vergrößerung der zu Ehren Brasiliens angefertigten Briefmarke zur Unterschrift vorgelegt. Eisenhower erkannte den Irrtum sofort und bemerkte lächelnd: *„Ich mutmaße, dass meine Unterschrift unter dieser Marke mich zum Präsidenten von Brasilien machen würde"* – *„Jederzeit, Herr Präsident, wenn Sie diesen Wechsel zu vollziehen wünschen"*, entgegnete daraufhin Brasiliens Staatspräsident Juscelino Kubitschek (*Die Zeit*, 2. August 1958). Hier entsteht überraschend eine völlig neuartige Interpretation der mutmaßlichen Absichten von Eisenhower. Nicht nur, dass er dann auch Brasilien regieren würde, sondern eben auch die Interpretation, dass damit auch sein jetziges Amt aufgelöst sein würde.

Wagner verehrte Bismarck, während dieser für Wagners Kunst kein Verständnis hatte. Bei einem Zusammentreffen sagte Wagner: *„Mein sehnlichster Wunsch wäre es, ein paar Jahre in der Nähe Ihrer Durchlaucht in Berlin wirken zu können"* – Bismarck: *„Schade, ich habe leider wenig Aussicht, nach Bayreuth versetzt zu werden"* (Weller, 1973, S. 132).

Als der Direktor Argelander anlässlich eines Besuches der Bonner Sternwarte von Friedrich Wilhelm IV. danach gefragt wurde, was es denn eigentlich Neues am Himmel gäbe, entgegnete der schlagfertige Gelehrte: *„Kennen Eure Majestät denn schon das Alte?"* (*Die Zeit*, 29. November 1956).

Generell gelten die traditionell gewandten „Strengländer" als hart, manchmal hässlich, häufig eben aber auch als äußerst schlagfertig. Der Klassiker in punkto Schlagfertigkeit stammt übrigens von Winston Leonard Spencer Churchill, dem britischen Staatsmann, welcher zwei Mal das Amt des Premierministers bekleidete und Großbritannien durch den zweiten Weltkrieg führte. Die Sequenz, welche Winston Churchill und Lady Astor zugeschrieben wurde, welche diesen während einer Abendgesellschaft angreift, lautet wie folgt:

Lady Astor: *„Winston, Sie sind betrunken!"* Winston: *„Und Sie, Verehrteste, sind hässlich."* Lady Astor: *„Winston, Sie sind sehr, sehr betrunken."* Winston: *„Ja, aber ich werde morgen wieder nüchtern sein."* Lady Astor: *„Wenn ich Ihre Frau wäre, würde ich Ihnen Gift in den Tee schütten."* Winston: *„Wenn ich Ihr Mann wäre, würde ich ihn trinken."*

Als Roosevelt übrigens einmal mit dem Rollstuhl in Churchills Schlaf- und Arbeitszimmer gefahren kam und ihn dort im Adamskostüm antraf, meisterte Churchill schlagfertig auch diese Situation: *„Der Premierminister Großbritanniens hat vor dem Präsidenten der Vereinigten Staaten nichts zu verbergen"* (*Die Zeit*, 2. Oktober 1992).

Man sagt, Churchill habe seine Satzfiguren später immer wieder in anderen Kontexten neu variiert. Überliefert ist dies zumindest aus seiner Konversation mit dem irischen Dramatiker George Bernhard Shaw, einem der berühmtesten Schriftsteller, Musikkritiker und Satiriker seiner Zeit, der 1925 den Nobelpreis für Literatur erhielt. Shaw lud Churchill mit den folgenden

Worten zu einer Premiere seines neuesten Stücks ein: *„Bringen Sie doch auch gern einen Freund mit – wenn Sie einen haben!"*

Haben Sie das raffinierte Reaktionsschema eines Churchills schon verinnerlicht? Wie können Sie hier mit einem geschickten Gegenkonter den kleinen Affront zurückgeben? Die Antwort von Churchill war nicht nur geschickt, sie ist mit einem angemessenen Schuss Boshaftigkeit auch sehr überraschend: *„Schicken Sie mir gerne auch gleich Karten für die nächste Aufführung – wenn es eine gibt!"* Allerdings: Sie brauchen immer auch eine entsprechende Vorlage, da diese Art von Schlagfertigkeit immer eine Reaktion auf die Worte oder Aussagen anderer ist. Im direkten Dialog von Churchill mit Lady Astor oder mittels Medien wie im Briefwechsel mit George Bernhard Shaw.

6.6 Überraschung – Gesellschaft

> *„Dem hat es aber nicht gefallen."*

Im Alten Testament (1. Mose 3,19) wird unser Schicksal besiegelt: *„Denn Erde bist du, und zur Erde sollst du zurück."* Wenn es denn immer so einfach wäre! Friedhofsgärtner zum Beispiel haben weiß Gott kein einfaches Leben. Vom vielen Verwesen ermüdete Böden, robuste Särge und stetes Blumengießen haben das Verfallsdatum sterblicher Überreste hinausgeschoben. Statt ein paar Knochen liegen zwischen halb verfaultem Sargholz inzwischen manchmal unverweste Leichen – und das nach einem Vierteljahrhundert Verweildauer in der Unterwelt. Bricht die Zersetzung *„bereits im Fäulnisstadium"* ab, dann kommt das Einswerden mit der Erde ins Stocken, und der Friedhofsgärtner begegnet beim Neubestellen des Grabes mitunter einer zähen Fettwachsleiche: einem gelblich bis grauweißen Körper, der sich mangels Sauerstoff durch die eigenen Abbauprodukte selbst konserviert hat. Um das zu verhindern, rät Heinrich Kettler, Geschäftsführer der cemstra Grabkammersystem GmbH, zur Grabkammer. Er pocht auf die lange Tradition dieser Bestattungsform und kommt beim Streifzug durch die Kirchengeschichte auf einstige Würdenträger in den Domen zu sprechen: *„Die liegen auch nicht im Dreck."* Einmal wurde er jedoch von einem schlagfertigen Kirchgänger ausgekontert. Kettler erzählte gerade, dass der berühmteste aller Christen auch in einer Grabkammer gelegen habe. Da warf sein Gegenüber ein: *„Dem hat es aber nicht gefallen"* (*Die Zeit*, 30. Oktober 2003).

Bei der Premiere von Shaws *„Pygmalion"* tobte das Publikum vor Begeisterung und wollte den Autor sehen. Als Shaw sich endlich vor dem Vorhang blicken ließ, ertönte ein gellender Pfiff. Shaw rief zurück: *„Ich bin ja völlig Ihrer Meinung, aber was können wir schon gegen diese Massen hier ausrichten!"* (Weller, 1973, S. 125).

6.7 Überraschung – Sport

> *„Dieser Spieler ist auch nicht zu gebrauchen!"*

Fußball-Schiedsrichter wissen, dass es von Vorteil ist, schlagfertig zu sein. Wenn man einen Spruch auf den Lippen hat, kann man Zuschauern, die ausfällig werden, schnell den Wind aus den Segeln zu nehmen. Dazu fällt dem erfahrenen Schiedsrichter Bernhard Depta eine Anekdote ein: *„Einmal habe ich zusammen mit Michael Stadelmann als Linienrichter ein Spiel geleitet. Als mir ein kleiner Fehler unterlief, hörte ich, wie der Trainer der einen Mannschaft zu Stadelmann sagte, dass ich nicht zu gebrauchen sei. Als dann dessen Verteidiger im Laufe des Spiels einen gravierenden Fehler beging, drehte ich mich zum Trainer um und konterte: Dieser Spieler ist auch nicht zu gebrauchen!"* Bernhards Ratschlag lautet daher: *„Man muss sich auf faire*

Weise Respekt verschaffen. Jeder Mensch macht Fehler, aber wenn wir so viele Fehler machen würden wie mancher Spieler, bräuchten wir gar nicht auf den Platz zu gehen." (*Fuldaer Zeitung*, 28. August 2009)

Der im Jahre 2006 bis 2007 für die Eintracht Frankfurt spielende Fußballer Michael Thurk ist durch und durch ein „Hessebub". Aufgewachsen und groß geworden ist er im Gallusviertel, nur ein paar Abschläge von der heutigen Commerzbank-Arena (ehemals „Waldstadion") entfernt. Auch seine Ausbildung als Straßenfußballer bekam er in diesem Viertel: *„Hier habe ich gelernt, was ich für das Leben brauche"*, auch für das Fußballerleben. *„Durchsetzen"*, sagt Thurk, *„einstecken, aber auch austeilen."* So spielt er, so ist er. Kess, mutig, spontan. Und manchmal mit dem Kopf durch die Wand. Und schlagfertig, mit Worten. Neulich hat allen Ernstes einer gefragt, ob er sich denn schon gut eingelebt habe in Frankfurt. *„Das hättest du mich mal vor 29 Jahren fragen müssen"*, lautete der Thurksche Konter — Treffer (*Die Welt*, 14. September 2006).

Überraschend ist es, alleine mit einer Geste zu antworten. So hat Muhammad Ali reagiert, als ein Präsident sich wie viele Prominente in seinem besonderen Licht des weltweit bekanntesten Box-Weltmeisterns sonnen wollte, ihm etwas ins Ohr flüsterte und mit gewolltem Humor einen Boxhieb andeutete. Ali reagierte mit einer einfachen Geste: sein Zeigefinger beschrieb vollführte einen kleinen Kreis an seiner Schläfe, die universell gültige Geste für mangelnde Zurechnungsfähigkeit. Wen er hiermit genau meinte, blieb sein Geheimnis. Schlagfertig zu schweigen, Alis letzter Triumph (Die Welt, 21. November 2005).

6.8 Überraschung – Medien

„... wir haben dir doch auch ein neues Auto gekauft!"

Das Motto der von BBDO Interactive kreierten Kampagne, mit der der neue Markenauftritt der Postbank (*„Unterm Strich zähl ich"*) in die nächste Runde geht, lautet: *„Was sich neckt ..."* Geschaltet wurden hier zahlreiche TV- und Radio-Spots im Sommer 2009. Im Mittelpunkt der Spots steht ein junges Paar, das sich in seiner nagelneuen Küche ein amüsantes Wortgefecht liefert. Während die junge Frau gerade ihre Einkäufe vom Markt auspackt, überrascht er sie – und den Zuschauer – mit einem nicht gerade schmeichelhaften Statement: *„Warum haben wir dir eigentlich 'ne neue Küche gekauft? So gut kochst du doch gar nicht ..."* Sie stutzt einen Moment und sagt dann: *„Und ... wir haben dir doch auch ein neues Auto gekauft ..."* (BBDO Interactive, 15. Juli 2009). Dass das kleine Scharmützel nicht ernst gemeint ist, zeigt spätestens die Schlusseinstellung des sich liebevoll umarmenden Paars. Die neue Schlagfertigkeit hat zugeschlagen ...

Auch Harald Schmidt macht sich das Prinzip der unerwarteten Überraschung zunutze, wenn er gleich zu Beginn seiner Sendung die jugendlichen Flatrate-Trinker an den Bildschirmen begrüßt, *„die jetzt so langsam wieder aus dem Koma aufwachen."* Er wollte wissen: *„Wie war das Wochenende?"* Nur um kurz darauf die Verfechter des Alkohol-Verbots für Unter-18-Jährige zu ermahnen: *„Wer von euch ohne Fehler ist, der werfe die nächste Runde!"* (*Die Welt*, 15. März 2007). Das interessante ist, dass Schmidt hier ja gar nicht direkt auf jemand anderen reagiert, sondern sich selbst das Stichwort gibt und damit gewissermaßen eine eigene Einladung ausspricht, um das

Verhalten der Teens zu kommentieren. Überraschend und auch komisch ist es allemal.

Aber wie arbeiten Schmitt und seine Mannen hier eigentlich? Überraschung wird hier über einen neuen Sinnzusammenhang hergestellt, indem das tabuisierte, eigentlich moralisch nicht zulässige Verhalten um des Effekts willen auf den inneren Schirm des Zuschauers geholt wird. Ein verbreitetes Prinzip für beißende Satire und absurde Komik. Sehr amüsant war übrigens auch Schmidts Vorstellung eines neuen, umweltfreundlichen CeBIT-Laptops aus Pappe – und garantiert ohne CO_2-Ausstoß. Ein Gerät, das als Erweiterung zum *„Ich-bin-wichtig-Geschwür"* (vulgo *„Bluetooth Headset"*) wie geschaffen sei für die Flughafenbevölkerung namens mittleres Management, dem *„einzigartigen Berufszweig, der aus geilen Typen besteht, die morgens um sieben in zu engen Hosen und mit ausgelatschten Schuhen auf sinnlose Inlandsflüge geschickt werden, ohne dies zu merken, weil sie halt gerne fliegen"* (*Die Welt*, 15. März 2007).

6.9 Wirkung: Wie funktioniert das Prinzip Überraschung?

Es ist sicherlich zum einen der bekannte Überraschungseffekt, der den anderen beeindruckt. Man ist erstaunt, verblüfft, verwundert oder amüsiert im positiven Falle. Andererseits ist die Überraschung beim Überraschten häufig mit einem Gesichtsverlust verbunden. Überfahren, gedemütigt, beleidigt und vorgeführt, das sind Wahrnehmungen, die sich im negativen Falle einstellen.

Die neue Schlagfertigkeit bedient hier ausschließlich Variante zwei, will Sie doch den anderen in eine positive Stimmungslage heben und nicht destruktiv nachtreten. Der Überraschungseffekt und eine positive Wahrnehmung, das ist es, was wir bei der neuen Schlagfertigkeit suchen. Der emotionale Schuss ins Kontor als eine Art Blitzeinschlag in die grauen Humor-Zellen machen es dem anderen fast unmöglich, seinerseits *„schnell, witzig, geistreich, überlegt und souverän, also schlagfertig"* zu reagieren (Hartmann & Röpnack, 2005, S. 266). Damit gibt es schon mal einen Verlierer, und der zweite sind dann schließlich Sie. Große, weltverändernde Kreativität entfaltet sich wohl eher nach der nüchternen Formel des Erfinders Thomas Alva Edison, der auf die Frage nach seinen Erfolgen lakonisch erklärt hatte: *„Ein Prozent Inspiration, 99 Prozent Transpiration."* Zu einem solchen Ergebnis kam der Psychologe Csikszentmihalyi, als er vor einigen Jahren eine illustre Schar von insgesamt 91 kreativen Persönlichkeiten nach ihrem Werdegang befragte, darunter Physiker und Chemiker wie die Nobelpreisträger Ilya Prigogine, Manfred Eigen und Rosalyn Yalow, aber auch Schriftsteller wie den Romancier Nagib Mahfus oder den Jazzpianisten Oscar Peterson. Wohl verfügten die kreativen Spitzenkräfte, wie Csikszentmihalyi ermittelte, über eine gehörige Portion Fantasie, doch alle waren zeitlebens darauf bedacht, nie die Bodenhaftung zu verlieren. Selbstzweifel nahmen sie stets ernst, Kollegenkritik mit Interesse entgegen. Nur gelegentlich suchten sie die Einsamkeit in der Denkerklause, meist zogen sie den Ideenaustausch mit ihresgleichen vor. Zum spritzigen Small Talk taugt jedoch fast keiner, dazu fehlt ihnen durchweg die nötige „Brillanz" – Witz, Schlagfertigkeit und Humor zählen offenbar nicht zu den Talenten der Geisteshelden (*Der Spiegel*, 18. Dezember 2000).

Im Alter, notierte Kant selbstbeobachtend, *„nimmt Urteilskraft zu und Genie ab. An die Stelle von Kombinationsgabe, Schlagfertigkeit und Gedächtnisleistung treten begründete, aber auch zunehmend starre Weltbilder"* (*Der Spiegel*, 13.Juni 2006). Ein Entwicklungsgang, der so auch von heutigen Psychologen bestätigt wird. Allerdings nicht, wenn diese Fähigkeiten täglich wie bei unseren Politikern und Medienstars vor laufenden Kameras trainiert werden.

Es gibt in der Psychologie Untersuchungen, die zeigen, dass Menschen bestimmten Regeln folgen: „Wer A sagt, muss auch B sagen" ist zum Beispiel ein verbreitete Logik. Genau diese Muster machen wir uns bei dem Prinzip Überraschung zunutze. Keine Regel ohne Ausnahme und genau diese gilt es aufzuspüren und dann direkt aufzugreifen.

Seien Sie also offen für Überraschungen! Blockaden kommen dadurch zustande, dass Sie versuchen, eine „böse" Überraschung um jeden Preis zu verhindern. Das ist nur sehr schwer möglich und behindert Sie in der Regel stärker, als es Ihnen nützt. Schon Wilhelm Busch wusste: *„Stets findet Überraschung statt, da, wo man's nicht erwartet hat."*

Ein Mann hatte sich immer über die Frage an der Supermarktkasse geärgert, ob er denn schon die „Deutschlandcard" habe. Dann hörte er sich plötzlich spontan sagen: *„Nein danke, ich hab' ein gutes Navi ...!"* (Jürgen S., Xing-Gruppe „Schlagfertigkeit", 7. Mai 2009).

Oder denken Sie an den bereits erwähnten Satz *„Herr Stolz, Sie haben da einen Fleck auf der Hose!"* Überraschende Antworten aus der Xing-Gruppe *„Schlagfertigkeit"*:

- *„Danke, das ist der Rest vom Frühstück, wollte ich mir für später aufheben"* (Petra M., 8. Juni 2009)
- *„Isch ,abe gar keine ,ose"* (Nicole R., 8. Juni 2009)
- *„... gut beobachtet, schaun sie mal hinten, da sind noch zwei!"* (Thomas R., 9. Juni 2009)

In letzterem Fall handelt es sich um die Technik der unerwarteten Zustimmung. Auch das überrascht im Regelfall das Gegenüber, da die übliche Reaktion ja eine Verteidigung ist. Ein experimenteller Psychologe würde Überraschung beschreiben als die Reaktion auf ein Ereignis, das anstelle eines anderen, erwarteten Ereignisses ohne vorherige Hinweisreize eintritt. Das Prinzip Überraschung versucht also etwas in einer Situation zu thematisieren, wie es nicht ist oder doch zumindest wie es zunächst nicht gesehen wird. Dies erinnert ein wenig an eine Definition von Liebe, welche der Schauspielerin Hannelore Schroth zugeschrieben wird: *„Liebe ist die wunderbare Gabe, einen Menschen so zu sehen, wie er nicht ist. "*

Eine Strategie, die immer funktioniert, weil sie häufig überrascht, ist die Rückfrage. Der andere steht in der Pflicht und hat zugleich das Wort. Besser kann man einen Angriff nicht abwehre! Bei diesem Vorgehen müssen Sie sich nur an Ihrem inneren Nachfrage-Impuls orientieren, der bei jedem auch nur einigermaßen neugierigen Menschen angelegt ist! Diese einfache Form der Schlagfertigkeit zu beherrschen, ist äußerst lohnenswert. So sind Sie in jeder Lebenslage kreativ und originell sowie brillant im Gespräch. Sie meinen, Sie können das schon? Was meinen Sie, warum trainierte ein Spitzensportler Michael Schumacher dann in seiner aktiven Zeit täglich, unabhängig von einzelnen Erfolgen und Misserfolgen? Er kann doch auch Auto fahren, möchte man meinen. Die Antwort ist einfach: Er musste ständig fürs nächste Rennen üben, um immer wieder Bestleistungen bringen zu können. Und der Umstand, dass Michael Schumacher sich im Sommer 2009 wieder in den roten Formel-1-Ferrari setzen wollte, um seinen verletzten Teamkollegen Felipe Massa zu ersetzen, zeigt, wie erfolgreich diese Strategie sein kann. Spitzenpolitiker, Wirtschaftsgrößen und Sportler trainieren sich in jeder öffentlichen Redesituation und auf jeder Pressekonferenz. Wann und wie trainieren Sie?

Im Übrigen: Fragen kostet nicht. Oder etwa doch? Lassen Sie sich die folgende Geschichte einmal auf der Zunge zergehen. Es geschah im Ostwestfälisch-Lippischen. Der umworbene Fahrgast wollte sich bei einem Zwischenstopp eigentlich nur nach einem Anschlusszug in die Provinzmetropole Münster erkundigen. Und da es am Universalschalter in der Bahnhofshalle rappelvoll gewesen war, ging er einfach in das DER, das Deutsche Reisebüro, ein Partnerunternehmen der Deutschen Bahn, das neben Traumschifftrips und Überschallflügen eben auch schnöde Bahntickets verkauft. Hier stand er nun und fragte nach der besten Verbindung, *„möglichst am späten Nachmittag"*. – *„Das kostet zwei Mark"*, sagte die freundliche junge Dame hinter dem Schalter, *„außer, Sie kaufen die Fahrkarte auch sofort hier, dann ist die Auskunft inbegriffen."* Der Kunde, denn ein solcher ist er ja, fühlte sich mächtig überfahren. Seine erste Antwort war nur ein verdutztes *„Was soll das denn?"* Etwas schlagfertiger setzte er hinzu: *„Ich dachte immer, fragen kostet nichts?!"*, worauf ihm die junge Dame ein nun schon deutlich unfreundlicheres *„Doch!"* entgegnete und dann zu einem langen Monolog anhob: Früher sei ja jeder dahergekommen, habe diese und jene Auskunft gewollt und sei dann einfach wieder gegangen. *„Dabei ist das ja auch Arbeit und kostet Geld"*, teilte die junge Frau mit und deutete auf Bildschirmterminal und Drucker, der inzwischen die beste Verbindung ausspuckte. *„Jetzt muss jeder zahlen, der bei uns eine Auskunft haben will!"* (*Die Zeit*, 11. Dezember 1992)

Also, fragen Sie. Und wenn jemand Ihre Frage nicht beantworten möchte, sagen Sie: *„Ich dachte immer, fragen kostet nichts, oder ist das bei Ihnen vielleicht anders?"*

6.10 Übungsteil: ausgetretene Denkpfade verlassen und mit Überraschungen umgehen

Wenn Sie das Prinzip Überraschung trainieren wollen, müssen Sie sich mit der Frage beschäftigen, wie das Neue in die Welt kommt. Es geht ja im Wesentlichen darum, ausgetretene Denkpfade zu verlassen und gewohnte Reaktionen zugunsten anderer bewusst zu unterdrücken. Das heißt, Sie müssen sich fragen, wie Sie (Denk-)Routinen abändern können, sodass dann hinten etwas Neues entsteht. Zudem bekommen Sie Techniken an die Hand, wie Sie mit Überraschungen umgehen.

Es geht im Detail um 1. Das Spiel mit der Pause, 2. Lach-Techniken, 3. Der Nachdenker, 4. List der Laszivität, 5. Kontern. In der weitergehenden Übung geht es darum, systematisch Gewohnheiten zu ändern.

1. Das Spiel mit der Pause

Mit einer kleinen Pause können Sie immer wieder Überraschung auslösen. Denken Sie an einen Satz wie *„Ich glaube … [Pause] … nicht … [Pause] … dass Sie … [Pause] … und ich … [Pause] … hier … [Pause] … etwas aufgreifen sollten … [Pause] … das auch ohne uns … [Pause] … ganz prächtig funktioniert … [Pause] … oder wie sehen Sie das?"* Nach jeder Pause fragt sich der Zuhörer, welche Richtung Ihr Satz nehmen wird. Damit behalten Sie das Heft in der Hand, außerdem haben Sie den großen Vorteil, dass Sie bei der Pause noch einmal kurz darüber nachdenken können, welche zusätzliche kleine Wendung Sie in den Satz einbauen, sodass am Ende die Verblüffung perfekt ist. Vielleicht haben Sie ja auch beide etwas zu lachen. Beschränken Sie sich auf eine, maximal zwei Pausen, das ist für den Überraschungseffekt völlig ausreichend, eine Pause nach jedem zweiten Wort ist wirklich nur etwas für Sprechprofis!

Beispiele:
- *„Sie sind ein sturer Ochse!"* – *„Ich wundere mich die ganze Zeit … [Pause] … wo Sie Ihre Fantasie hernehmen!"*
- *„Sie sind ein Schleimer, Herr Aal."* – *„Das müssen Sie gerade sagen … [Pause] … Frau Seegurke."*
- *„Sie verstehen keinen Spaß!"* – *„ Ich frage mich auch die ganze Zeit … [Pause] … was das bei Ihnen ändern würde."*

Übungssätze:

1. Kommen Sie doch einmal zum Punkt!

Ihre schlagfertige Antwort:

_____

_____

_____

2. Haben Sie eine Kundenkarte?

Ihre schlagfertige Antwort:

_____

_____

_____

3. Also Ausnahmen können wir hier wirklich keine machen!

Ihre schlagfertige Antwort:

_____

_____

_____

4. Setzen Sie mich nicht unter Druck!

Ihre schlagfertige Antwort:

_____

_____

_____

5. Das sind Sie auf dem Holzweg!

Ihre schlagfertige Antwort:

_____

_____

_____

2. Lach-Technik

Nichts ist überraschender als ein lautes Lachen, gerade in angespannter Situation. In Mumbai, Indien, wurde im Jahre 1989 von Dr. Madan Kataria die Lachbewegung ins Leben gerufen: Lachen als bestes Gegenmittel gegen die Zeitkrankheit Stress. Stress abbauen und Lebensenergie aufbauen, das können Sie inzwischen in vielen Lachklubs auch in Europa lernen. Um dies für die Schlagfertigkeit zu nutzen, müssen Sie auf Abruf lachen können. Zuviel verlangt? Probieren Sie es einfach aus!

Lach-Formen:

- **Affenlachen:** Mund zweifach herrichten – Zunge zwischen Unterlippe und Zähne stecken, sich an verschiedenen Stellen jucken. Dann huhuhu – wie King Kong.
- **Rasenmäher-Lachen:** Lachen „anwerfen". In drei Phasen den Rasenmäher anwerfen. Hahaha – hahahahah – hahahahahahahahahahahaha
- **Pinguinlachen:** Mit durchgedrückten Knien bei nach außen gestellten Füßen watscheln, dazu Arme ganz durchgestreckt, Handflächen zeigen auf den Boden. Mit steifem Nacken und sich nur leicht von rechts nach links bewegendem Kopf mittellaut „hähähä"-Lachen.
- **Japanisches Lachen:** Hände vor das Gesicht halten – ab und zu hervorschauen.
- **Lachpfeile schießen:** Linke Hand hält den Bogen – rechte Hand spannt den Pfeil an und schießt das Lachen dorthin, wo es gebraucht wird: *„Ich haben einen Lachpfeil auf Sie geschossen, lachen Sie!"*

Beispiele

- *Er zu ihr: „Schatz, du verbringst die wichtigsten Stunden des Tages vor dem Kleiderschrank!" – Japanisches Lachen.*
- *„Wollen Sie sich zum Affen machen?" – Affenlachen.*
- *„Wollen Sie mich verkohlen, das ist doch alles Käse hier." – Lachpfeil schießen.*

Übungssätze

1. Hast du dich heute schon mal im Spiegel angeguckt?

Ihre schlagfertige Antwort:

_____

_____

_____

2. Herr Hai, was grinsen Sie denn so?

Ihre schlagfertige Antwort:

_____

_____

_____

3. Du hast einen komischen Musikgeschmack.

Ihre schlagfertige Antwort:

_____

_____

_____

4. Sie sind so mitleidserregend, Herr Laus ...

Ihre schlagfertige Antwort:

_____

_____

_____

5. Das mit den Formeln kapieren Sie nie!

Ihre schlagfertige Antwort:

_____

_____

_____

3. Der Nachdenker

Bei dieser Technik überraschen Sie insofern, als Sie in heiklen Situationen darauf bestehen, dass Sie nicht jetzt, sondern zu einem späteren Zeitpunkt die Antwort geben oder die Entscheidung treffen werden. Typische Situationen sind überfallartige Anliegen, zudringliche Fragen oder wenn Sie jemand unter Druck setzt. Wie können Sie sich mit geeigneten Formulierungen immer wieder neuen Spielraum verschaffen?

Beispiele:

- *Sie halten einen Fachvortrag und jemand stellt eine Frage, die Sie in die Enge treiben soll. „Vielen Dank für Ihre interessante Frage, ich rufe Sie nächste Woche an, dann bekommen Sie Ihre schlagfertige Antwort."*
- *Der Mitarbeiter: „Wenn Sie mir nicht sofort den Urlaubsantrag unterschreiben, dann kündige ich." – Der Chef:„Ich sage Ihnen morgen, wie ich darüber denke."*
- *„Das ist die Chance des Jahres, unterschreiben Sie unten rechts." – „Gute Idee, das muss ich mal überdenken."*

Übungssätze:

1. Sie wollten sich ja schon gestern entschieden haben.

Ihre schlagfertige Antwort:

2. Dieses Buch müssen Sie unbedingt lesen.

Ihre schlagfertige Antwort:

3. Du musst doch eine Meinung haben!

Ihre schlagfertige Antwort:

_____

_____

_____

4. Haben Sie Zeit für mich?

Ihre schlagfertige Antwort:

_____

_____

_____

5. Was sollen wir tun, der Kunde ist außer sich!

Ihre schlagfertige Antwort:

_____

_____

_____

4. Die List der Laszivität

Die List der Laszivität ist eine wirkliche Geheimwaffe! Beinahe jeder ist irritiert, wenn man auf einen Angriff flirtartig reagiert. Vor allem wenn nicht klar ist, wie ernst es gemeint ist! Reagieren Sie auf die Erregung des anderen überraschend positiv, als ob für Sie davon eine Anziehung ausginge. Geeignet ist dies für viele Alltagssituationen, wichtig ist allerdings, dass Sie sich in der Situation wohlfühlen und sich zutrauen mit der neu entstandenen Doppeldeutigkeit auch sinnvoll umzugehen.

Beispiele
- _„Reg dich doch nicht so auf!"_ – _„Ich kann nicht anders, ich finde dich einfach aufregend."_

- *„Schauen Sie mich bitte nicht so ernst an, Herr Grashüpfer!" – „Bei Ihrer ausgeprägten Schönheit, Frau Schilfhuhn, ist es unmöglich, Sie nicht anzugucken."*
- *„Bitte bewahren Sie doch die Ruhe, Frau Pelikan." – „In Ihrer Gegenwart, Herr Haubentaucher, kann ich mich einfach nicht konzentrieren!"*

Übungssätze

1. Schau doch bitte auf die Straße!

Ihre schlagfertige Antwort:

_____

_____

2. Werden Sie endlich vernünftig!

Ihre schlagfertige Antwort:

_____

_____

3. Das macht mich wahnsinnig!

Ihre schlagfertige Antwort:

_____

_____

4. Hier ist es zu heiß.

Ihre schlagfertige Antwort:

_____

_____

Ihre schlagfertige Antwort:

_____

_____

_____

5. Kontern

Hier geht es darum, den Spieß gekonnt umzudrehen, kontern und wenn es geht auch zu übertrumpfen. Diese Technik funktioniert nach dem Sandkastenprinzip, wenn sich Kinder streiten: _„Du bist doof!"_ – _„Und du bist noch viel blöder!"_ Nur dass Sie das schöner formulieren sollten, zum Beispiel _„Ihnen mangelt es an Klugheit."_ – _„Das kann ich vollständig zurückgeben."_ Typische Situation: Kränkungen, _„witzige Attacken"_, wenn jemand Ihnen eine Falle stellen möchte oder wenn Publikum dabei ist. Insbesondere eignet sich diese Technik, wenn Sie es mit Alpha-Tieren zu tun haben, denn diese möchten immer gewinnen. Wichtig ist, dass Sie es nicht zu weit treiben, das Ziel sollte immer sein, das Sie den anderen mit Ihrer Schlagfertigkeit überraschen und vielleicht mit einem Augenzwinkern _„entschärfen"_, sonst lassen sich Alpha-Tiere nicht so einfach auskontern.

Beispiele:

- _„Ich habe den Eindruck, Sie sind überfordert."_ – _„Sie sollten nicht immer von sich auf andere schließen."_
- _Die neue Schwester sagt zum Oberarzt „Sorry, aber ich kann Ihre Schrift nicht lesen." Der Mediziner erwidert: „Ich gebe Ihnen einen Monat, die Schrift zu entziffern." Die Replik der Schwester: „Ich gebe Ihnen eine Woche so zu schreiben, dass ich es auch lesen kann."_
- _Ein Kunde: „Das, was Sie hier anbieten, das ist einfach zu teuer!" – Der Verkäufer: „Dann geben Sie Ihr Geld wenigstens nicht für anderen Unsinn aus."_

Übungssätze

1. Ich wette, dass Sie es ohne meine Hilfe nicht schaffen!

Ihre schlagfertige Antwort:

_____

_____

_____

2. Ich möchte nicht wissen, welche Strategie Sie morgen wieder vorschlagen.

Ihre schlagfertige Antwort:

_____

_____

_____

3. Ich werde dafür sorgen, dass Sie hier nicht einen Moment länger bleiben.

Ihre schlagfertige Antwort:

_____

_____

_____

4. So wie ich dich kenne, wirst du dich gleich beschweren!

Ihre schlagfertige Antwort:

_____

_____

_____

5. Es sieht so aus, als ob Sie in Ihrer Entwicklung zurück geblieben sind.

Ihre schlagfertige Antwort:

_____

_____

_____

Fälle, die das Leben schreibt: Fall 4

„Wir behandeln alle Kunden gleich"

Fälle, die das Leben schreibt, in diesem Fall ein Anzugkauf in Hamburg. Ich war auf der Suche nach einem passenden Anzug für ein bestimmtes Event. Der Versuch, den Preis für einen Marken-Anzug ein wenig nach unten zu verhandeln wurde von dem Verkäufer mit dem folgenden freundlichen Hinweis pariert (Mönckebergstraße in Hamburg, 19. August 2009): *„Wissen Sie, wir behandeln alle Kunden gleich. Egal ob Sie diesen Boss-Anzug bei uns in Düsseldorf oder in Hamburg kaufen und unabhängig davon, ob Sie gerade einen guten oder einen nicht so guten Draht zu dem Verkäufer haben, bei uns kostet der Anzug immer dasselbe. "*

Wie hätten Sie schlagfertig reagiert, wenn Sie der Kunde gewesen wären?

1. Das Spiel mit der Pause

2. Lach-Technik

3. Der Nachdenker

4. List der Laszivität

5. Kontern

Merke

Jeder Witz, und damit auch jede witzige schlagfertige Äußerung, braucht einen Überraschungsmoment. Denken Sie nur an den Mann, der ein Nummernkonto in der Schweiz eröffnen möchte. Der Schalterbeamte fragt leise: *„Wie viel Geld wollen Sie anlegen?"* – *„Eine Million"*, flüstert der Mann. Die Antwort des Bankers: *„In der Schweiz muss sich niemand seiner Armut schämen."* Plötzlich ein anderer Kontext, der Witz erfährt seine Wendung. Sie benötigen eine Situation, deren Kontext zunächst eine bestimmte Richtung vorzugeben scheint. Dies legen Sie dann blitzschnell ad acta und gehen überraschenderweise in eine völlig neue Richtung. Das setzt eine gute Portion mentale Beweglichkeit voraus.

Diese mentale Beweglichkeit können Sie jetzt trainieren ...

Weitergehende Übung: Mal anders reagieren

Am einfachsten ist es, wenn Ihr Einfall so kreativ ist, dass Sie selbst hiervon richtig überrascht sind. Sie brauchen es dann nur noch auszusprechen! Aber das funktioniert natürlich nur mit einem gut trainierten Denkapparat. Wie Sie diesen jeden Tag neu so richtig auf Trab bringen können, erfahren Sie nun im folgenden Abschnitt.

So bringen Sie Ihre grauen Zellen auf Trab

Montag Putzen Sie heute mit der »falschen« Hand die Zähne. Wenn Sie mit öffentlichen Verkehrsmitteln zur Arbeit fahren, addieren Sie alle Zahlen, die Sie sehen. Beschließen Sie den Tag mit einer Partie Scrabble oder – falls Sie es noch nicht können – lernen Sie Schach.

Dienstag Duschen Sie morgens mit geschlossenen Augen. Probieren Sie einen neuen Weg zur Arbeit oder zu ihren Freunden. Steigen Sie zwei Stationen früher aus. Heute sind Lifts und Rolltreppen tabu! Suchen Sie sich aus dem Duden fünf Fremdwörter, die Sie noch nicht kannten. Ihre Aufgabe ist es, diese Wörter noch heute in Gesprächen mit Freunden und Kollegen unterzubringen.

Mittwoch Versuchen Sie, auf Ihrem normalen Arbeitsweg vorherzusagen, wie das nächste Geschäft heißt. Sprechen Sie mindestens drei Menschen an, die Sie noch nicht kennen. Arbeiten Sie im Sitzen? Stehen Sie alle 20 Minuten auf und strecken Sie sich.

Donnerstag Lösen Sie ein Sudoku. Überlegen Sie sich zu jedem Ihrer Kollegen, wie sein Name rückwärts ausgesprochen wird. Besuchen Sie einen Yoga- oder Aikido-Kurs. Oder probieren Sie irgendeine Sportart aus, die Sie noch nie gemacht haben.

Freitag Benutzen Sie an Ihrem Arbeitsplatz die Toiletten in einem anderen Stockwerk. Denken Sie sich eine verrückte Geschichte zu jedem Menschen aus, der Ihnen entgegenkommt.

> **So bringen Sie Ihre grauen Zellen auf Trab** (Fortsetzung)
>
> **Samstag** Halten Sie die Zeitung heute verkehrt herum. Wenigstens, während Sie die Kurzmeldungen lesen. Legen Sie in Ihrem Wohnzimmer etwas an einen anderen Platz – aber mit verbundenen Augen. Lernen Sie Ihren Einkaufszettel auswendig. Kaufen Sie in einem Geschäft ein, in dem Sie noch nie waren.
>
> **Sonntag** Lösen Sie ein anspruchsvolles Kreuzworträtsel, zum Beispiel das in der *ZEIT*. Gehen Sie mit Freunden in einem unbekannten Park oder Wald spazieren. Lesen Sie abends ein Buch, statt fernzusehen.
>
> (*Die Zeit*, 20. Juni 2009)

Wer sein Gehirn trainiert, wird mit Schlagfertigkeit belohnt!

Was davon – oder auch darüber hinaus – werden Sie also tatsächlich tun?

Am Montag

Am Dienstag

Am Mittwoch

Am Donnerstag

Am Freitag

Am Samstag

Am Sonntag

Kapitel 7:

Fünftes Prinzip – Selbstsicherheit

„Ein alter und erfahrener Lotse verliert sein Schiff
durch zu viel Selbstsicherheit.
Ein junger Lotse verliert es aus Unkenntnis und Mangel an Erfahrung. "
Daniel Defoe

7.1 Einleitung: Die Haltung signalisiert Selbstsicherheit

Wer sich wie ein Schoßhund gebärdet, darf sich nicht wundern, wenn andere angreifen. Jeder, der sich klein macht, lädt andere ein, auf ihm herumzutrampeln. Eine aufrechte Haltung ist also mit entscheidend dafür, wie viel Respekt Ihnen entgegengebracht wird. Aus Selbstverteidigungskursen weiß man: Eine gebeugte und unterwürfige Haltung führt dazu, dass Sie – wenn Sie nachts zu Fuß auf einer einsamen Straße unterwegs sind – deutlich häufiger Opfer einer Attacke werden als bei einer selbstsicheren, aufrechten Haltung. Kriminologen würden sagen, sie senden Opfersignale aus. Die Wahrscheinlichkeit, dass der andere ein leichtes Spiel haben wird, steigt für den Angreifer, wenn er Opfersignale wahrnimmt. Gleichermaßen sinkt sie, wenn er auf eine selbstbewusste, schlagfertige Haltung trifft. Integrität schafft Sicherheit und Unverletzbarkeit, wie ein geschlossener Stahlkäfig auch als Faraday'scher Käfig sicher vor gefährlichen Blitzschlägen schützt.

„Frau Müller, also ich muss schon sagen, wenn man Sie so in Meetings beobachtet, Sie sind ja hier gewissermaßen der Hausdrache!" – *„Danke für das Kompliment, das ich gar nicht verdient habe!"* Die Selbstverständlichkeit, etwas so positiv zu interpretieren, dass Sie sich dafür bedanken („... Kompliment ...") und gleichzeitig selbstsicher etwas elegant zurückweisen („... ich nicht verdient habe ...") ist schon ein sehr elegantes Vorgehen. Das ist allerdings im Alltag selten zu beobachten, da ein selbstsicherer und aufrechter Gang nach wie vor eher selten zu sehen ist.

Auch in Unternehmen und anderen großen Organisationen ist dies immer wieder zu besichtigen. So musste sich beispielsweise eine sehr gut ausgebildete promovierte Frau bei einer Konferenz in einer großen Klinik unweit der polnischen Grenze den kollegialen Schmähspruch *„So eine Frau habe ich noch nie erlebt"* anhören, als der Kaffe nicht wie gewohnt aufforderungslos und zuvorkommend von weiblicher Hand gereicht wurde. Die selbstbewusste Antwort gegenüber dem Provinzler, der sein Bundesland wohl noch nie verlassen hatte, fiel ihr dann ein wenig später ein: *„Das liegt wohl daran, dass du auch noch nicht so weit rumgekommen bist."*

7.2 Selbstsicherheit – Politik

„… leichte Irritationen eingerechnet"

Angela Merkel schöpft auch immer wieder aus ihrem Selbstvertrauen. *„Ich möchte mich ganz herzlich bedanken für unsere gute Zusammenarbeit"*, sagt Sie vor 1.500 Gästen in Bezug auf den anwesenden Günther Oettinger und fügt nach einer kurzen Pause hinzu *„… leichte Irritationen eingerechnet"* (*Stuttgarter Nachrichten*, 2. Juli 2009). Dem vorausgegangen waren „Wortmeldungen" in der Öffentlichkeit. Merkel, so war berichtet worden, hatte „getobt", als sie während ihres Staatsbesuchs in den USA von Oettingers Gedankenspielen zur Mehrwertsteuer erfuhr. Das Publikum applaudierte also ob der Wortwahl „Irritationen", viele lachen, Oettinger eingeschlossen. Merkel fuhr an die Gäste gewandt fort: *„Jeder von Ihnen sitzt doch hier nur und wartet. Was sagt sie denn nun, und nun sagt sie das, was sie denkt: dass wir gut zusammenarbeiten."* Beifall. Alles perfekt. Die drohende Funkstille zwischen Merkel und Oettinger wich einer großen Erleichterung.
Eine andere Episode. Angela Merkel bei der Talk-Sendung „Anne Will" mit weiteren Gästen. Der Studiogast Frank Mittelstädt spricht vorwurfsvoll die Kanzlerin an: *„Dass die Politiker endlich redlich mit uns umgehen, das im-*

merhin würde ich mir wünschen." – „Haben Sie da Zweifel bei mir?", geht Merkel in die Offensive. „Nein, die Politik insgesamt, ich wollte das an niemanden direkt adressieren", lenkte der junge Mann dann ein (Die Welt, 22. März 2009). Eine wichtige Klarstellung.

Das fällt dann besonders leicht, wenn Sie sich Gedanken darüber machen, worauf es in bestimmten Funktionen wirklich ankommt. Der ehemalige Vorstandsvorsitzende der Deutschen Bahn AG, Hartmut Mehdorn, wurde auch nicht daran gemessen, ob er als freundlicher Schaffner oder als gewissenhafter Lockführer durchgehen könnte. Vielmehr stolperte er über eine Datenaffäre und trat am 30. April 2009 zurück, um dem Unternehmen die „öffentliche Vorverurteilung" nicht „noch länger zuzumuten". Auch seine schlagfertigen Äußerungen zur Privatisierung der Bahn wie zum Beispiel „Wir sagen: Lieber Aktionär, wenn du uns kaufst, garantieren wir dir, dass du die marktüblichen Zinsen bekommst plus einen Schnaps drauf" konnten ihm dann am Ende nicht mehr helfen.

Wie er es denn finde, dass nun der niedersächsische Ministerpräsident Christian Wulff vor ihm als beliebtester Politiker rangiere, wollte ein Reporter von Joschka Fisher wissen. „Da würde ich an Ihrer Stelle mal Frau Merkel fragen", gab Fischer schlagfertig zurück (Die Zeit, 3. März 2005). Joschka, das war die Botschaft des Auftritts beim Landesparteitag der Grünen in Köln, ist wieder ganz der Alte.

Ein Meister nicht nur der Diplomatie, sondern auch einer selbstsicheren Haltung war und ist Hans-Dietrich Genscher, der rückblickend auf sein Leben angesichts seines 80. Geburtstages auf seine mangelnden Sprachkenntnisse angesprochen wurde, als er sich für das Amt des Außenministers ins Rennen brachte. „Ich habe mich um das Amt des Außenministers, nicht um das des Dolmetschers beworben" (Süddeutsche Zeitung, 21. März 2007). Das hier dahinterstehende Prinzip ist der selbstsichere Umgang mit bestimmten impliziten Rollenerwartungen.

Der damalige Kulturminister Wolfgang Hackel wurde beim Brandenburger Fest in sibirischer Nacht nach der tieferen Bedeutung des neuen Schlagwortes „Event" befragt. Die selbstsichere Antwort: *„Event ist, wenn etwas passiert – wie hier!"* (*Die Welt*, 1. Juli 2000).

In unserer Umfrage kam Andrea Ypsilanti mit immerhin rund 2 Prozent der Stimmen auf Platz 14. Die SPD-Politikerin Andrea Ypsilanti war im Jahre 2009 einer breiteren Öffentlichkeit bekannt geworden, als sie den inzwischen mehrfach gescheiterten Versuch unternahm, Roland Koch als Ministerpräsident von Hessen abzulösen. Die demonstrativ zur Schau gestellte Schlagfertigkeit hing dabei sehr stark mit einer inneren Siegerhaltung zusammen, welche mit der rechnerischen Mehrheit und damit einer für Ypsilanti absehbaren Bildung einer rot-grünen Minderheitsregierung in Hessen einherging. Auf Johannes B. Kerners Frage, wer die Hessen-Wahl gewonnen habe, antwortete sie in seiner Sendung: *„Ich!"* Ypsilanti bekräftigte damals zudem, dass sie fest davon ausgehe, dass eine Ministerpräsidentin in Hessen an die Macht kommen werde (*Die Welt*, 31. Januar 2008). Als es dann mit der Mehrheitsbeschaffung doch nicht ganz reichte, wurde Andrea Ypsilanti deutlich kleinlauter. Ihre dereinst selbst- und siegessichere Pose wurde dann sehr schnell zum Sympathiekiller. Demonstratives Selbstbewusstsein und eine überzeugende Selbstsicherheit sind eben nicht dasselbe.

Demonstratives Selbstbewusstsein gereicht eben nicht immer zum Vorteil. Ganz ähnlich auch Gerhard Schröder am Wahlabend, dem 18. September 2005, nach der Bundestagswahl. Vor laufenden Kameras kam es in der sogenannten „Elefanten-Runde" zu einem vielfach kritisierten Auftritt. Den Medien wirft er eine Kampagne gegen sich vor. Er sei noch Bundeskanzler, *„auch wenn Sie dagegen arbeiten"*, fährt Schröder den ZDF-Chefredakteur

Nikolaus Brender an. Und Angela Merkel möge *„die Kirche im Dorf lassen"*, er werde Regierungschef bleiben. Schröder entschuldigte sich dann Tage später mit dem Hinweis, der Auftritt sei *„suboptimal"*, aber dafür *„ehrlich"* gewesen *(Spiegel Online*, 22.September 2005). Aber dieser Herangehensweise Schröders könnte man natürlich auch Positives abgewinnen: *„Ein schlagfertiger, wehrhafter, eloquenter und auch mal wütender Kanzler ist besser als eine beleidigte Leberwurst"* (*Die Welt*, 14. März 2004). Aber hier hatte er es eindeutig überstrapaziert, die Sympathiewerte gingen in den Keller. Aber auch in den Jahren zuvor hatte Schröder durchaus seine Höhen und Tiefen. So bemerkte die Presse Ende 2002: *„In den Tagen der Flut – und dann fast durchgängig bis zum Wahltag – erlebte die Öffentlichkeit jedoch nur noch in Ausnahmefällen den witzelnden, schlagfertigen Medienkanzler"* (*Die Welt*, 18. Dezember 2002). Das Prinzip Schröder hatte sich verbraucht, zu viel Machtdünkel mischte sich in die im Grunde erfrischende Schlagfertigkeit. Hier war und ist Schröder ein Gestriger, der den Charme der neuen Schlagfertigkeit noch nicht wirklich begriffen hatte. Lediglich 1,22 Prozent der Teilnehmer unserer Umfrage hielten Schröder für im positiven Sinne am schlagfertigsten. Ein paar Prozentpunkte hat er wahrscheinlich in den letzten Tagen seines Daseins als Bundeskanzler selbst zerstört.

Cornelia Pieper machte als FDP-Generalsekretärin Wahlkampf in Oberbayern und kehrte zwischen zwei Auftritten in einem Gasthaus ein. Auf die Frage, wie es denn geschmeckt habe, antwortete Frau Pieper: *„Gut. Besonders der südbalinesische Hartreis wird mir in Erinnerung bleiben."* Der Wirt verabschiedete sich leicht irritiert. Auf die nicht minder irritierten Blicke ihrer Begleiter sagte Pieper dann draußen vor der Tür: *„Ich wollte ihm nicht so direkt sagen: Sie hätten die Beutel ruhig länger im Wasser lassen können. Schließlich will er doch FDP wählen, hat er mir gesagt"* (*Die Welt*, 10. August 2003).

7.3 Selbstsicherheit – Wirtschaft

„… seid wütend, wenn Euch jemand schlägt!"

„Eine der wichtigsten Eigenschaften im digitalen Zeitalter ist es, schlagfertig zu sein, und es ist schwierig, genauso schlagfertig in einem Joint Venture zu sein wie im eigenen Unternehmen", meint der Sony-Chef Howard Stringer in einem Interview (*Die Welt*, 28. August 2008). Wahrscheinlich ist man unter Geschwistern auch schlagfertiger als unter Bekannten. Die Beißhemmung steigt, der innere Antreiber „Sei freundlich" ist vor allem auf Außenstehende gerichtet. Während einer Management-Konferenz war Stringers Parole dann *„Seid wütend, seid wütend, wenn Euch jemand schlägt!"* (*Die Welt*, 28. August 2008). Wenn das Selbstvertrauen einmal angeknackst ist, sollten sich die Mitarbeiter über Emotionen die Kraft zurückzuholen, um wieder anzugreifen. Ein seltener und wahrhaft interessanter Management-Ansatz!

7.4 Selbstsicherheit – Jüngere Geschichte

„… Sie gehen am Kern der Sache vorbei!"

Der CDU-Abgeordnete Dr. Dresbach wurde während seiner Rede mehrfach von sozialdemokratischen hinterbänklerischen Zwischenrufen unterbrochen. Schließlich sagte er: *„Herr Kollege, ich verstehe Ihre Zwischenrufe nicht – aber Sie gehen am Kern der Sache vorbei!"* (Weller, 1973, S. 68)

In einem HO-Laden in Leipzig hängt ein großes Bild des *„Staatspräsidenten"*. *„Nanu, wer ist denn das?"*, fragt ein Käufer und zeigt auf das Bild. *„Ist das der Besitzer Ihres Ladens?"* – *„Nein, nur der Kassierer"*, antwortet die schlagfertige Verkäuferin (*Die Zeit*, 22. Juni 1950).

7.5 Selbstsicherheit – Sport

„… nichts ist so hart wie meine Selbstkritik.“

Auf die Frage, ob er keine Angst habe, dass seine Persönlichkeit unter dem höheren Druck aus dem Dortmunder Umfeld leiden könne, reagierte der Fußball-Trainer Jürgen Klopp gekonnt mit: *„Alles, was aus dem Umfeld kommen könnte, kann nicht so hart sein wie meine Selbstkritik"* (24. Mai 2008). Auch das könnte natürlich Stress erzeugen, würde Klopp es hier nicht so locker und unbeschwert vorbringen. In dem Moment, wo Klopp seinen mutmaßlichen Hang zur Selbstkritik öffentlich macht, gibt es nichts mehr, was er verbergen müsste. Beste Voraussetzungen, um ein Interview im Sinne der neuen Schlagfertigkeit selbstsicher und mit der notwendigen Leichtigkeit weiterzuführen. Den letzten Punkt werde ich in Kapitel 9 noch eingehender beleuchten.

Bernie Ecclestone über Michael Schumacher nach seinem letzten Formel-1-Rennen in Brasilien: *„Er war zum Beispiel für die Medien nicht immer so zugänglich, wie ich mir das vorgestellt habe. Er hat sich ziemlich abgeschottet. Ich habe mal gesagt, dass ich manchmal das Gefühl habe, er macht ein Interview mit sich selbst, nimmt es auf — und wenn dann jemand kommt, der ein Interview von ihm will, spielt er die Kassette vor. Er hat sich immer sehr genau überlegt, was er sagen will. Wenig spontan. Er kam sehr gekünstelt herüber. Aber so habe ich ihn gar nicht kennengelernt. Er ist ein sehr schlagfertiger Bursche und hat Humor"* (*Die Welt*, 21. Oktober 2006). Bemerkenswert ist der Unterschied zwischen der Kommunikation nach außen, wo ein Michael Schumacher sich stets um Korrektheit und Perfektion bemüht hat, zu einem Michael Schumacher, der sich privat offenbar humoristisch durchaus ausleben kann, vermutlich weil das dann auch ein Umfeld ist, in dem es keinen Anlass zu Verunsicherungen gibt.

7.6 Selbstsicherheit – Ältere Geschichte

„... keine Unterröcke, sondern Combinations"

Katharina „Kathinka" von Oheimb war eine der ersten weiblichen Abgeordneten im 1. Reichstag der Weimarer Republik. Kurt Tucholsky hat ihr ein eigenes Gedicht gewidmet (*„An Frau von Oheim"*). Bekannt wurde sie jedoch durch ein Dementi. Eine Frau kritisierte ihre *„Unterrock-Politik"*. Sie erwiderte schlagfertig: *„Ich trage keine Unterröcke, ich trage Combinations"* (*Die Zeit*, 1. Mai 1952). Hier wird deutlich, dass die Möglichkeit, Dinge sicher umzuformulieren, nicht neu ist. Es zeigt aber auch, dass es ein hervorragender Weg ist, selbstsicher mit einem Hieb unter die Gürtellinie umzugehen.

Und nicht umsonst ist dieses Prinzip immer wieder in den schlagfertigen Formulierungen bekannter Zeitgenossen anzutreffen. Elf Jahre lang arbeitete der amerikanische Physiker Leon Lederman, der 1988 den Nobelpreis für Physik erhielt, zum Beispiel mit beispielhafter Geduld an einem Experiment, bis er im Frühjahr 1977 die Entdeckung eines neuen Teilchens verkünden konnte. Er nannte es *„Ypsilon"*. Als er es beim Kongress der Europäischen Physikalischen Gesellschaft Juni 1978 in Budapest vorstellte, brach mitten in seinem Vortrag die Elektrizitätsversorgung der Stadt zusammen, worauf Lederman schlagfertig kommentierte: *„Das könnte ein Zeichen Gottes sein, der denkt, wir rücken seinen Geheimnissen zu nahe"* (*Die Zeit*, 19. Mai 1978). Hier sieht man, dass sich kleine Missgeschicke oder Schicksalsschläge mit der nötigen Portion Selbstbewusstsein in etwas Positives umdeuten lassen. Gewürzt mit einer Prise feiner Selbstironie ist das Ganze dann eine sehr angenehme und unterhaltsame Form der Kommunikation.

Offensiv zu sein hieße, sich auf das Beispiel der berühmten Hetäre Phryne zu besinnen, welche im vierten Jahrhundert vor Christus in Griechenland gelebt haben soll. Phryne spielte virtuos mit der Macht ihrer Schönheit und war dabei zugleich witzig, schlagfertig und auf eine herausfordernd-riskante Weise selbstsicher. Deswegen galt sie in ihrer Blütezeit als die Repräsentantin der Liebesgöttin Aphrodite und angeblich soll niemand in der Lage gewesen sein, ihren Reizen zu widerstehen. Vielleicht ja auch ihrer Schlagfertigkeit, denn diese hat eben auch so ihre Reize. Aber nein, die Geschichte ist dann doch etwas anders überliefert. Als Phryne, wegen Gottlosigkeit angeklagt, vor Gericht stand und die Waage sich schon zu ihren Ungunsten zu neigen begann, entschied ihr Verteidiger den Urteilsspruch der Richter sofort und in einer einzigen Sekunde, indem er auf Phryne zuging, die Schulterspangen ihres Kleides löste, sodass sie mit nacktem Oberkörper dastand, und fragte, ob ein solches Geschöpf der Götter gottlos sein könne. *„Und die Richter ergriff heilige Scheu, sodass sie nicht wagten, die Verkünderin der Aphrodite zu verurteilen"* (Die Zeit, 5. Februar, 1982).

7.7 Selbstsicherheit – Gesellschaft

„... das wäre mir in meiner Galerie nicht passiert."

Besondere Situationen erfordern eine besondere Kommunikation. Kaum hatte sich die Maschine auf 8.000 Meter hochgeschwungen, da meldete sich Roberto Grecchi zu Wort und kündigte eine „besondere Überraschung" an, die zweifellos in die Annalen sowohl der Luftfahrtgeschichte wie auch des Kunsthandels eingehen dürfte. Die Weltpremiere des ersten „Air-Art-Salons", einer fliegenden Ausstellung zeitgenössischer Kunst. Dann bereitete Ursula Lichter, Inhaberin einer bekannten Frankfurter Galerie, die staunenden Fluggäste schonend auf die unerwartete, geradezu überfallartige Begegnung mit Pop-Art und sonstigen Kostproben avantgardistischer Kunst vor: *„Wir zeigen Ihnen Bilder von Malern, die mit dem Flugzeug aufgewachsen sind. Sehen Sie einfach hin, und finden Sie es schön oder scheußlich."* Als der Caravelle-Düsenjet die Alpen überflog und die Maschine zu schaukeln anfing, sprach der Kapitän ein Machtwort und stoppte die Vernissage für eine halbe Stunde. *„Das wäre mir in meiner Galerie nicht passiert"*, kommentierte Ursula Lichter schlagfertig (*Die Zeit*, 16. August 1968).

7.8 Selbstsicherheit – Regionales

„Ich helfe meinem Kollegen!"

Auf dumme Fragen reagiert der Kölner nicht schroff und abweisend, sondern schlagfertig und oft so, dass der Frager selbst dumm dasteht.

Beispiel:
Drei Arbeitslose stehen tatenlos auf der Straße herum. Ein Passant kommt vorbei und fragt den ersten: „Was tun Sie hier?" – „Ich dünn nix." – „Und Sie?", fragt er den zweiten. – „Ich guck zu." – „Und Sie?", fragt er den dritten. – „Ich helf meinem Kollegen" (Die Zeit, 30. Januar 1976).

Vielleicht sollten wir dieses Prinzip *„im Windschatten dahingleiten"* nennen, jedenfalls ist es, um hier mit gängigen Vorurteilen aufzuräumen, nichts, das nur auf Männer beschränkt wäre.

Überhaupt, die Frauen. Rheinländerinnen sind clever, sie sind unabhängig, und wer ihren Zorn wecken will, nennt sie *„herrschsüchtig"*. Spräche man sie darauf an, würden sie nur laut lachen. Aber genau das mache *„diese geheime Gesellschaft von Flussnymphen so gefährlich"*. Das jedenfalls hat der New Yorker Schriftsteller Dirk Wittenborn festgestellt. Lange Zeit glaubte er, dieser Frauenschlag sei nur im Rheinland anzutreffen. Ein Zwischenstopp in Bochum belehrte ihn jüngst eines Besseren. Dort beeindruckte ihn die schlagfertige Verkäuferin einer Frittenbude so stark, dass er seitdem nur noch von den Frauen an Rhein und Ruhr spricht (*Die Welt*, 20. August 2006).

7.9 Selbstsicherheit – Medien

„... mein größter Wunsch, im Bikini zu moderieren!"

Die Tagesthemen-Moderatorin Caren Miosga bewies ihre Fähigkeit, schlagfertig Interviews zu führen, zunächst bei der kritischen Mediensendung *„Zapp"*. Ein Ausschnitt von *„Zapp"* mit Caren Miosga und Studiogast Olaf Scholz: *„Ist das Beschönigen von Wahlverlusten ein Einstellungskriterium für Generalsekretäre?"* Olaf Scholz: *„Ja."* Als Caren Miosga sich mit dem Schauspieler Rolf Zacher traf, wollte der gleich ein bisschen mehr: *„Kannste mir nicht ein Bild von dir mal schicken? Eins aus dem Urlaub, im Bikini. Jetzt sei nicht so prüde"*. Caren Miosga: *„Ich bin doch nicht prüde!"* Rolf Zacher: *„Was denn?"* Caren Miosga: *„Ich hab nur keinen Bikini."* Miosga später: *„Es war schon immer mein größter Wunsch, mal im Bikini zu moderieren"* (*Die Welt*, 15. Juli 2007).

Wie angstfrei sie Monologe zu unterbinden weiß, demonstrierte sie indes im vergangenen Herbst bei der Moderation einer festlichen Abendveranstaltung des Verbands der Zeitschriftenverleger. Getreu dem Motto *„When too perfect, lieber Gott böse"* hatte Sie es gewagt, den Verbandspräsidenten Hubert Burda zu vergrätzen. Caren Miosga hatte gewagt, ihn kurzerhand zu unterbrechen, als er beim Begrüßungsgespräch zu einem ausschweifenden Monolog ansetzen wollte (*Die Welt*, 15. Juli 2007). Eine Eigenschaft hat Caren Miosga mit Anne Will gemein, es ist ihr Hang zur Süffisanz. Ironie ist nach Miosgas Ansicht *„das beste Mittel, um etwas zu kommentieren"* (*Die*

Welt, 4. April 2007). Dominanz und Selbstsicherheit gehen häufig miteinander einher und deswegen ist eine gewisse Dominanz durchaus vorteilhaft, wenn Sie sich nicht von der Gegenseite vereinnahmen lassen möchten.

Ganz anders ist hingegen die folgende Episode. Ein Berater der erfolgreichsten TV-Serie der Science Fiction soll einmal auf die Frage geantwortet haben, wie denn der Antrieb des „Raumschiffs Enterprise" funktioniere: *„Danke, ganz ausgezeichnet"* (*Die Welt*, 16. April 2007). Das ist aus energiepolitischer Sicht sicherlich unbefriedigend, aber ohne Zweifel eine durchaus schlagfertige Antwort! Das Prinzip dahinter: Immer den Teil der Aussage unterstützen, der für Sie in diesem Moment gerade einleuchtend ist.

Es gibt Hinweise darauf, dass Schlagfertigkeit auch so etwas ist wie eine Pose oder eine Rolle. So sagt die Schauspielerin Sally Hawkins über ihre Rolle als bezaubernde Hauptdarstellerin aus Mike Leighs irritierend optimistischer Komödie Happy-Go-Lucky: *„Es hört sich wahrscheinlich furchtbar kitschig an, aber es war herrlich, Poppy zu sein. Selbst wenn ich mich mal müde oder schlapp gefühlt habe, hat sie mich da sofort wieder rausgezogen. Ich konnte mich gar nicht dagegen wehren"* (*Die Welt*, 14. Februar 2008). Es fällt uns also möglicherweise leichter schlagfertig zu sein, wenn wir eine Rolle spielen. Rollen entschuldigen das eigene Verhalten, geben eine Begründung für ungewöhnliche Verhaltensweisen.

Und es gibt immer wieder Fälle, wo im Grunde schlagfertige Menschen in dieser Hinsicht völlig versagen, wenn sie überfordert sind und in Stressmuster zurückfallen. Beispiel Stefan Effenberg: *„Während er bei ‚Schlag den Raab' jede Sekunde präsent und schlagfertig ist, blieb er im Re-Import seiner eigenen Sendung seltsam blass"* (*Die Welt*, 14. März 2009).

Alle, die regelmäßig auf der Bühne stehen, müssen schnell reagieren. *„Warum haben Sie Ihren Hund nicht mitgenommen?"*, wurde der als *„springlebendiges Urgestein"* bekannte Kabarettist und Liedermacher Hans Scheibner noch im Zuschauerraum von Kundigen gefragt, bevor er auf die Bühne kam. *„Der konnte seinen Text nicht"*, antwortete dieser prompt (*Die Welt*, 23. Juni 2003). Der Mensch unterscheidet sich von den Tieren dadurch, dass er sich seiner selbst bewusst ist. Denken Sie und hätten sich damit diese raffinierte Möglichkeit einer selbstbewussten Replik genommen.

7.10 Wirkung: Wie funktioniert das Prinzip Selbstsicherheit?

Die Bedeutung von Glaubenssätzen

Menschen, deren Integrität in der Kindheit nicht verletzt wurde, die bei ihren Eltern Schutz, Respekt und Ehrlichkeit erfahren duften, sind später in der Regel intelligent, sensibel, einfühlsam und empfindungsfähig (Feichtinger, 2003, S. 172). Sie haben damit beste Voraussetzungen, um instinktiv Angriffe, Übergriffe und sonstige Fairnessverletzungen sehr klar als solche zu erkennen und offensiv damit in der Kommunikation zu arbeiten.

Häufig sind es sogenannte Glaubenssätze, die uns davon abhalten, eine machtvolle Haltung einzunehmen, zum Beispiel *„dagegen kann ich nichts machen"*, *„in der Öffentlichkeit kann ich mich nur blamieren"* oder *„die sind mir überlegen"*. Hier ist der erste Schritt zur Besserung die Einsicht, dass Sie den einen oder anderen Glaubenssatz hinterfragen. Häufig ist dies auch stark mit Ihrer Selbstwirksamkeitsüberzeugung verbunden. Die Psychologen sprechen von Kontrollüberzeugung oder „Locus of Control". Bei diesen Konzepten geht es um die Attribution der Kausalität, also die Frage, welchen Umständen sie Erfolge und Misserfolge zuschreiben.

Hierzu ein Beispiel: *Ein Anlageberater auf die Frage: „Haben Sie eigentlich einen dankbaren Beruf?" – „Nur mit Maßen. In einem von 15 Fällen verlieren die Klienten durch meinen Rat und tragen mir das lebenslang nach. In 14 Fällen, in denen sie gewinnen, schreiben sie sich das selbst zu"* (Weller, 1973, S. 240).

Locos of Control – Ihre Selbstwirksamkeitsüberzeugung

Lassen Sie uns dies ein wenig weiterdenken. Der sogenannte „Locus of Control" ist ein psychologischer Begriff, der sich auf die Annahmen oder Glaubenssätze bezieht, wo die Ursachen für positive oder negative Ergebnisse liegen. Personen mit einem starken internen „Locos of Control" gehen generell davon aus, dass bestimmte Ereignisse oder Entwicklungen vorwiegend auf das eigene Verhalten und die eigenen Handlungen zurückzuführen sind. Menschen mit einem starken inneren „Locos of Control" suchen aktiver als andere nach Informationen und Wissen, das hilfreich ist, die eigene Situation zu optimal meistern. Wir gehen davon aus, dass Menschen mit einer solchen positiven Kontrollüberzeugung hinsichtlich der eigenen Wirksamkeit sich auch eher eine schlagfertige Antwort zutrauen, weil sie davon überzeugt sind, dass sie die Folgereaktionen auch besser in ihrem Sinne beeinflussen können. Überprüfen Sie also Ihre Kontrollüberzeugungen, es lohnt sich!

Ein starker innerer „Locos of Control" wird übrigens von Angreifern auch gerne als Schwäche genutzt. Wenn Sie einen starken inneren „Locos of Control" haben, dann kann das dazu führen, dass Sie eine Kritik an Ihrer Person ernst nehmen und übersehen, dass damit Ihr Gesprächspartner nur von eigenen Schwächen ablenken möchte oder eine Niederlage in der Sachebene vermeiden will. Dieses kann ihm leicht gelingen, denn aufgrund Ihrer Kontrollüberzeugung sind Sie ja davon überzeugt, dass vieles von Ihrem eigenen Verhalten abhängt, und Sie sind daher auch offener für derartige Kritik, besonders wenn Sie das Ziel haben, an Ihrem Verhalten zu arbeiten.

Eine realistische Selbsteinschätzung ist somit die beste Voraussetzung für eine selbstsichere und ausgeglichene Persönlichkeit.

Verteidigungshaltung bei schwankender Selbstsicherheit

Studien haben gezeigt, dass Menschen mit schwankender Selbstsicherheit eher dazu neigen, sich bei kritischen Fragen lebhaft verbal zu verteidigen, als solche, die ein beständig gutes Selbstwertgefühl haben. Forscher sehen darin den Versuch, die eigenen Selbstzweifel zu beruhigen. Das bekommt natürlich das Gegenüber mit, sie bieten mit solchen Verteidigungsmustern also eine richtig schöne Breitseite. Das ist wie Blut im Wasser, das lockt garantiert Haie an.

Aber nicht nur der Blick nach innen ist hier entscheidend. Richtig schlagfertig wirken Ihre Worte nur dann, *„wenn Sie auch in Ihrer Körpersprache Festigkeit demonstrieren, ... denn wenn Sie Selbstsicherheit ausstrahlen, dann wirken Sie auch weniger beeinflussbar"* (Rybortz, 2008, S. 21).

Auch scheint Schlagfertigkeit in einem positiven Zusammenhang mit dem Ergebnis von mündlichen Auswahlgesprächen von Stipendiaten zu stehen: *„Schlagfertig, natürlich und zielstrebig"*, das sind Eigenschaften, die bei den Prüfern gut ankommen (*Die Welt*, 16. Februar 2008).

In einem Artikel mit der Überschrift *„Was tun, wenn die Frau plötzlich mehr verdient?"* wird Paaren empfohlen, über ihre neue finanzielle Situation gegenüber anderen nicht zu lügen, aber dennoch Diskretion zu bewahren. Für den Fall, dass sich Außenstehende über den schlechter verdienenden Ehemann lustig machen, sollten beide Partner dann ein paar schlagfertige Bemerkungen auf der Lippe haben, die die *„Situation retten und die Diskussion am Partyabend im Keim ersticken"* soll (*Welt am Sonntag*, 27. Mai 2007). Zum Beispiel: *„Wir sind jetzt beruflich in einer ähnlichen Situation, daran sieht man, dass die Emanzipation auch bei uns angekommen ist!"*

Hier zeigt sich, dass eine innere Haltung nach dem Motto *„Wir haben etwas zu verbergen, hoffentlich merkt es keiner"* natürlich auch einen Anlass bereithält, sich schlagfertige Formulierungen zurechtzulegen. Mit einem anderen Wertesystem ausgestattet, kommt man auch zu anderen Schlüssen: *„Wir haben uns wirklich köstlich amüsiert über den Tipp, man sollte sich ein paar schlagfertige Bemerkungen für den Partyabend ausdenken. Uns sind keine eingefallen. Wofür oder wogegen denn auch?"* (*Welt am Sonntag*, 3. Juni 2007).

Je mehr Dinge Sie in Ihrem Leben, Ihrem Verhalten, in der Art und Weise Ihrer Arbeit, an sich selbst auszusetzen haben, desto anfälliger werden Sie natürlich für die Idee, man müsse sich für irgendwelche Situationen das eine oder andere zurechtlegen.

Und vielleicht empfinden manche Menschen bestimmte Äußerungen dann auch eher als Angriff und fühlen sich entsprechend gestresst. Generell stellt sich die Frage, was einen eigentlich hier in einen Stresszustand versetzt. Zum einen muss die aktuelle Situation bewertet werden. Zum anderen geraten Sie unter Zeitdruck, weil Sie natürlich möglichst schnell etwas Passendes antworten möchten. Das hemmt die eigene Kreativität. Denn bei Stress ist alles auf Kampf oder Flucht ausgerichtet, im ursprünglichen körperlichen Sinne. Pfiffige Bemerkungen sind im physiologischen Stress-Repertoire als Mittel der Wahl leider einfach nicht vorgesehen!

Was sind darüber hinaus Gründe für mangelnde Selbstsicherheit? Vor allem negative Glaubenssätze. Solche Glaubenssätze sind verinnerlichte Überzeugungen wie:

- Die anderen sind besser als du.
- Tu genau das, was dir gesagt wird.
- Sei brav und artig, nur dann wirst du belohnt.

- Das kriegst du nicht hin.
- Davon hast du keine Ahnung.

Diese Überzeugungen steuern dann über verschiedene innere Mechanismen unser Handeln. Die Alternative hierzu sind positive, bejahende Glaubenssätze wie

- Ich bin in der Lage, mir Respekt zu verschaffen.
- Die Lacher kommen immer öfter auf meine Seite.
- Wer sich nicht wehrt, lebt verkehrt.
- Ich bin ok!
- Was ich will, das gelingt mir auch.

Trotz frühkindlicher Prägung ist mangelndes Selbstwertgefühl kein unkorrigierbares Schicksal. Generell gilt: alles, was erlernt wurde, kann auch wieder verlernt werden! Und all das, was noch nicht erlernt wurde, kann erlernt werden! Manche Menschen ziehen Angriffe nur so an. Sie wirken eher zurückgenommen, schauen verunsichert und nehmen für sich selbst wenig Raum ein. Diese Personen zeichnen sich dadurch aus, dass sie sich oft und zudem auch noch grundlos entschuldigen *„Tut mir Leid, entschuldigen Sie bitte, aber ich ersticke selbst in Arbeit, ich kann den Bericht nicht sofort für Sie schreiben."* Darüber hinaus neigen diese dazu, im Konjunktiv zu sprechen: *„Ich würde gerne", „hätten Sie bei Gelegenheit eventuell mal Zeit für mich".* Weiterhin sind oft auch grundlose Selbstherabsetzungen zu beobachten: *„Ich bin kein Experte auf dem Gebiet ...", „ich meine bloß ..."* etc.

Sie wollen es sich natürlich mit niemandem ernsthaft „verscherzen", schon gar nicht mit Ihrem Vorgesetzten. Also sind Sie lieber still und vermeiden einen möglichen Konflikt. Der Ärger bleibt jedoch bei Ihnen. Sich selbst mal einen Ruck geben und Mut zur Frechheit entwickeln, darauf kommt es an. Wenn wir nicht deutlich machen, wann ein Gegenüber zu weit gegangen ist, können wir in Zukunft auch nicht erwarten, dass sie in Zukunft Rücksicht auf uns nehmen und uns Respekt entgegenbringen – das Gegenüber verliert den Respekt vor uns.

7.11 Übungsteil: Selbstsicherheit mobilisieren und Attacken meistern

Wie können Sie über mehr Selbstsicherheit verfügen und was können Sie tun, wenn andere Ihnen Ihr Selbstvertrauen nehmen wollen? In diesem Übungsteil erlernen Sie Techniken, die es Ihnen erlauben, Ihr Selbstvertrauen zu mobilisieren und Attacken, welche sich gegen Ihre Person richten, effektiv zu meistern. Im Einzelnen lernen Sie hier die folgenden Techniken kennen: 1. Ich-könnte-wenn-ich-wollte-Technik, 2. Glaubenssätze formulieren, 3. Fokus auf den anderen, 4. Gefühle unterstellen sowie 5. Sigmund Freud sein. In der weitergehenden Übung können Sie ein positives Selbstkonzept verankern.

1. Ich-könnte-wenn-ich-wollte-Technik
Diese Technik macht sich das geflügelte Wort von Gerhard Schröder zunutze, welches er immer wieder, auch gern im Beisein von Journalisten formulierte: *„Wenn ich jetzt sage würde, was ich denke, dann hätten wir alle etwas zu lachen."* Selbstbewusst, nicht unsympathisch und als effektive Waffe insbesondere gegen indiskrete Journalisten-Fragen hat sich diese Formel auch in der Schröder'schen Kanzlerschaft bewährt. Diese Haltung wurde hier etwas verallgemeinert: Ich könnte, wenn ich wollte. Natürlich wollen Sie nicht, aber Sie könnten eben. Und da Sie es ja nicht tun würden, ist es auch nicht überprüfbar. Bleibt es das, was es ist: ein selbstsicherer Umgang mit Unterstellungen oder Angriffen, über deren Ernsthaftigkeit Sie nicht diskutieren möchten.

Beispiele:

- *Abends im Fitnessstudio: „Oh, dicke Aktentasche dabei, nehmen Sie sich noch was zu Lesen mit nach Hause?" – „Ich könnte die ganze Nacht lang Akten studieren, aber ich habe was Besseres vor, ganz tief zu schlafen nämlich!"*
- *„Sie erinnern mich irgendwie an Otto Waalkes" –„Ich könnte jetzt seinen Gang imitieren, aber ich muss Sie enttäuschen, heute bin ich nicht in der Stimmung dafür."*
- *„Sie Verschwender!" – „Vielleicht könnte ich tatsächlich etwas sparsamer sein, aber um ehrlich zu sein, so macht es einfach mehr Spaß."*

Übungssätze:

1. Wollen Sie nicht auch mal ein Oberklasseauto fahren oder können Sie sich das gar nicht leisten, Herr Wühler?

Ihre schlagfertige Antwort:

_____

_____

2. Hier müssten noch 500 Blatt kopiert werden, Frau Pistolenkrebs, Sie sehen doch so aus, als ob Sie das locker schaffen könnten?

Ihre schlagfertige Antwort:

_____

_____

3. Abends sind Sie doch sicherlich noch im Dienst, wer wird denn da ein nettes Gläschen Wein ausschlagen wollen, Herr Gabelbock?

Ihre schlagfertige Antwort:

_____

_____

_____

4. Das ist doch eine honorige Sache, unsere Weihnachtsfeier in die Hand zu nehmen, machen Sie das wieder, Frau Meise? Das letzte Mal hat das doch auch so im Großen und Ganzen hingehauen ...

Ihre schlagfertige Antwort:

_____

_____

_____

5. Jetzt schlagen Sie doch zu, unser Schwarzwälder Kirschkuchen hat noch niemandem geschadet, Herr Knochenfisch!

Ihre schlagfertige Antwort:

_____

_____

_____

2. Glaubenssätze formulieren

Glaubenssätze sind in einem Wort zusammengefasste Überzeugungen oder Grundannahmen wie: *„Geld verdirbt den Charakter."* Auch Redensarten oder Sprichwörter können zu Glaubenssätzen werden, zum Beispiel: *„Lieber den Spatzen in der Hand als die Taube auf dem Dach"* oder *„Der Glaube versetzt Berge"*. Bei dieser Technik formulieren Sie die Äußerungen Ihres Gegenübers oder die Merkmale einer Situation in Form eines solchen Glaubenssatzes. Damit lenken Sie die Aufprallenergie eines Angriffs raffiniert in eine andere Richtung und bringen den weiteren Verlauf der Konversation auf allgemeinere Themenfelder. Diese Technik eignet sich insbesondere für undifferenzierte Äußerungen oder pauschale Vorwürfe. Wenn Sie diese Technik geschickt einsetzen, können Sie auch ungewöhnliche Situationen zur Sprache bringen.

Im Sinne der neuen Schlagfertigkeit gehen Sie damit in die Offensive und bauen eine hoffentlich humorvolle Brücke zu Ihrem Gegenüber. Denken Sie zum Beispiel an eine Konditorei, in der sich seit 30 Jahre nichts an der Einrichtung geändert hat. Sie könnten hier zum Beispiel bemerken: „Sie arbeiten hier ja ganz erfolgreich nach dem Motto: das 20. Jahrhundert ist noch nicht vorbei!" Allerdings: Der Ton macht die Musik. Nur dann, wenn der andere wirklich gerne und am besten herzlich mitlacht, haben Sie gewonnen.

Beispiele:
- *„Hier sieht es extrem unordentlich aus! Wie können Sie so arbeiten?"* – *„Sie haben die Auffassung, Ordnung ist das halbe Leben."*
- *„Diesen Strich auf dem Plakat musst du viel stärker machen!"* – *„Ich verstehe, Du glaubst, eine Aussage muss immer noch einmal deutlich hervorgehoben werden."*
- *„Sie sind schon wieder drei Minuten zu spät!"* – *„Aha, Sie meinen der Erfolg kommt mit der Pünktlichkeit."*

Übungssätze:

1. Sie sind ein richtiger Pfennigfuchser, Herr Zwergwal!

Ihre schlagfertige Antwort:

2. Schnelligkeit ist Ihre Stärke nicht, Frau Seeotter.

Ihre schlagfertige Antwort:

---

3. Sie halten sich wohl für den absoluten Überflieger, Herr Rüsselspringer.

Ihre schlagfertige Antwort:

---

4. Es geht Ihnen wieder einmal nicht um die Sache, Frau Wasserschwein.

Ihre schlagfertige Antwort:

---

5. Sie sind ein Halunke!

Ihre schlagfertige Antwort:

---

3. Fokus auf den anderen:

Die Technik *Fokus auf den anderen* ist ein Umkehrung der Perspektive. Nicht Sie, sondern der andere steht nach Ihrer Äußerung im Mittelpunkt. Beliebte Formulierungen, um dies zu erreichen, sind:

- Wenn Sie das so sagen, frage ich mich, wie das so bei Ihnen ist mit ...
- Ja, interessant, bei Ihnen zum Beispiel ist mir aufgefallen ...
- Betrachten wir doch einmal Ihre Person ...

Wichtig hierfür ist, dass Sie angesichts einer vorhergegangenen Unterstellung kein schlechtes Gewissen empfinden. Mit anderen Worten, Sie tun im Sinne des „Locus of Control" gut daran, für eine Misere oder einen Misserfolg nicht selbst Verantwortung zu übernehmen. Und oft haben die Vorwürfe, die Sie zu hören bekommen, sehr viel mehr mit jener Person zu tun als mit Ihnen. Führungstrainer sagen gerne: „Was Paul über Paula sagt, sagt mehr über Paul als über Paula."

Beispiele:

- *In Anlehnung an die Episoden zwischen Schmidt und Feuerstein: „So wie Sie den Wein ausschenken, betrachte ich ihn schon als getrunken!" – „Wenn Sie nicht so gierig gucken würden, wäre der Wein vielleicht genießbar."*
- *„Sie haben ja keine Ahnung, Herr Maulwurf!" – „Was sind denn so Ihre Interessensgebiete, Frau Pavian?"*
- *„Du siehst aber ganz schön müde aus!" – „Gut beobachtet, wann hast du denn das letzte Mal so richtig schön ausgeschlafen?"*

Übungssätze:

1. Sie sind immer so zurückhaltend!

Ihre schlagfertige Antwort:

_____

_____

_____

2. Sie sind immer so ungeduldig!

Ihre schlagfertige Antwort:

_____

_____

_____

3. Nun bleiben Sie doch mal locker!

Ihre schlagfertige Antwort:

_____

_____

_____

4. Also auf Ihr Niveau begebe ich mich nicht!

Ihre schlagfertige Antwort:

_____

_____

_____

5. Sie riechen irgendwie seltsam!

Ihre schlagfertige Antwort:

_____

_____

_____

4. Gefühle unterstellen:

Es gibt viele Definitionen von Gefühlen. Ich sage in Trainings gerne, dass in dem Moment, wo starke Gefühle da sind, etwas für jemanden so wichtig ist, dass es eine körperliche Entsprechung bekommen hat. In Mitarbeitergesprächen einen Gefühlszustand bei dem anderen anzusprechen, kann Sie schnell zu des Pudels Kern bringen: _„Herr Albatros, ich haben den Eindruck, Sie sind sehr verärgert."_ – _„Ja genau, im Kern geht es um ..."_ Das gleiche Prinzip lässt sich nun als Schlagfertigkeits-Technik anwenden. Üblicherweise sind Sie ja erst mal mit sich selbst beschäftigt und nicht mit den Emotionen des Gegenüber. Diese aber gezielt anzusprechen beziehungsweise zu unterstellen erlaubt Ihnen, sich aus einer Umklammerung zu befreien, und das zu adressieren, was für den anderen relevant ist.

Beispiele:

- *„Sie machen das ganz anders als im Handbuch beschrieben, Frau Kollegin Tapir!" – „Oh, Herr Dachs, ich verstehe den Neid, aber ich versichere Ihnen, Kreativität kommt mit der Zeit!"*
- *„Das sollten Sie jetzt aber mal ganz schnell berichtigen, Herr Schlankaffe." – „Frau Windhund, jetzt werden Sie mal nicht panisch. Morgen sieht die Welt schon wieder ganz anders aus …"*
- *„Jetzt stell dich nicht so an und frage die Dame nach dem Weg!" – „Ängstlich wie du zuweilen bist, wäre das ja eigentlich für dich eine sehr gute Übung."*

Übungssätze:

1. Überall sehen Sie Probleme!

Ihre schlagfertige Antwort:

_____

_____

_____

2. Was haben Sie sich dabei gedacht?

Ihre schlagfertige Antwort:

_____

_____

_____

3. Was wollen Sie überhaupt sagen, das kam gar nicht durch!

Ihre schlagfertige Antwort:

_____

_____

_____

4. Mann, Mann, Mann. Erst denken, dann handeln!

Ihre schlagfertige Antwort:

---

5. Herr Büffel, Sie sind überhaupt nicht detailfähig!

Ihre schlagfertige Antwort:

---

5. Siegmund Freud sein

Sigmund Freud und die insbesondere über ihn bekannt gewordene Methode der Psychoanalyse hat eine grundlegende Annahme über die Natur des Menschen gemacht. Alles, was wir tun, hat eine auslösende Motivation, welche im Unbewussten zu suchen ist. Unabhängig davon, ob Sie nun ein Anhänger Freuds sind oder nicht, diese spekulative Frage nach dem, was eigentlich jemanden antreibt, dem Motiv hinter einer genannten Begründung oder einer scheinbar zwingenden Logik bringt in der Regel jeden aus dem Konzept, weil diese Ebene ja nun so spekulativ angelegt ist, dass der andere ja auch wiederum nicht sicher negieren kann, dass sein Unbewusstes ihm oder ihr vielleicht doch ein Schnippchen geschlagen hat. Freud ist tot und die Spekulation über Motive des Unbewussten ist nicht verboten. Also, nehmen Sie sich die Freiheit, auch einmal Sigmund Freud zu sein. Das ist eine Technik, die jeden auch noch so penetranten Wadenbeißer brüskiert, aber denken Sie daran, fangen Sie nur dann an, wild über den anderen zu spekulieren, wenn dieser durch vorangegangene Fairnessverletzungen klar zu erkennen gegeben hat, das er sich dies auch verdient hat.

Welche verborgenen Motivstrukturen liegen vor? Analysieren Sie jedes Detail, welches Sie hören, und versuchen Sie eine These zu entwickeln, was die Person, ohne es zu wissen, über sich selbst mitteilt. Sie müssen kein Psychologe sein, um sich eine solche Spekulation zu erlauben, Sie müssen nur den Eindruck erwecken, diese Spekulation könnte wahr sein. Wie Sie richtig vermuten, geht es hier darum, einmal ganz explizit zwischen den Zeilen zu lesen. Wenn Sie eine Idee haben, was den anderen motiviert hat, seine Äußerung zu tun, können Sie dies gezielt adressieren, zum Beispiel mit folgenden Formulierungen:

- *„Ich habe da so eine Vermutung, könnte es sein, dass ... "*
- *„Interessant, was aus den Tiefen Ihres Unbewusstes immer wieder hochdringt, zum Beispiel ... "*
- *„Wahrscheinlich ist Ihnen noch gar nicht aufgefallen, dass Sie folgende Tendenz haben ...*

Dass die Äußerung des anderen etwas mit Ihnen zu tun hat, halten Sie in diesem Fall für abwegig. Sie lassen den Angriff oder die Unterstellung also zunächst einfach „durchrauschen" und beziehen sich ausschließlich auf das, was Ihr Gegenüber damit über sich mitteilt. Wenn wir uns noch einmal die vier Seiten einer Nachricht vergegenwärtigen, so bedeutet dies, dass Sie sich ausschließlich auf die sogenannte „Selbstoffenbarung", oder auch „Selbstkundgabe" beziehen. Alle anderen Ebenen, also den Sachinhalt einschließlich der Frage, ob die Aussage Ihres Gegenüber richtig oder falsch ist, einen möglicher Appell und natürlich insbesondere die Beziehungsebene blenden Sie hierbei einfach aus. Dies ist nicht immer ganz einfach und stellt insbesondere bei für Sie schwierigen oder gar belasteten Themen hohe Anforderungen an Ihr Emotionsmanagement! Stellen Sie sich in einem solchen Fall einfach vor, Sie seien Sigmund Freud, der genüsslich an seiner Pfeife zieht und sich in seinen großen Ohrensessel zurückfallen lässt und den einzig und allein die folgende Frage beschäftigt: *„Was nur hat meinen*

Patienten nun schon wieder zu dieser unglücklichen Äußerung veranlasst?
Welches Bedürfnis ist nicht befriedigt, sodass mein armer Patient gar nicht
anders kann, als eine solche Äußerung zu tun?"

Beispiele:

- *„Also Herr Puma, das ist doch Unsinn, dafür habe ich überhaupt keine*
  Zeit eingeplant ..." – *„Ich habe da so eine Vermutung, könnte es sein,*
  dass Sie permanent hetzen, weil Sie sehr strenge Eltern hatten?"
- *„Frau Salamander, machen Sie sich bitte nicht lächerlich, ich kann das*
  nicht ertragen!" – *„Interessant, was aus den Tiefen Ihres Unbewussten*
  immer wieder hochdringt, das Thema Ungeduld zieht sich offenbar durch
  Ihr Leben wie ein roter Faden ..."
- *„Hey, das ist doch viel zu teuer!"* – *„Oh, da ist Sie wieder, die unbe-*
  wusste Tendenz, alles zusammenhalten zu wollen. Wo das wohl her-
  kommt?"

Übungssätze:

1. Tja, ich sage nur „Auffallen um jeden Preis".

Ihre schlagfertige Antwort:

_____

_____

2. Wenn schon Urlaub, dann bitte auch in den Süden!

Ihre schlagfertige Antwort:

_____

_____

3. Ihre Frisur ist ja mal wieder sehr speziell heute, Frau Kranich!

Ihre schlagfertige Antwort:

---

4. Kompetenz sieht anders aus – Schauen Sie mich an!

Ihre schlagfertige Antwort:

---

5. Lächerlich, was Sie da von sich geben! Ich könnte das mit links ...

Ihre schlagfertige Antwort:

Tipp

Eine sehr schöne Form der Abgrenzung ist auch die Formulierung: *„Oh, ich sehe, Sie ärgern sich gerade ein wenig. Wollen Sie vielleicht ein paar Minuten unter sich bleiben?"* Gerade im beruflichen Umfeld hat eine solche Vorgehensweise viele Vorteile, denn häufig ärgern sich Chefs zuerst über irgendetwas und suchen dann irgendwen als Schuldigen. Mit einem solchen abgeklärten Verhalten kommen Sie als Sündenbock erst gar nicht infrage. Hier gilt wie in vielen anderen Situationen auch: Je authentischer Ihr Verhalten ist, desto überzeugender werden Sie sein!

Fälle, die das Leben schreibt: Fall 5

„Und wozu sind Sie dann da?"

Fälle, die das Leben schreibt – dieser Fall stammt von der Studentin Laura L., die als Verkäuferin in einem Klamottenladen arbeitet (*Studi VZ*, 7. November 2008):

Kommt so ne Olle vorbei, wirft mir ein T-Shirt vor die Nase und geht weiter. So nach dem Motto ‚räum das mal weg, dumme Verkäuferin‘. Ich sage höflich zu ihr, dass sie das ja auch selber wieder hätte wegräumen können anstatt mir das hier so vor die Füße zu werfen. Gut, war vielleicht ein bisschen vorlaut ... Die Kundin dreht sich um fragt arrogant „Und wozu sind Sie dann da?!"

Wie hätten Sie schlagfertig reagiert, wenn Sie Laura L. gewesen wären?

1. Ich-könnte-wenn-ich-wollte-Technik

2. Glaubenssätze formulieren

3. Fokus auf den anderen

4. Gefühle unterstellen

_____

_____

_____

5. Sigmund Freud sein

_____

_____

_____

Weitergehende Übung: Positives Selbstkonzept verankern

Diese Übung ist eine kleine Fantasiereise. Jetzt geht es darum, ein positives Selbstbild auch fest in Ihrem Inneren zu verankern. Lesen Sie den folgenden Absatz kurz durch, und dann versuchen Sie einfach mal, sich auf die Übung einzulassen. Die Übung funktioniert dann tatsächlich am besten ...

Übung: Positives Selbstkonzept verankern

Sie schließen jetzt – wenn Sie möchten – Ihre Augen und beschreiben, wie Sie selbst aussehen: Ihre Augen, Ihr Gesicht, Ihre Haut, Ihr Körper.

Eine positive Einstellung braucht ein klares inneres Bild: Was ist attraktiv an Ihnen? Was können Sie besonders gut? Wo vertrauen Sie Ihren Fähigkeiten?

Stellen Sie sich jetzt insbesondere Situationen vor, in denen Sie stark waren, wo Dinge leicht waren, wo Sie Spaß hatten, wo Sie schlagfertig waren.

Lassen Sie diese Bilder 10 bis 15 Minuten auf sich wirken und verbinden Sie diese mit unterschiedlichen Punkten in Ihrem Körper. Für was stehen Ihr Bauch, Ihre Rücken, Ihre Beine, Ihre Hände?

Übung: Positives Selbstkonzept verankern (Fortsetzung)

Versuchen Sie nun die verschiedenen Elemente Ihres positiven Selbstbildes in den unterschiedlichen Körperregionen zu spüren. Genießen Sie diesen Zustand eine Weile und entspannen Sie sich dabei.

Wenn Sie Ihre Augen geschossen hatten, dann öffnen Sie diese jetzt wieder. Und wenn das Selbstvertrauen mit dieser Übung für Sie greifbar war, dann nehmen Sie dieses jetzt mit in Ihr weiteres Leben.

Mithilfe dieser Übung, welche Sie auch gerne jederzeit wiederholen können, können Sie Ihr positives Selbstbild auch in stressigen Situationen immer wieder abrufen und so als Ressource für Ihre Schlagfertigkeit aktivieren. Ein positives Selbstbild bedeutet insgesamt, dass Sie eine viel angenehmere Ausstrahlung haben. Es ist ein bisschen so, als ob Sie einen siebten Sinn für die eigene Genialität entwickelt hätten. Und das gibt Ihnen die innere Sicherheit, für Ihre Auffassungen auch erhobenen Hauptes einzustehen. Geben Sie sich und anderen die Möglichkeit, den Facettenreichtum Ihrer Persönlichkeit zu genießen, und gleichzeitig die Offenheit für die Facetten des anderen zu bewahren.

Diese Haltung vermittelt sich Ihrem Gegenüber, genausowie ein Boxer auf dem Weg in den Ring auch einen Eindruck vermittelt, ob er selbstbewusst ist und den Kampf sucht oder ob er eigentlich lieber weglaufen würde. Mit der zweiten Haltung können Sie keinen Kampf gewinnen, auch wenn Sie körperlich überlegen sein sollten!

Kapitel 8:
Sechstes Prinzip – Übertreibung

„Phantasie ist wichtiger als Wissen,
denn Wissen ist begrenzt."
Albert Einstein

8.1 Einleitung: Auch Slapstick-Komik lebt von der Übertreibung

Inzwischen ist es allgemein bekannt, dass Lachen in der Lage ist, Stress-hormone zu reduzierten. Das Psychologen-Team um Lee Berk von der kalifornischen Loma Linda University legte jetzt auf dem Jahrestreffen 2008 der American Physiological Society in San Diego, Kalifornien, ent-sprechende Studienergebnisse vor. Diese zeigen, dass herzhaftes Geläch-ter Stresshormone erheblich abbaut. Lachen kurbelt die Ausschüttung von gesundheitsförderlichen Hormonen an. Dazu gehören Beta-Endorphine, die Depressionen entgegenwirken, und das Wachstumshormon (HGH), das das Immunsystem stärkt. Im Blut von Freiwilligen, die ein lustiges Video schauten, stiegen Werte dieser Hormone um bis zu 87 Prozent. Insgesamt maßen die Wissenschaftler die Stresshormonspiegel von 16 gesunden jun-gen Männern, die zuvor gefastet hatten. Der Hälfte von ihnen servierten die Forscher zur Stimulation der Lachmuskeln ein witziges Video. Dabei zapften sie ihnen während und zwei Mal nach der Vorführung Blut ab. Die übrigen Probanden dienten als Kontrollgruppe und hatten nichts zu lachen. Das Ergebnis: Aufgrund der Heiterkeit sanken die Werte der Stresshormone Cortisol um 38 Prozent, die von Adrenalin sogar um 70 Prozent. Die Wer-te der Kontrollgruppe veränderten sich nicht. Neben der Reduzierung von Stress senkt Lachen den Blutdruck und stärkt das Immunsystem durch die erhöhte Aktivität von T-Zellen und krankheitsbekämpfender Proteine, die Antikörper bilden. Darüber hinaus kann Lachen Schmerzen mehrere Stun-den lang reduzieren (*Stern*, 9. April 2008).

Zudem ist Humor auch der beste Kitt für soziale Bindungen. Augenzwinkernd kann man so fast alles sagen und das Gegenüber freut sich oder verzeiht es zumindest. Und das wertvollste am Humor ist, dass Sie den anderen aus seiner Denkrinne rausholen, und zwar schnell und effektiv!

Die klarste und im Grunde auch am einfachsten anzuwendende Humor-Technik ist die Überhöhung. Wir können auch von einer absurden Überhöhung oder einem bewussten Übertreiben sprechen. Im Grunde ist dies auch das Prinzip von *Dick und Doof*, ja genau, diese kleinen Filmchen mit Stan Laurel und Oliver Hardy, über die Sie als Kind vermutlich auch schallend gelacht haben! Das Duo drehte zwischen 1926 und 1951 insgesamt mehr als 100 Filme. Sie galten als eines der berühmtesten und erfolgreichsten Film-Duos aller Zeiten. Die dominierenden Stilmittel zur Erzeugung von Komik sind in Laurel & Hardys Filmen das Scheitern an zumeist lösbaren Aufgaben und die physische Zerstörung von Inventar. Beides tritt oft zusammen auf. Solche Überhöhungen und Zuspitzungen verbunden mit Running Gags wie das brennende Hinterteil von Oliver Hardy, verwechselte oder falsche Hüte, Wasser in allen erdenklichen unglücklichen Konstellationen und der gleichzeitig „majestätisch-überlegenen Attitüde", welche Hardy oftmals an den Tag legt, führt zu einer bis heute unübertroffenen Slapstick-Komik, welche von dem Prinzip der Übertreibung lebt.

Aus dem Deutschen Bundestag ist so einiges an humorvollen Episoden aufgeschrieben worden. Unter anderem der folgende Dialog: *„Müssen Sie immer schlafen, wenn ich rede?"* – *„Nein, das mache ich freiwillig."* Das Prinzip hierbei: Die Übertreibung, der Schlaf, wird zugegeben, das unterstellte *„müssen"* jedoch wird als vorgebliche Freiwilligkeit überhöht.

„Ist das überhaupt alles noch logisch?", werden Sie sich jetzt sicher fragen. Hauptsache man sprengt die Erwartungshaltung, bringt den anderen aus seiner Denkrille, setzt die ganze Szenerie unter Wasser? Grotesk und bizarr?

Ja, genau. Nur so können Sie sich von der Sinnsucher-Automatik lösen, die unser aller Hirne ein ganzes Stück ausmacht. Und da ist auch der Schlüssel für das Verständnis des Prinzips Übertreibung: Verzichten Sie auf Logik und Vernunft und donnern Sie den Ball einfach irgendwo hin. Sie müssen den Ball gar nicht ins Tor schießen, sondern irgendwo ins Aus. Das ist völlig ausreichend.

Aber wie machen Sie das genau? Übertreiben können Sie nicht nur den Sinnzusammenhang oder die unterstellte Kausalität, benutzen Sie auch übertriebene Formulierungen, machen Sie übertriebene Pausen oder übertreiben Sie emotionale Reaktionen wie zum Beispiel Empörung oder Freude. Je irritierender Sie werden, desto wirksamerer sind Sie mit Ihrer Strategie! Allerdings immer nur dann, wenn Sie auch eine würdevolle und respektvolle Haltung an den Tag legen. Schauen wir uns weitere prominente Beispiele an.

8.2 Übertreibung – Politik

„... hoffentlich frisst er keine Journalisten!"

Angela Merkel zeigte sich schlagfertig auf internationalem Parkett, ist jedoch keine Hundekennerin. *„Hoffentlich frisst er keine Journalisten"*, bemerkte sie zu dem schwarzen Labrador, den der russische Präsident Putin zu ihrem Treffen in Sotschi mitgebracht hatte. Labradore sind allerdings keine Hunde, die zu Aggressionen neigen. Mit einem Labrador an seiner Seite demonstriert Putin viel eher *„Sanftmut und Gemütlichkeit"* (*Die Zeit*, 25. Januar 2007). Schlagfertigkeit kann also auch mal auf Kosten der eigenen Kompetenz gehen. Allerdings, je humorvoller eine solche Bemerkung angelegt ist, desto amüsierter ist dann auch die Journaille, wenn es darum geht, einen solchen Satz zu interpretieren.

Cem Özdemir, ein jüngerer Politiker mit türkischen Migrationshintergrund, zu Gast bei Johannes B. Kerner: *„Der erste Schwabe an der Spitze der Grünen"*, witzelte Kerner und bot dem Politiker an, auch in seinem Heimatdialekt zu antworten. *„Nein danke, ich möchte mich schließlich integrieren"*, gab Özdemir schlagfertig zurück (*Die Welt*, 19. November 2009).

8.3 Übertreibung – International

„Verwechseln Sie mich mit meinem Sohn?"

Schüttere weiße Haare, Bauchansatz. Kurz vor Mitternacht macht der 71-jährige Tommy Lapid nicht mehr die beste Figur. Zeit, sich seinen potenziellen Wählern zu widmen: Die Jungwähler im Tel Aviver Kneipenviertel. Eine sehr junge Frau umschlingt ihn mit beiden Armen. Schmatzend küsst sie die roten Wangen. Lapid bleibt schlagfertig: *„Verwechseln Sie mich mit meinem Sohn?"* Der wurde vor zwei Jahren zu Israels bestaussehendem Mann gekürt (*Die Welt*, 23. Januar 2003).

Michelle Obama, Barack Obamas Gattin, gilt als schlagfertig, cool und zielstrebig. *„Mit mir klarzukommen, ist einer der Gründe, warum er zum Präsidenten taugt"*, sagte sie in einem Fernseh-Interview über ihren Mann (*Die Zeit*, 22. Januar 2009). Auch hier wirkt die selbstironische Überhöhung sehr entspannend und unterstreicht Michelles selbstsicheren und ungekünstelten Habitus.

8.4 Übertreibung – Geschichte

„... was müssen Sie für ein fröhliches Leben führen!"

Auf einer Party mit Filmleuten meinte der französische Informationsminister Malraux: *„Wenn ich mal eine Dummheit mache, so merke ich es gleich und lache herzlich darüber."* Ein Regisseur erwiderte schlagfertig: *„Ich beneide Sie. Was müssen Sie für ein fröhliches Leben führen!"* (*Die Zeit*, 1. August 1958).

8.5 Übertreibung – Sport

„... und Essen natürlich"

Der Hawaiianische Golf-Profi Tadd Fujikawa wird von vielen Menschen bewundert, weil er frech, unbekümmert, bodenständig und schlagfertig ist. So erzählte er einmal: *„Mein Leben besteht aus Golfspielen und Schlafen"*, hat er einmal erzählt und fröhlich hinzugefügt: *„Oh, und aus Essen natürlich"* (*Die Welt*, 1. Februar 2009). Mit einer solchen herzerfrischenden Äußerung lassen sich alle Formen von Unterstellungen problemlos konterkarieren.

Angesprochen auf die Akzeptanzprobleme seines Vorgängers, der sich von den Spielern duzen ließ, reagierte der holländische Fußballtrainer Youri Mulder auf eine Journalistenfrage ebenso schlagfertig: *„Ich möchte mit ‚Herr Trainer Mulder' angesprochen werden"* (*Die Welt*, 15. April 2008).

8.6 Übertreibung – Medien

„Sänger – Künstler ist zu hoch gegriffen."

Heinz Georg Kramm, alias Heino, stand wegen einer Versicherungssache vor Gericht und wurde von der Richterin zur Person befragt. Richterin: *„Ihr Künstlername ist Heino, ja?"* Heino bestätigt. Richterin: *„Wie würden Sie sich bezeichnen, als Sänger oder als Künstler?"* Heino trocken: *„Sänger – Künstler ist zu hoch gegriffen."* Der Vorwurf an Heino lautet, dass er in zwei Jahren 120 Mal beim Arzt war und sich dabei insgesamt 600 Schlaftabletten verschreiben ließ und somit gewusst haben musste, dass es mit seiner Gesundheit nicht zum Besten stand. Heinos überraschende Antwort: Die Tabletten habe er fast alle an seine Frau Hanelore weitergegeben. Die Richterin ungläubig: *„Die Tabletten können ja auch abhängig machen und Sie geben die einfach Ihrer Frau?"* Heino zuckt mit den Schultern und sagt *„Einer Frau etwas auszureden ... Hannelore ist nicht ganz so einfach."* (*Die Welt*, 28. Mai 2009). Da konnte sich schließlich auch die beisitzende Richterin das Lachen nicht mehr verkneifen.

Selbstironisch gibt sich Tobi Schlegel, der für die Moderationsaufgabe bei der NDR-Traditions-Talkshow „Extra 3" von einigen für zu jung gehalten wurde. *„Ich finde es prinzipiell gar nicht so schlecht, von den Gästen ein wenig unterschätzt zu werden, ich bin sozusagen die Angela Merkel von Extra 3"* (*Die Welt*, 31. August 2007).

Auch die eigene Rolle gelegentlich einmal zu überziehen ist ein wirksames Stilmittel, um schlagfertige Antworten zu generieren. Simone Young wurde als Dirigentin der Hamburgischen Staatsoper bis ins Jahr 2015 verpflichtet und hatte in diesem Zusammenhang zum Beispiel eine bessere personelle Ausstattung des Orchesters gefordert. Auf die drängenden Fragen der Reporter antwortete sie: *„Ich bin ein Dirigent, ich kriege nie alles, was ich* *will, aber Sie können sicher sein, dass ich jetzt hier eine klare Perspektive für eine künstlerische Weiterentwicklung habe, sonst wäre ich nicht in Hamburg geblieben"* (*Die Welt*, 25. April 2009).

Zum Thema Kunst lässt sich auch Inge Meysel zitieren, welche die Medaille für Wissenschaft und Kunst wie folgt kommentierte: *„Kunst ist ein großes Wort, doch wenn das, was ich tue, für jemanden Kunst ist, freut es mich. Auf dem Gebiet der Wissenschaft habe ich nun wirklich nichts geleistet – es sei denn, man hält die Tatsache, dass ich 80 Jahre alt geworden bin, für ne Wissenschaft"* (*Die Welt*, 12, Juli 2004).

Interessant in dieser Hinsicht auch die gelöste und lockere Nachfrage von Anne Will, als Wolfgang Joop kurzzeitig und unangekündigt die Talk-Runde verließ: *„Haben wir Sie gelangweilt?"* (*Die Welt*, 26. Januar 2009).

Sehr humorvoll reagierte auch der Darsteller von „Stromberg" Christoph Maria Herbst, als gefragt wurde, ob er denn die Landrätin Gabriele Pauli kenne: *„Frau Pauli, Sie hängen doch bei mir im Spind!"* (*Die Welt*, 4. Februar 2009). Diese diente für die Sendung *„Verstehen Sie Spaß?"* als prominenter Lockvogel und unterbrach als *„strenge Sittenwächterin"* mit versteckter Kamera eine Theateraufführung wegen angeblicher Frauenverachtung des gegebenen Stücks.

Schauspieler Jan Fedder hatte sich zu dem Witz hinreißen lassen, Napoleon habe stets rote Westen getragen, damit man in der Schlacht nicht sah, dass er blutete. *„Hitler trug immer braune Hosen"*, folgerte Fedder im schnoddrigen Hamburger Dialekt und erntete Applaus. *„Das war ja völlig wertfrei. Du hast ja nicht gesagt, das war besser"*, konterte Moderator Pilawa (*Die Welt*, 12. Oktober 2007).

Der Bestseller *Die Vermessung der Welt* hat Daniel Kehlmann populär gemacht. Dieser stammt aus Wien, für ihn eine Stadt seiner Träume, aber auch seiner Albträume. Insbesondere missfällt ihm die Hinterhältigkeit, die in dieser Stadt herrsche. Und mit dem Stolz des Eingeweihten kontert er den Hinweis, Hinterhältigkeit gebe es auch anderswo, prompt: *„Aber hier sind sie wirklich gut darin"* (*Die Welt*, 5. Oktober 2007).

Bis ans Absurde reichende Überhöhungen, das ist auch ein Stilmittel, welches Hape Kerkeling bei der Beantwortung von Publikumsfragen im Hamburger St. Pauli Theater mit großem Erfolg eingesetzt hat. Er trug hier aus seinem Jakobsweg-Bestseller *Ich bin dann mal weg* vor. Einem Zuhörer namens Lingen, der wiederholt Fragen stellte und sich auch mit dem Hinweis auf seinen Hund namens ‚Theo Lingen' ein wenig ins Rampenlicht katapultieren wollte, unterstellte er: *„Wenn Sie eine Show bei RTL haben wollen!"* Auf die Frage, was sich in seinem täglichen Leben geändert habe, erwiderte er: *„Zunächst mal bin ich Bestseller-Autor."* Einer Frau, die sich nicht sicher war, ob sie sich gemeinsam mit ihrem Mann auf den Jakobsweg machen sollte, entgegnete er: *„Wir sind zwar nicht bei Kallwass, aber wir tun jetzt mal so!"* Auch sein Hinweis auf das nächste Buch erntete Lacher: *„Das Thema verrate ich nicht. Ich sage nur: Mount Everest"* (*Die Welt*, 19. Mai 2007).

8.7 Wirkung: Wie funktioniert das Prinzip Übertreibung?

Harald Schmidt mit seinem sein Team ist ein Meister der maßlosen Übertreibung, in seiner Late Night Show und bei den Folgeformaten. Aber auch bei ihm ist im Laufe der Zeit eine kontinuierliche Verbesserung seiner Witzfertigkeit und seiner Fähigkeiten als Ausnahmeunterhalter zu verzeichnen. Kein Wunder: Harald Schmitt hat fast an jedem Tag im Jahr ein Millionenpublikum vor den Fernsehern und für die Überprüfung der eigenen Wirksamkeit ein anspruchsvolles Saalpublikum, welches versiebte Jokes auch als solche kennzeichnet.

Die im Grunde genial einfache, aber auch genial wirksame Machart seiner Witze lässt sich an einer Geschichte aus dem Herbst 2003 demonstrieren, die Harald Schmidt vor laufender Kamera erzählte (vgl. Gradwohl, 2004, S. 23):

In einer seiner Shows im Herbst 2003 erzählte er dem staunenden Publikum, dass er in seiner Jugend eine Kreidler fuhr (es handelt sich um ein kleines Motorrad, das damals ab 16 zu fahren war – für die Spätgeborenen zur Erklärung). Er hätte nur einen Fehler gemacht. Er hat den Zylinderkopf frisiert. Dass etwas nicht in Ordnung ist, merkte er daran, dass ihn die Fußgänger überholten.

Die Methode, die hinter diesem Witz steht, ist die maßlose Übertreibung: Durch die Übertreibung kippt die Aussage ins Absurde, wird unglaubwürdig und damit für den Zuschauer plötzlich ungemein witzig. Zweite Sequenz aus der gleichen Show:

Harald Schmidt nahm bei seinem Redaktionsleiter Manuel Andrack eine Motoradstunde und fuhr in Schrittgeschwindigkeit auf der Bühne herum. Schmidt: „In meiner aktiven Zeit als Motoradfahrer nannte man diese Art der Fortbewegung auch Entenflug." Entenflug, weil man dabei mit den Füßen permanent auf dem Boden stand und mitlief. Es sah also alles in allem verbesserungswürdig aus. Innerhalb des Entenflugs fuhr (beziehungsweise lief) Schmidt ein kleine Rampe hinaus. Andrack lobte dann im Anschluss seinen Chef: „... und wie du dich da in die Kurven gelegt hast ... echt toll."

Auch hier stimuliert das Stilmittel der ironischen Übertreibung unsere Lachmuskeln. Beide erlauben sich für einen Moment den Rückfall in die Jugendlichkeit, wo noch andere Werte galten, und es gelingt ihnen so, das

Publikum zu unterhalten und deren Sympathien einzunehmen. Wer diese Sendung gesehen hat, der versteht, dass Schmidt eigentlich ein kleiner, verrückter Junge ist, der auch im Erwachsenenalter einfach nicht aufhören wollte, sich spielerisch die Welt zu erobern. Das macht das Schmidt'sche Universum immer wieder spannend. Wahrscheinlich hat er auch deswegen so hohe Werte in unserer Umfrage bekommen.

Die Sprachwissenschaft kennt als eine rhetorische Figur die sogenannte Hyperbel (vgl. Flume, 2004, S. 109). Hyperbel kommt von dem griechischen Wort hüperbolee, also „die Übertreffung, Übertreibung", und dem altgriechischen bállein „werfen" beziehungsweise hyper-ballein „über das Ziel hinaus werfen"). Bei einer Hyperbel wird über das Glaubwürdige hinaus übertrieben.

Bekannte Beispiele:
- *„Der Schuss, der um die ganze Welt gehört wurde" (R.W. Emerson, bezieht sich auf den amerikanischen Unabhängigkeitskrieg)*
- *„Dort sitzt ein Hund, der hat ein Paar Augen, so groß wie Mühlräder." (Hans Christian Andersen: Das Feuerzeug)*
- *„Ihr verblendeten Führer, die Ihr Mücken aussiebt, aber Kamele verschluckt!" (Matthäus 23,24)*
- *„Warum schaust du also auf den Splitter im Auge deines Bruders, beachtest aber nicht den Balken in deinem eigenen Auge?" (Matthäus 7,1-3)*
- *„Ein Schneidergesell, ein niedlicher, kleiner junger Mensch, so dünn, dass die Sterne durchschimmern konnten" (Heinrich Heine: Reisebilder – Die Harzreise)*

Darüber hinaus gibt es zahlreiche Formulierungen, die Übertreibungen beinhalten:
- blitzschnell
- ein Meer von Tränen

- Schneckentempo
- todmüde
- unendlich lang
- wie Sand am Meer

Dieses Prinzip der Übertreibung lässt sich nun ganz wunderbar für ganz spezielle Situationen und Zeitgenossen nutzen. Das besondere dabei ist, das die Übertreibung das Gegenüber zunächst einmal zu bestätigen scheint, jedenfalls solange der Groschen noch nicht gefallen ist ...

8.8 Übungsteil: Das Mittel der Übertreibung nutzen

In diesem Part geht es um die Frage, wie Sie zum einen das Mittel der Übertreibung für sich nutzen können und zum anderen damit umgehen können, wenn andere Übertreibungen in Ihrer Kommunikation einsetzen. Es geht hier konkret um die folgenden Techniken: 1. Sie-haben-völlig-recht-Technik, 2. Mehr-noch-Technik, 3. die Komplimente-Technik, 4. Zustimmung mit feiner Ironie und 5. Die-absurde Alternative. Als weitergehende Übung können Sie sich darin trainieren, in maßloser Weise zu übertreiben.

1. Sie-haben-völlig-recht-Technik

Eine beliebte Schlagfertigkeits-Technik, wir könnten auch von der „SHVR"-Technik sprechen, das steht für: *Sie haben völlig Recht.* Aber dabei muss es nicht bleiben, Sie können bei dieser Technik den Vorwurf sogar ins Groteske oder sogar ins Maßlose übertreiben! Durch die umfassende Zustimmung hebt die Übertreibung in der Regel die Stimmung deutlich an, ohne dass der andere dabei sein Gesicht verliert. Gut geeignet ist diese Technik bei leichten Provokationen, Vorwürfen oder Unterstellungen, auch vor Publikum. Damit überzeugen Sie vor allem sehr korrekte Personen, die nicht so viel Spaß verstehen. In Situationen mit hoher Abhängigkeit, beispielsweise im

Job oder bei gesellschaftlichen Ereignissen demonstrieren Sie Kritikfähigkeit, eine positive Grundhaltung.

Beispiele:

- *Chef zur Mitarbeiterin: „Darf ich Sie mal auf etwas aufmerksam machen. Ihr roter Lippenstift passt aber nicht zu Ihrer Bluse." Sekretärin: „Da haben Sie völlig recht. Ich lebe nach dem Motto: Auffallen um jeden Preis."*
- *Auftraggeber: „Sie haben einen Fehler begangen, richtig ist unsere Spezifikation ‚B-274892'." – Dienstleister: „Da haben Sie völlig recht. Ich kenne übrigens niemanden, der es in puncto Spezifikationen mit Ihnen aufnehmen könnte!"*
- *„Sie sind zu spät, Herr Dompfaff." – „Sie haben völlig recht. Das hatte ich mir für diese Woche so vorgenommen, Frau Gottesanbeterin …"*

Beispielsätze:

1. Komische Luft hier drin. Arbeiten Sie überhaupt?

Ihre schlagfertige Antwort:

_____

_____

2. Sie Idiot!

Ihre schlagfertige Antwort:

_____

_____

3. Warum bezahlen wir Sie eigentlich? Sie sind ja komplett überfordert!

Ihre schlagfertige Antwort:

_____

_____

_____

4. Kundin zum Verkäufer: „Haben Sie nichts anderes als diese mickrigen Zitronen?"

Ihre schlagfertige Antwort:

_____

_____

_____

5. Sie haben eine nassforsche Art. Ich habe heute eigentlich schon geduscht!

Ihre schlagfertige Antwort:

_____

_____

_____

2. Mehr-noch-Technik

Wie in der ersten Technik überraschen Sie Ihren Angreifer und geben ihm recht. Allein das macht das Gegenüber schon manchmal sprachlos. Dann gehen Sie jedoch noch einen Schritt weiter und überziehen den Vorwurf, indem Sie stark übertreiben. Aus einem _„Ich finde Sie unmöglich!"_ machen Sie ein _„Unmöglich? Richtig zum Kotzen!"_, ein _„Sie sind so unordentlich!"_ retournieren Sie mit _„Nein, richtig schlampig!"_. Diese Art von Übertreibung schockiert den anderen und macht den anderen bei Humorlosigkeit sprachlos. Verfügt der andere jedoch nur über einen Funken Humor, kann es für alle Beteiligen sehr lustig sein. Weil diese Technik ungewöhnlich ist, braucht es vor allem eins: Den Mut, es einfach einmal auszuprobieren!

Beispiele:

- *„Noch viel langsamer können Sie wohl nicht arbeiten, oder, Frau Eichenspinner?" – „Ja, Herr Hausbock, ich arbeite langsam, sehr langsam. Und deswegen bricht hier auch gleich das Haus zusammen. Gleich heißt, dass Sie sich jetzt am besten schon mal auf die Hufe machen, Sie Hasenfuß!"*
- *„Man hört nur Beschwerden über Sie!" – „Ja, das stimmt. Ich bin ja noch neu, da muss ich einfach das ein oder andere einmal ausprobieren. Heute Morgen zum Beispiel habe ich einen Kunden einfach angebellt, eigentlich sehr schade, dass Sie da nicht dabei waren ..."*
- *„Boah, Sie legen hier ja einen Affenzahn vor, da kommt doch keiner mit!" – „Stimmt, ich gehöre häufig zu den Schnellsten. Mehr noch, ich wurde jetzt sogar angefragt, ob ich nicht den Formel-1-Ferrari anstelle von Michael Schumacher pilotieren könnte, der Arme hat ja gesundheitliche Probleme ..."*

Übungssätze:

1. Sie sind so ungeduldig!

Ihre schlagfertige Antwort:

_____

_____

_____

2. Sie sind zu unerfahren, um das zu verstehen.

Ihre schlagfertige Antwort:

_____

_____

_____

3. Sie reden schon eine Stunde und haben noch nichts gesagt.

Ihre schlagfertige Antwort:

4. Das passt zu dir: jetzt müssen wir wieder von vorne anfangen!

Ihre schlagfertige Antwort:

5. Jetzt haben Sie unseren Vorzeigekunden vergrault.

Ihre schlagfertige Antwort:

3. Die Komplimente-Technik

Geben Sie Ihrem Gegenüber scheinbar das Recht, Sie zu kritisieren, indem Sie auf seine Überlegenheit Ihnen gegenüber hinweisen. Das kann mehr oder weniger ironisch geschehen. Es sei denn, es handelt sich um Ihren Chef, das sollten Sie vorher abwägen. Ein charmantes Kompliment ist ja so schon ein geglückter Seiltanz zwischen Wahrheit und Übertreibung, wie es der österreichische Autor Hermann Bahr einmal ausdrückte. Dieses Verhältnis gilt es nun bei dieser Technik noch weiter in Richtung Übertreibung zu verschieben.

Beispiele:

- *„Das haben Sie aber vergeigt. So etwas wäre mir nie passiert."* – *„Sie sind ja auch ein Vorbild für mich. Ich würde gerne von Ihnen lernen."*
- *„Das ist doch kein Argument, Frau Hufeisennase."* - *„Das meinen Sie doch nicht ernst, Sie alter Charmeur?"*
- *„Das hätte ich von dir nicht erwartet!"* – *„Oh, ich habe mich dir zuliebe extra besonders angestrengt!"*

Eine Variation dieser Technik ist der deutliche Seitenhieb: *„Kompliment, eine solche gewitzte Bemerkung hätte ich Ihnen gar nicht zugetraut"* oder *„Sie übertreffen sogar Einstein!"* (Ryborz, 2008, S. 81). Hier lachen Sie am besten gemeinsam mit Ihrem Gegenüber, dann macht es am meisten Spaß. Aber Vorsicht: nicht jeder kommt mit dieser Art des Kräftemessens klar. Suchen Sie sich hier vorzugsweise „Opfer", die einstecken und austeilen können und die selbst wirklich Spaß an Frotzeleien haben!

Übungssätze:

1. Kollege Hecht, Sie widersprechen sich während zweier Sätze drei Mal.

Ihre schlagfertige Antwort:
_____
_____
_____

2. Sie haben doch schon Panik, wenn Sie an den großen Auftritt denken!

Ihre schlagfertige Antwort:
_____
_____
_____

3. Ich sag mal, der Abteilungsleiter der Herzen sind Sie nicht gerade ...

Ihre schlagfertige Antwort:

_____

_____

_____

4. Sie haben ja den Aktenvernichter mit nach Hause genommen!

Ihre schlagfertige Antwort:

_____

_____

_____

5. Ja bin ich denn die Fahrplanauskunft, Frau Jagdkäfer?

Ihre schlagfertige Antwort:

_____

_____

_____

4. Zustimmung mit feiner Ironie

Auch bei dieser Technik, der Zustimmung mit feiner Ironie, ist Übertreibung angesagt. Aber bitte mit Augenmaß. Feine Ironie hört nur derjenige, der Ihren Hintergedanken auch einordnen kann. Grundsätzlich geben Sie dem Angreifer auch hier recht, fügen jedoch einen relativierenden Nachsatz hinzu. Gerade vor Publikum wirkt dies besonders eindringlich, da der Nachsatz häufig überrascht und die feine Ironie bei mehreren Personen im Raum jeweils unterschiedlich schnell verstanden wird. Insgesamt kann von der Ironie auch eine erhebliche Provokationswirkung ausgehen, hier macht vor allem auch der Ton die Musik. Machen Sie durch Gestik und Mimik deutlich, dass Sie dies nicht ohne Humor vorstanden wissen wollen, wenn Sie im Sinne der neuen Schlagfertigkeit agieren möchten.

Mögliche ironische Nachsätze:

- Wenn es für Sie notwendig ist
- Wenn es Ihnen hilft
- Wenn es Ihnen so besser geht
- Wenn Sie sich damit besser fühlen

Beispiele:

- *„Wie sehen Sie denn aus, Frau Kollegin? Sind Sie gerade aus dem Bett gestiegen?" – „Herr Ohrenwurm, ich gebe Ihnen recht, wenn Sie sich dadurch besser fühlen!"*
- *„Frau Blässhuhn, wie schaffen Sie es, dass Sie davonkommen?" – „Keine Ahnung, Herr Geier, wie schaffen Sie es denn?"*
- *„Also, das geht ja überhaupt nicht, was Sie hier veranstalten, Frau Kröt!" – „Oh, da möchte ich Ihnen Recht geben, wenn das für Sie notwendig ist, Herr Storch."*

Übungssätze:

1. Herr Neunauge, Sie haben ja ,Ausarbeitung 31' immer noch nicht fertig!

Ihre schlagfertige Antwort:

_____

_____

_____

2. Wenn das so weitergeht, landen wir hier alle noch im Kindergarten.

Ihre schlagfertige Antwort:

_____

_____

_____

3. Frau Kollegin Pillendreher, Sie wirken heute aber sehr demotiviert!

Ihre schlagfertige Antwort:

_____

_____

4. Herr Siebenschläfer, vielleicht ist die Konkurrenz ja doch ein bisschen groß für Sie?

Ihre schlagfertige Antwort:

_____

_____

5. Verstehen, verstehen. Was wollen Sie verstehen? Sie verstehen gar nichts!

Ihre schlagfertige Antwort:

_____

_____

5. Die absurde Alternative

Die absurde Alternative ist eine Technik, mit der Sie stets das letzte Wort haben: in allem Negativen findet sich noch etwas, was Sie als alternativen Vorteil herausstellen können. Ihr Motto ist hier: keine Äußerung ist abgeschmackt genug, um nicht doch noch als schlechtes Beispiel dienen zu können. Das verbreitet auch in deutlich aggressiv aufgeladenen Situationen gute Laune, außerdem zeigen Sie sich hier als unerschütterlicher Optimist, den so leicht nichts aus der Ruhe bringt.

Beispiele:
- Augenarzt: _„Vielen Dank, bei welcher Tür soll ich raus gehen?"_ – Patient: _„Unwichtig, Hauptsache Sie springen nicht aus dem Fenster."_

- *Er zu seinem Kumpel: „Hübsches Gesicht hat se ja, aber sieht aus als ob se schwanger wär!" – Sie: „Ich bin nicht schwanger, ich bin nur fett!"*
- *„Ihnen haben Sie wohl das halbe Hirn rausoperiert." – „Ja, seitdem habe ich mein Idealgewicht."*

Übungssätze:

1. Herrjeh, das wirft uns schon wieder drei Schritte zurück!

Ihre schlagfertige Antwort:

2. Wissen Sie was, Herr Warzenbeißer, für mich sind Sie so eine Art persönlicher Zigarrenabbeißer des Generaldirektors.

Ihre schlagfertige Antwort:

3. Frau Krebs, Sie fallen vor allem durch Ihr Parfüm auf!

Ihre schlagfertige Antwort:

4. Wie oft muss ich das noch sagen, Ihr müsst raus zum Kunden, Ihr Windowsversteher!

Ihre schlagfertige Antwort:

5. Die Welt versinkt im Chaos und Sie sind der Vorreiter, Herr Ziegenmelker.

Ihre schlagfertige Antwort:

_____

_____

_____

Fälle, die das Leben schreibt: Fall 6

„Was willst du überhaupt, du Schlampe?"

Fälle, wie sie das Leben schreibt, hier der Fall von Katharina F., die ein besonderes Erlebnis im Kino hatte (Studi VZ, 21. November 2008):
Ich hab letztens im Kino gesessen. Vor mir saß so n Typ mit seiner Ische. Während der Werbung fängt auf einmal sein Handy an zu klingeln. Er geht ran und fängt erst mal fleißig an zu telefonieren. Ich dachte mir: „Komm, sagste mal nix, is ja grad nur Werbung." Mitten im Film fängt das scheiß Teil wieder an und klingelt. In dem Moment hab ich dann was gesagt, und das wirklich in einem freundlichen Ton: „Wie wärs denn, wenn Sie das Handy einfach ausschalten?" Auf einmal dreht sich der Kerl rum und schnautz mich an: „Was willst´n du überhaupt, du Schlampe?"

Wie hätten Sie schlagfertig reagiert, wenn Sie Katharina F. gewesen wären?

1. Sie-haben-völlig-recht-Technik

_____

_____

_____

2. Mehr-noch-Technik

3. Die Komplimente-Technik

4. Zustimmung mit feiner Ironie

5. Die absurde Alternative

Tipp

Zwischen Frau und Mann ist es wichtig, den richtigen Ton zu treffen. Aufmunternde Formulierungen, zum Beispiel *„Ja, wie kommst du auf die Idee, daran zu zweifeln"* sind destruktiven wie zum Beispiel *„Ich habe dir ja vor 30 Jahren schon gesagt ..."* vorzuziehen. Ein Satz wie *„Findest du, dass ich zu dick bin?"* sollten Sie spontan und ohne zu zögern mit einem *„Natürlich nicht, wie kommst du denn auf so was?"*, quittieren. Gefährlich wird es mit *„Die paar extra Kilos stehen dir gut!"* oder *„Ich liebe jedes überflüssiges Pfund an dir!"* (Dieter Nuhr im Jahre 2008 anlässlich der Verleihung des deutschen Kleinkunstpreises).

Sie haben die Aufgabe insgesamt eine kurze Geschichte zu erfinden und diese dann in weiteren Varianten leicht verändern. Alle Geschichten sind eine Variation der ersten Geschichte. Nehmen Sie sich kurz Zeit für die Vorbereitung und konzipieren Sie eine kurze Geschichte, bei der Sie selbst *einen Fisch gefangen haben*. Schauen Sie nun aus dem Fenster und erzählen Sie mit Blick nach draußen einmal diese erste Geschichte. Schmücken Sie diese gern mit vielen Details aus, aber enden Sie nach einer Minute:

Erste Geschichte: „Fisch gefangen" (1 Minute)

In der zweiten Variante bauen Sie bitte ein, dass Sie diesen Fisch auf dem offenen Meer gefangen haben. Da Sie stolz sind auf sich, können Sie gern ein wenig übertreiben, was die Details betrifft.

Zweite Geschichte: „Auf offenem Meer" (1 Minute)

In der dritten Variante berücksichtigen Sie bitte, dass Sie dies trotz eines unglaublichen Sturms erfolgreich bewältigt haben. Sie dürfen auch flunkern.

Dritte Geschichte: „Ein Mordssturm" (1 Minute)

Bei der vierten Variante vergessen Sie bitte nicht zu erwähnen, dass es kein kleiner Fisch war. Nein, der Fisch riesengroß war. Übertreiben Sie ruhig ein bisschen ....

Vierte Geschichte: „Ein Riesenfisch" (1 Minute)

Beschreiben Sie, was Sie da Unglaubliches an Land gezogen haben und wie viel Geld sind dafür im Heimathafen bekommen haben. Es ist ja nur eine Geschichte, tragen Sie ruhig etwas dicker auf ...

Fünfte Geschichte: „Ein Wahnsinnserlös" (1 Minute)

Sehr gut. Führen Sie sich noch einmal vor Augen. Was haben Sie zum Fang beigetragen? Wie tief war das Meer? Wie schlimm war der Sturm? Wie groß war der Fisch? Wie viel Geld haben Sie mit dem Fisch erlöst? Sehr gut.

Für die Zukunft, wenn Sie wieder einmal das Schlagfertigkeits-Prinzip der Übertreibung anwenden möchten, wissen Sie, dass Sie immer noch weiter gehen können, dass es hier keine Grenzen gibt und dass die einzigen Grenzen, die hier wirklich existieren, die Grenzen Ihrer Fantasie sind!

Kapitel 9:
Siebtes Prinzip – Leichtigkeit

„Gib jedem Tag die Chance,
der schönste deines Lebens zu werden."

Mark Twain

9.1 Einleitung: Warum können Engel eigentlich fliegen?

Es gibt eine oberflächliche Leichtigkeit, die wir Gedankenlosigkeit nennen könnten, und es gibt eine tiefgehende Leichtigkeit, die wir als eine Art Lebenskunst bezeichnen können. Der zweite Punkt ist hier gemeint. Vieles ist genau so leicht oder schwer, wie Sie es nehmen. Johannes Paul II. wurde einmal von einem kleinen Mädchen gefragt, warum Engel fliegen könnten. *„Weil sie sich nicht so schwer nehmen!"*, war die weise und mit einer ganz eigenen Leichtigkeit ausgesprochene Antwort des Papstes (vgl. Tepperwein, 2007, S. 295).

Im Coaching-Kontext gibt es das geflügelte Wort *„Don't work harder than the client"*. Wie können Sie mit Leichtigkeit Aussagen umdrehen, inneren Abstand gewinnen, mit dem Sprachmaterial spielen, wie können Sie pfiffige Antworten kreieren? Und Abstand ist etwas sehr wichtiges. Wenn Ihnen Abstand fehlt, verfallen Sie leicht in den sogenannten Fight-Flight-Reflex. Und auch beim Thema Schlagfertigkeit ist der direkte Angriff nicht unbedingt die beste Verteidigung, auch die Flucht ist selten eine gute Option. Sie brauchen einen dritten klugen Weg und dafür benötigen Sie Ihr Gehirn und weniger Ihre Muskeln. Leichtigkeit ist nicht nur Reaktionsmuster, sondern auch eine Lebenseinstellung.

„Return to sender" wäre hier das Motto. Jemand wirft einen Bumerang, Sie beobachten, geben das eine oder andere von sich und so ganz langsam wird klar, dass der Bumerang langsam aber sicher ganz direkt wieder zum Werfer desselben zurückkehrt. Durch umgelenkte Energie oder einfach instinktiv wissen viele Menschen in öffentlichen Redesituationen, dass Angriffe, Vorwürfe oder Unterstellungen in der Regel gar nichts mit Ihnen und Ihrem Verhalten zu tun haben. Vielmehr wirft es ein bezeichnendes Bild auf den Initiator einer solchen Äußerung.

Im Trainerjargon gibt es den Satz *„Der Trainer ist gar nicht gemeint"*. Die dahinterstehende Kritik, der Wunsch, das Befinden hat häufig mit der Person selbst zu tun. Nehmen Sie diese Energie auf und nutzen Sie diese! Denn Sie wissen ja: *„Was Paul über Paula sagt, sagt häufig mehr über Paul als über Paula."*

Haben Sie heute schon gefragt? Was sagt der Angreifer über sich? Oder der Provokateur? Spielen Sie einmal Siegmund Freud: Tief in Ihrem Unbewussten gärt doch hier sicher irgendwas? Ich glaube, wir sollten Sie mal auf die Coach legen und so richtig durchanalysieren, meinen Sie nicht, dass dies vielleicht Wunder wirken könnte? Und scheuen Sie sich nicht, den Spieß einfach umzudrehen. Helmut Kohl soll übrigens einem in der Konsequenz sehr befreiendem Motto gefolgt sein, er sagte einmal bezeichnenderweise: *„Ich habe keine Angst, mich unbeliebt zu machen, ich bin es schon!"* Ganz geschickt, unser Alt-Kanzler. Holen Sie sich also die innere Freiheit zurück, die Sie brauchen, um Leichtigkeit in Ihrer Kommunikation einzusetzen, und machen Sie sich gedanklich frei von der Vorstellung, immer allseits beliebt sein zu wollen.

Je weniger Tabus oder Verboten Sie hierbei folgen müssen, desto besser ist dies. Leichtigkeit braucht Beweglichkeit. Sie sind nicht nur ein Boxer – und auch dieser muss immer flexibel bleiben und häufig werden Kämpfe auch von der Qualität der „Beinarbeit" entschieden – Sie sind auch ein Tänzer. Und achten Sie einmal darauf, mit welcher Leichtigkeit sich gute Tänzer auf der Tanzfläche bewegen. Andere sind nicht etwa ärgerliche Hindernisse, sondern ein willkommener Anlass, eine kleine Pirouette, eine Figur oder Einlage abzurufen, so als wäre das Hindernis für den Tanz bereits seit langer Zeit eingeplant gewesen.

9.2 Leichtigkeit – Politik

„... das war ziemlich beeindruckend, oder?"

Barack Obama duldet keine Störung seiner Pressegespräche – jedenfalls nicht von Insekten. Eine Stubenfliege lernte das auf die harte Tour. Während des Interviews mit dem TV-Sender CNBC ärgerte das Tier den US-Präsidenten so sehr, dass er schließlich zur Tat schritt und den summenden Störenfried erlegte. US-Präsident Barack Obama ist ein Mann der Tat und fackelt nicht lange: *„Verschwinde hier"*, zischte Obama während eines Fernsehinterviews im Weißen Haus eine Fliege an. Das summende Tier blieb jedoch hartnäckig und ließ sich vom Groll des wohl mächtigsten Mannes der Welt nicht beeindrucken. Da nahm Obama die Sache im wahrsten Sinn des Wortes selbst in die Hand. Er wartete, bis sich das Tier auf dem Rücken seiner linken Hand niederließ, schlug zu – und traf. *„Wo waren wir jetzt?"*, fragte er anschließend den CNBC-Korrespondenten. Auf seine zielgenaue Leistung war der Präsident sichtlich stolz: *„Das war ziemlich beeindruckend, oder?"* (*Die Welt*, 18. Juni 2009). Angeblich ließ es sich der Präsident nicht nehmen, die tote Fliege später eigenhändig zu beseitigen – unter Zuhilfenahme einer Serviette und mit dem Kommentar, er räume stets selbst auf.

Nach dem Motto kurz und knackig verhielt sich Karin Schubert. Diese konnte sich nur mühsam auf den Beinen halten, da sie sich bei einem Waldspaziergang den rechten Fuß gebrochen hatte und nun noch von einer Gelenkentzündung geplagt wurde. Auf die Schmerzen und ihre Arbeitsfähigkeit angesprochen, parierte die SPD-Politikerin und Senatorin für Justiz im Berliner Senat: *„Der Fuß ist dick, aber der Kopf ist klar!"* (*Die Welt*, 28. Juli 2002).

CDU-Verkehrsminister sind nicht gerade für ihre Vorbildfunktion berühmt. Probleme hatte hier auch NRW-Minister Oliver Wittke, Wiederholungstäter in Sachen Geschwindigkeitsüberschreitung: Der Minister mit dem schlagfertigen Mundwerk konnte es sich nicht verkneifen, zu erzählen, dass das Radargerät an einer „schweinigen Stelle" gestanden habe und illustrierte die geschlossene Ortschaft mit folgenden Worten: *„Ein Haus links, rechts Ackerbau und Viehzucht"* (*Die Welt*, 12. Februar 2009).

Vorbildlich hingegen Angela Merkel. Zur feierlichen Schlüsselübergabe der Bundesgeschäftsstelle in Berlin-Tiergarten erhielt die Bundesvorsitzende der damals in heftiges Fahrwasser geratenen Partei ein Fernglas mit Stativ. Schlagfertig konterte sie das durchaus doppelsinnig zu interpretierende Geschenk („für den Durchblick"): *„Wir werden uns die Ziele wieder in erreichbare Nähe holen."* Eine Anspielung auf die verlorene Macht auf Bundesebene, die unter den rund 300 Gästen Wehmut auslöste (*Die Welt*, 17. Juni 2000).

Politiker, die dem Wahlvolk täglich per Fernsehen ins Haus geliefert werden, müssen wendig und intelligent sein, schlagfertig, witzig, originell, staatsmännisch und gerissen. Das gilt besonders für mögliche Koalitionäre. In Hamburg war es im Dezember 1982 so weit, dass SPD und die Grüne Alternative Liste (GAL) miteinander in Koalitionsverhandlungen traten. Die SPD hatte zuvor Neuwahlen durchgesetzt. Der SPD-Mann Oswald Paulig, der sich langweilte, holte einen ganzen Arm voll Bier, verteilte die Flaschen aber nur an seine SPD-Genossen. Schließlich trug der SPD-Sozialsenator Jan Ehlers eine Flasche an den drei Meter entfernten GAL-Tisch. Ebermann trinkt sie aus. Darauf der amtierende SPD-Bürgermeister Dohnanyi schlagfertig: *„Sehen Sie, so solidarisch sind wir. Wir reichen das Bier weiter. Bei Ihnen trinkt es der erste aus"* (3. Dezember 1982).

Auch Gerd Schröder nutzte die Leichtigkeit der Formulierungen. Eine häufige Wendung, auch gern vor laufender Kamera bei kniffligen Fragen: „Wenn ich jetzt sagen würde, was ich sagen könnte, dann hätten wir alle was zu lachen". Das ist zunächst einmal irritierend, dann aber auch wieder sehr nett, schließlich liegt die Perspektive in der Möglichkeit des gemeinsamen Lachens. Und diese Variante ist nicht nur ein Lacher oder sagen wir hier vielleicht „Schmunzler", gemeinsames Lachen macht die Kommunikation ja bekanntlich „anschlussfähig". Nein, Sie gewinnen auch etwas ganz wertvolles: Zeit und Abstand zum Geschehen. Das geht immer. Und wenn es denn ein Angriff gewesen sein sollte, ist er äußerst elegant abgewendet. Ein guter Überbrücker, wie dieser Satz, lässt den anderen übrigens im Ungewissen: *„Habe ich getroffen oder haben ich nicht?"*

Es ist bereits nach 22 Uhr, als der Chef der Westfälischen Schule für Musik in Münster endlich bei der „Tafel der Demokratie" mit Horst Köhler zusammentrifft. Sein Anliegen: Die Förderung des Singens in der Grundschule. Obwohl Köhler und Frau Eva-Luise laut Protokoll bereits gehen sollen, bleibt der Bundespräsident noch gut eine Stunde, nimmt sich Zeit, interessiert sich für Rademachers CD mit Kinderliedern.

Bei der Veranstaltung am Brandenburger Tor verschlägt es manchen von weit angereisten Besuchern den Atem: Das Tor im Gegenlicht der sinkenden Sonne, der rote Teppich, lange, festlich gedeckte weiße Tafeln. Die Karte verrät: „Adlon"-Chefkoch Christian Müller hat ein Drei-Gänge-Menü mit Flusskrebs-Sülze, einem Erbseneintopf mit Tafelspitz und Kirsch-Mandelkuchen kreiert. Landfrau Annegret Langehaneberg will mehr: Als Eva Köhler ihre Eintrittskarte signiert, fragt sie forsch: *„Und Ihr Mann?"* Schmunzelnd lässt die „First Lady" sie zu Köhler vor. Der zeigt sich zu Scherzen aufgelegt:

„Da steht ja Eva-Luise auf der Karte, wer ist das?" Die Coesfelderin reagiert schlagfertig: *„Eine sehr, sehr nette Frau!"* – *„Das finde ich auch!"*, lacht Köhler (*Ahlener Zeitung*, 5. Juli 2009).

9.3 Leichtigkeit – International

> *„... weil sie ein bisschen Golf spielen und Karaoke singen."*

Schlagfertigkeit adelt. Im Shinbashi-Viertel, dem ersten in Tokio mit mächtigen, protzigen Bauten aus Backstein, stieg Kiharu Nakamura in der ers-ten Hälfte des letzten Jahrhunderts zu einer Geisha auf, die zwar traditionell, aber doch völlig neuen Typs war: schlagfertig, gebildet, eine Gesellschafterin auf nahezu gleicher Augenhöhe. Aber Kiharu will mehr. Bald ist sie die einzige Geisha, die Englisch spricht, sodass sie auf Empfängen ausländische Gäste betreuen darf. Sie lernt Jean Cocteau, Charlie Chaplin und William Randolph Hearst kennen. Als sie für Japans faschistische Machthaber ihre internationalen Kunden bespitzeln soll, gibt sie ihren Beruf auf, heiratet einen Diplomaten und folgt ihm nach Indien. Ihr weiterer Lebensweg führt sie durch die Kriegswirren in das unbekannte Land Amerika. Nicht ohne Bitternis beschreibt Kiharu Nakamura in ihren Memoiren den Niedergang der Geishas nach Japans Kapitulation, der den zweiten Weltkrieg in Asien beendete. Viele Geishas fanden sich damals in bordellähnlichen Etablissements wieder. Wenig Respekt zeigte Nakamura für die neuen Geishas im heutigen Japan, in ihrem Nachruf wird sie zitiert mit: *„Die halten sich schon für Geishas, weil sie ein bisschen Golf spielen können und Karaoke singen"* (*Die Welt*, 17. Januar 2004).

9.4 Leichtigkeit – Wirtschaft

„Keine Ahnung, ich war nie ein Mann!"

Nur fünf Frauen stehen an der Spitze der 1.000 führenden US-Unternehmen, die damals 50-jährige Carol Bartz war und ist – damals bei Autodesk und heute bei Yahoo! – eine von ihnen. „Girl"-Fragen gehören deshalb zu ihrem Interviewalltag, ein müdes Lächeln ebenfalls. Ihr Favorit: *„Was ist der Unterschied im Managementstil von Frauen und Männern?"* Ihre Antwort: *„Keine Ahnung. Ich war nie ein Mann!"* (*Die Zeit*, 7. Januar 1999).

Aber auch große strategische Fragen lassen sich mit gut dosierter Schlagfertigkeit raffiniert stellen, wenn es die Situation erfordert. *„Ein Unternehmer muss immer noch ein Kaninchen im Zylinder haben"*, antwortete der damalige VW-Chef Heinrich Nordhoff auf die Frage, ob das Volkswagenwerk auf eine Ablösung des Käfers vorbereitet sei. Der erfahrene Techniker baute das Werk in zwei Jahrzehnten zur umsatzstärksten Automobilfabrik Europas aus. In seiner Ära wurden das brasilianische und südafrikanische VW-Werk errichtet. Kritisch wurde an seiner Tätigkeit gesehen, dass er zu lange am luftgekühlten Boxermotorkonzept des Käfers mit allen seinen Nachteilen festhielt, so zum Beispiel im Januar 1968, als eine ganze Reihe neuer Prototypen der Öffentlichkeit vorgestellt wurden: *„Der Stern des Käfers leuchtet unvermindert hell, und Sie können Tag für Tag selber beobachten, welche Lebenskraft in diesem Auto steckt, das man häufiger totgesagt hat als irgendeines jener Konkurrenzmodelle – Modelle, an die sich heute niemand mehr erinnert"* (*Die Zeit*, 29. März 1968).

9.5 Leichtigkeit – Regionales

„Jetzt werden Sie mal nicht komisch!"

Die Berliner begegnen jeder „seltsamen Botschaft" mit einer ihnen eigenen Leichtigkeit: *„Jetzt werden Sie mal nicht komisch!"* ist ein Satz, der jede Art von „Störung" in der Kommunikation mit einer verblüffenden Leichtigkeit adressiert und gleichzeitig vom Tisch wischt. Das ist Ihnen zu simpel, lieber Leser? Jetzt werden Sie mal nicht komisch und probieren Sie den Spruch lieber selbst aus. Werden Sie Berliner, nur für einen Moment. Sie werden es nicht bereuen ☺.

9.6 Leichtigkeit – Gesellschaft

„... die sind hier so vorbeigezogen."

Wie das Prinzip Leichtigkeit funktioniert, können Sie auch von der inzwischen verstorbenen Domenica Niehoff lernen. Diese stammte aus einfachen Verhältnissen, der Vater war italienischer Einwanderer und Eisverkäufer in Köln, und sie ist in dem Hamburger Stadtteil St. Pauli zur engagierten Edelhure aufgestiegen. Domenica, ausgestattet mit einem Madonnengesicht und streng zurückgekämmten schwarzen Haaren, wurde zur politisch engagierten Vorzeigeprostituierten schlechthin: *„Wie ein Popstar wanderte sie fortan von einer Talkshow zur nächsten, um zu sagen, dass Prostitution Spaß machen kann."* (*Der Spiegel*, 16. Februar 2009) Sie setzte sich engagiert für die Legalisierung des Berufsstands ein. Und sie war schlagfertig. In einem Interview sagte sie beispielsweise auf die Bemerkung *„Sie haben in ihrem Leben viele Männer gehabt ..."* – *„Gehabt weniger, die sind hier so vorbeigezogen"* (*Die Welt*, 2. Juni 2008).

9.7 Leichtigkeit – Sport

„... hätten sie mich dort auch erwischt."

Schlagfertig hat Spaniens Trainer Luis Aragones auf den Discobesuch seines noch jungen Verteidigers Sergio Ramos reagiert. *„Mit ein bisschen Glück hätten sie mich dort auch erwischt"*, sagte der als streng bekannte, seinerzeit 69-Jährige einem Journalisten. *„Das nächste Mal gehe ich mit Ramos in die Disco mit. Dann sollen sie aber einen ordentlichen Flamenco auflegen"* (*Die Welt*, 15. Juni 2008).

Auch der Umgang mit der eigenen Berufsbiografie kann mit impulsiver Leichtigkeit gestaltet werden. Der Schlagersänger Jürgen Drews erläuterte bei einer Gala-Veranstaltung in Dortmund dem Fußball-Manager Rudi Assauer seine beruflichen Qualifikationen wie folgt: *„Ich bin ungelernter Arbeiter, aber mit Abitur."* Assauer daraufhin geistreich: *„Ich bin gelernter Arbeiter, ohne Abitur."* Und es stimmt. Schalkes Manager kann sogar zwei Ausbildungen vorweisen: Er ist Stahlbauschlosser und Bankkaufmann (*Die Welt*, 9. November 2003).

Monika Lierhaus, gefeierte Starmoderatorin in den eher frauenarmen TV-Sport-Formaten, überlässt ungern etwas dem Zufall. *„Je besser ich vorbereitet bin, desto schlagfertiger kann ich fragen, desto sicherer fühle ich mich"*, sagt sie. Dann drängelt sich ein Fotograf zu ihr durch und will abdrücken. *„Es gibt so viele schöne Fotos von mir, nehmen sie die doch"*, sagt sie noch. Und weg ist sie (*Die Welt*, 21. August 2007). Nach einer Operation Anfang des Jahres 2009 lag Monika Lierhaus wochenlang in einem künstlichen Koma und hat bisher ihre Tätigkeit als Sportmoderatorin für die ARD nicht wieder aufnehmen können.

9.8 Leichtigkeit – Medien

„...Meine naive Art ist eine Marktlücke."

1997 bezeichnete der *Spiegel* Verona Pooth (damals Feldbusch) als die *„erste Frau, die sich nicht zu schade ist, ihre Schönheit zu zeigen und zu betonen, doch dabei intelligent, witzig und schlagfertig zu sein, ohne bissig zu werden"*. Die *Frankfurter Allgemeine Zeitung* dagegen vermutete in Verona Pooth eine Parodie (vgl. *Die Welt*, 23. Januar 2008).

Wie auch immer man die Ex-Gattin von Dieter Bohlen bewerten mag, es ist ohne Zweifel ein besonders Merkmal von Verona Pooth, mit einer gewissen Leichtigkeit in öffentliche Kommunikationssituationen hineinzugehen. Sie nimmt dabei in Kauf, dass die Grammatik auch mal danebengeht. Ihre erste Hauptrolle hatte sie – wohl nicht ganz zufällig – in der sprachlich ebenfalls etwas schrägen Beziehungskomödie „Heirate mir! Meine polnische Jungfrau".

Was macht Verona Pooths Schlagfertigkeit aus? Sicherlich Unbekümmertheit, Charme und die Fähigkeit, mit den eigenen Marotten selbstironisch und in einer beneidenswerten Leichtigkeit umzugehen. Beispiele: *„Die Leute versuchen immer hinter meine Fassade zu gucken. Aber da ist nichts."*, *„Dr. Sommer hat mich aufgeklärt."*, *„Meine naive Art ist eine Marktlücke."* oder *„Wir haben doch alle eigentlich Glück gehabt, dass ich keine Wirtschaftssendung moderiere."* (*Die Presse*, 30. April 2008). So könnten wir konstatieren, dass bei ihr kokette Selbstironie und entwaffnende Offenheit zu einem Markenzeichen der besonderen Art geworden sind.

Miss Moneypenny war am Boden zerstört, als Bond in „Im Geheimdienst Ihrer Majestät" heiratete. Besonders fordernd gab sie sich zwei Jahre später in „Diamantenfieber": *„Ich kenne nur eine Sorte von Diamanten"*, sagt sie zu ihrem Angebeteten, *„und die trägt man am Ringfinger"* (*Die Welt*, 1. Oktober, 2007).

Interessant auch, wie der inzwischen verstorbene, schlagfertige Entertainer und auf Bösewicht-Rollen abonnierte Schauspieler Herbert Fux seiner Frau nähergekommen ist. Seine Frau Edith habe er im Zuge eines Streites kennengelernt, gestand er dem Fernsehsender *Tele 5* einmal. Der Schauspieler musste dringend telefonieren, doch in der Zelle *„stand eine Frau und quatschte ewig"*, erzählte er. Was folgte, war ein heftiges Wortgefecht, *„bis ich plötzlich lachen musste. Schließlich verabredeten wir uns zum Essen"* (*Die Welt*, 15. März 2007). Die Fähigkeit, Impulse welcher Art auch immer in Handlungsenergie zu verwandeln, ist ein grundlegendes Prinzip der Schlagfertigkeit. Anders herum fällt es sehr stark impulskontrollierten Menschen schwer, schlagfertige Äußerungen – ja manchmal sogar einen schlagfertigen Gedanken – überhaupt zuzulassen.

9.9 Wirkung: Wie funktioniert das Prinzip Leichtigkeit?

Kaum etwas wirkt auf einen selbst und auf andere Menschen so angenehm, wie souverän und mit großer Leichtigkeit durchs Leben zu gehen. Menschen, die mit Leichtigkeit etwas vollbringen, sind spontan, impulsiv und zumeist gut gelaunt und können so in kommunikativer Hinsicht vieles mit sehr wenig Energieaufwand verrichten. Wie lässt sich jedoch Leichtigkeit realisieren, wenn Sie eigentlich irritiert oder eingeschüchtert wenn Sie innere Widerstände verspüren oder, wie es Trainer manchmal formulieren, wenn Sie nicht in Ihrer Kraft sind?

Am besten wir betrachten das Thema Leichtigkeit einmal nicht nur situativ, denn wenn Sie unter Druck stehen, fehlt es Ihnen ja gerade daran, sondern als *„Zusammenspiel mehrerer, sich wechselseitig direkt positiv beeinflussen-der Ursache- beziehungsweise Wirkungsfaktoren"* (Vogel, 2008, S. 51):

Spaß ⇔ **Können** ⇔ **Übung** ⇔ **Leichtigkeit** ⇔ **Lust** ⇔ **Erfolg**

Das Ganze lässt sich natürlich auch auf die Beschäftigung mit Schlagfertigkeit beziehen. Je mehr Übung, desto besser Ihr Können und umso mehr Spaß. Je mehr Übung, desto größer die Leichtigkeit in der Umsetzung. Das verschafft Ihnen Lust, und hierdurch wird auch der Erfolg befördert. Sie sehen, nicht wo Sie anfangen ist entscheidend, sondern vielmehr dass Sie beginnen, von dem Zusammenspiel der Faktoren zu profitieren.

Es geht hier natürlich auch um die Leichtigkeit des Informationsabrufs. Je leichter Ihnen dieser für bestimmte Themen fällt, desto schneller haben Sie ganz unterschiedliche Handlungs- und Kommunikationsalternativen an der Hand.

Ebenen der Kommunikation

Angelehnt an eine Theorie des amerikanischen Psychiaters Eric Berne kann Ihnen der folgende Ansatz die Augen dafür öffnen, was zwischen zwei Menschen aufgrund kindlicher Prägungen kommunikativ geschieht. Das Modell geht davon aus, dass in jedem Menschen drei Persönlichkeitsperspektiven vorhanden sind, die sich alle gemäß ihrem Charakter zu Wort melden können. Die einzelnen Perspektiven sind: Die Eltern-Perspektive, die Erwachsenen-Perspektive und die Kindheits-Perspektive. Leichtigkeit spielt sich auf der Ebene des Erwachsenen-Ichs ab, hier ist eine emanzipierte Kommunikation auf Augenhöhe möglich. Die Elternperspektive ist mit Sorge und Belehrung verbunden, die Kindheitsperspektive mit Kampf und Widerstand.

I. Die Eltern-Sicht

In dieser Instanz findet sich alles wieder, was man von seinen Eltern an Ermahnungen und Fürsorglichkeit mitbekommen hat. Dementsprechend klingen Sätze aus dieser Instanz etwa so: *„Bitte zieh dir die Jacke an, es ist kalt draußen."* In diesem Fall also fürsorglich. Oder aber kritisch: *„Ach ja, die Gesellschaft wird immer unhöflicher. Es fragt niemand mehr, ob der Platz neben einem noch frei ist. Die setzen sich einfach hin!"*

II. Die kindliche Sicht

Egal, wie alt, erwachsen und „reif" man wird, man trägt immer das kleine Kind mit sich herum, das man einmal war. Wie alle Kinder hat auch dieses drei verschiedene Verhaltensmuster:

a. Es kann brav und angepasst sein: *„Es tut mir leid, es geschieht nicht wieder."*

b. Es kann rebellisch sein: *„Dann machen Sie es doch alleine!"*

c. Es kann ganz natürlich sein.

III. Die Erwachsenen-Perspektive

Wollen Sie Leichtigkeit in Ihr Leben bringen, müssen Sie sich von diesen Fesseln der Vergangenheit befreien und primär aus dieser Perspektive heraus agieren. Diese Perspektive versucht zwischen der Eltern-Sicht und der kindlichen Sicht zu vermitteln und geht dabei ein wenig wie ein Computer vor, indem Sie die verschieden Impulse auf ihre Angemessenheit prüft und danach entscheidet, wie zu reagieren ist. Diese Instanz klingt ruhig, sachlich, informierend, feststellend oder auch analysierend. Das Erwachsenen-Ich stellt also alle Emotionen zurück und ist so rational wie nur möglich.

Konflikte zwischen den Ebenen

Solange Sender und Empfänger innerhalb der gleichen Perspektive miteinander reden, verstehen sich beide gut. Das ändert sich sofort, wenn die Ebenen unterschiedlich sind. Stellen Sie sich folgenden Dialog vor:

A spricht zu B: *„Ihr Schreibtisch ist aber unordentlich!"*
B explodiert: *„Was geht Sie das an. Das ist meine Sache!"*

Was ist hier passiert? Der Vorwurf von A hat eindeutig Züge der Eltern-Perspektive und provoziert damit die Kindheits-Perspektive von B, der aus genau dieser Perspektive heraus antwortet.

Ein schönes Beispiel von Fiona G. (Studi ZV, 29. August 2009)

„Ich wurde innerhalb der letzten vier Monate schon wieder drei Mal vom Busfahrer gefragt, ob ich einen Kinderfahrschein nehme, und jedes Mal war ich so verdutzt, dass ich nichts weiter sagen konnte außer äh, nein, erwachsen ..."

Wenn Sie anfangen mit den Ebenen zu spielen, dann bietet sich folgende Reaktion an. Frage des Busfahrers: *„Möchtest du einen Kinderfahrschein, oder nehmen Sie eine Erwachsenenfahrkarte?"* – Antwort der Frau: *„Das kannst du machen, wie Sie wollen."*

Kurz gefasst: Die vorgestellten Ebenen der Kommunikation liefern ein Beobachtungs- und Analyseschema für das menschliche Verhalten, das Lösungsansätze bietet, um sich selbst besser zu begreifen und effektiver zu kommunizieren. Dieses Modell ist ein effektiver Ansatz, eigenes und fremdes Verhalten deutlicher wahrzunehmen und richtig einzuschätzen: Die Ursache von Konflikten in Gesprächssituationen wird erkannt. Dadurch kehrt die Leichtigkeit zurück in Ihre Kommunikation und die Fähigkeit zur Zusammenarbeit erhöht sich. Wie Sie sehen, stellen die Ebenen der Kommunikation also einen sehr guten Ansatz dar, um auf Belehrungen oder Sorgen beziehungsweise Kampfansagen oder Wiederstands-Reaktionen gekonnt zu reagieren.

An dieser Stelle zunächst eine Anekdote. Eine Stewardess musste sich von einem Geschäftsreisenden den folgenden, unnötig harten Satz gefallen lassen: *„Sie sind ein Trampel!"*
Sie erwiderte zunächst mit einer pflichtgemäßen Freundlichkeit, allerdings nicht ohne die notwendige Portion Leichtigkeit: *„Sie sind ein Gentleman"* – nicht ohne hinzuzufügen *„Und vielleicht irren wir uns beide ... ".* Gemeinsam Lachen ist immer eine gute Alternative.

Das gleiche Prinzip macht sich auch die Studentin Jule in unserem nächsten Beispiel zunutze (*StudiVZ*, Mai 2009):
Auf ner Feier hatte ich mich mit nem Kerl über meinen sehr männerlastigen Studiengang unterhalten [Biotechnologie, Anm. VN]. Er: „Na, das is doch super, sooo viele Männer ... dann kannste dir immer mal wieder einen mitnehmen." – Alle am Grinsen (...) Ich: „Du solltest dir abgewöhnen, von dir auf andere zu schließen." – Alle am Lachen.

Die Formulierung „Du solltest, beziehungsweise Sie sollten sich abgewöhnen, von sich auf andere zu schließen" ist übrigens tatsächlich eine eierlegende Wollmilchsau, denn sie lässt sich für unglaublich viele Fälle benutzen. Und vor allem: Lachen Sie gemeinsam mit Ihrem Gegenüber. Das unterscheidet schließlich die neue von der alten Schlagfertigkeit. Bei der alten gab es immer Sieger und Besiegte. Vertreter der neuen Schlagfertigkeit sind klüger und wissen: Wenn es Besiegte gibt, gibt es auch keine wirklichen Sieger mehr!

Im Übrigen gilt: *„Sei reizend zu deinen Feinden, nichts ärgert sie mehr."* Hierfür ist es äußerst hilfreich, schöne Formulierungen zu sammeln, die Sie immer wieder anbringen können. Besonders schön ist übrigens eine Formulierung, die gut an unser obiges Hotelbeispiel anschließt. Herbert von Karajan, der sehr erfolgreiche, aber auch als durchaus arrogant verschrieene ehemalige Dirigent vieler Orchester, u.a. auch der Berliner Philharmoniker benutzte für kurze Reisen nicht sein eigenes Flugzeug, sondern mietete einen Hubschrauber. Wegen einsetzendem Nebel verfranste sich der Pilot und landete abends auf einer Wiese. In einem nahegelegenen Örtchen gab es genau einen Gasthof, wo Karajan für sich und seinen Piloten um zwei Einzelzimmer bat. Der Wirt: *„Bedaure, aber ich habe kein einziges Zimmer frei."* – *„Aber Sie können uns hier doch nicht bei Nacht und Nebel abweisen, ich bin der Dirigent Karajan!"* – *„Und wenn Sie Heintje wären, ich kann Ihnen kein Zimmer geben, wenn ich keines habe"* (Weller, 1973, S. 136). Dass saß. Dank der entschiedenen Haltung des Wirts. Karajan, der offenbar in vielerlei Hinsicht schmerzfrei war, war übrigens auch ein Freund schneller Autos und gehörte als langjähriger Porsche fahrer zu dem kleinen Kreis von Prominenten, die das limitierte Modell 959 erhielten – sogar gleich zwei Mal. Karajans Kommentar hierzu gegenüber einem Journalisten: *„Mit dem ersten hatte ich keine Probleme, da er abbrannte"* (Bargmann, 2007, S. 19).

9.10 Übungsteil: Mit mehr Leichtigkeit agieren

In diesem Übungsteil können Sie lernen, wie Sie mit mehr Leichtigkeit agieren und was Sie machen können, wenn es anderen an der nötigen Leichtigkeit fehlt. Im einzelnen werden Sie die folgenden Techniken kennenlernen: 1. Ja-genau-Technik, 2. Zitate einflechten, 3. Danke-gleichfalls-Technik, 4. Ambivalenzen stehen lassen und 5. Positiv-negativ-komisch-Technik. Als weitergehende Übung bietet sich Ihnen eine autosuggestive Entspannungsübung an.

1. Die Ja-genau-Technik

Hinter jedem Vorwurf stecken angeblich verletzte Werte. Wenn Sie zum Beispiel wegen eines unaufgeräumten Schreibtisches kritisiert werden, dann ist das die versteckte Aufforderung, ordentlicher zu werden. Sie gehen hier auf die Kritik ein, indem Sie diese zunächst quittieren, dann aber in Ihrem Sinne weiterspinnen. Sehr effektiv ist die Technik dann, wenn es Ihnen am Ende gelingt, mit einer verblüffenden Leichtigkeit genau das Gegenteil dessen zu bestätigen, was Ihr Gegenüber eigentlich ausdrücken wollte.

Beispiele:

- *„Ihr Schreibtisch ist ja völlig unaufgeräumt!"– „Ja, herrlich, nicht wahr. So kann man doch wunderbar arbeiten."*
- *„So einen Unsinn habe ich schon lange nicht gehört!" – „Ja, genau. Vielleicht liegt es daran, dass Sie vorzugsweise sich selbst zuhören."*
- *„Da fehlt doch völlig der Bezug zur Realität." – „Ja, genau, Herr Kollege. Der fehlt komplett. Ich frage mich nur, warum es Ihnen noch nicht gelungen ist, diesen Bezug herzustellen."*

Übungssätze:

1. Endlich Schluss mit diesem Puppentheater!

Ihre schlagfertige Antwort:

2. Sie wissen alles besser!

Ihre schlagfertige Antwort:

3. So ein vollkommen guter Mensch wie Sie ist einfach für nichts zu gebrauchen!

Ihre schlagfertige Antwort:

_____

_____

_____

4. Du liegst viel zu oft in der Sonne!

Ihre schlagfertige Antwort:

_____

_____

_____

5. Das finde ich ziemlich uncool, was Sie da gemacht haben!

Ihre schlagfertige Antwort:

_____

_____

_____

2. Zitate einflechten

Sie werden angegriffen. Oder Sie befinden sich in einer ungewöhnlichen Situation. Wie auch immer. Und Sie haben ein Zitat im Kopf, das sich gerade anbringen lässt. Was gibt es Schöneres? Wenn es zur Situation passt, ist das extrem smart; falls nicht – macht nichts, denn die elegante Floskel verwirrt das Gegenüber garantiert. Legen Sie sich ein paar Lieblingszitate zurecht, die Sie immer wieder nutzen. Auch Politiker machen dies. Der bayrische Politiker Erwin Huber hatte 13 Jahre lang verschiedene Ministerposten inne. In fast allen Reden bemühte er stets sein Lieblings-Zitat: _„Luck is when opportunity meets preparation."_ So kannte er dieses Zitat wie kein anderer und konnte es immer wieder neu interpretieren. Ich habe Ihnen hier eine Reihe von nützlichen Zitaten zusammengestellt, es gibt jedoch auch viele

Bücher und online-Quellen wie zum Beispiel zitate.de, wo Sie sich schlau machen können, so dass Sie mit großer Leichtigkeit mit vielen schönen Zitaten auf mitunter nicht so schöne Zudringlichkeiten reagieren können. Wichtig ist, dass die Zitate kurz und knackig sind und das Sie selbst die darin enthaltene Aussagen nachvollziehen können.

Zehn knackige Zitate

1. *„Dass doch die Einfalt immer Recht behält."* Gotthold Ephraim Lessing

2. *„Eine Sache lernt man, indem man sie macht."* Cesare Pavese

3. *„Es hört doch jeder nur, was er versteht."* Johann Wolfgang von Goethe

4. *„Lieber Staub aufwirbeln, als Staub ansetzen."* Hubert Burda

5. *„Ich sage wenig, denke desto mehr."* William Shakespeare

6. *„Kluge Leute lernen auch von ihren Feinden."* Aristoteles

7. *„Nur die Hartnäckigen gewinnen Schlachten."* Napoléon Bonaparte

8. *„So manche Wahrheit ging von einem Irrtum aus."* Marie von Ebner-Eschenbach

9. *„Wer zu spät kommt, den bestraft das Leben."* Michael Gorbatschow

10. *„Wo aber Gefahr ist, wächst das Rettende auch."* Friedrich Hölderlin

---

Beispiele:

- *„Wie, das war's schon?"* – *„Wer zu spät kommt, den bestraft das Leben."*
- *„Herr Tintenfisch, Ihr Studium hat sich noch nicht bemerkbar gemacht."* – *„Kluge Leute lernen auch von ihren Feinden."*
- *„Sie sind mir zu frech!"* – *„Lieber Staub aufwirbeln, als Staub ansetzen."*

Übungssätze

1. Das müssen Sie aber im Griff haben, Sie Windei!

Ihre schlagfertige Antwort:

2. Und diese ganzen Akten wollen Sie noch lesen? Sie sind ja schlimmer als Edmund Stoiber!

Ihre schlagfertige Antwort:

3. Was haben Sie denn auf dem letzten Meeting wieder verzapft?

Ihre schlagfertige Antwort:

4. Regen Sie sich doch nicht so auf!

Ihre schlagfertige Antwort:

5. Du machst mich ganz wuschig!

Ihre schlagfertige Antwort:

3. Danke-gleichfalls-Technik

Die Danke-gleichfalls-Technik bedient sich einer höflichen Ironie. In der einfachsten Form antworten Sie mit „Danke gleichfalls, das kann ich zurückgeben!". Scheinbar freundlich bekommt der andere genau das serviert, was er Ihnen zuvor aufgetischt hat. Diese Technik eignet sich auch in formellen Situationen, da sie aufgrund ihrer ruhigen Tonlage und Eleganz eine angenehme Atmosphäre erzeugt. Sie bleiben rein und unschuldig, die Hände hat sich ja nun der andere vor Ihnen schmutzig gemacht ...

Beispiele:

- *„Sie plustern sich hier auf wie ein Pfau!" – „Danke gleichfalls, wenn es Ihnen sogleich aufgefallen ist, müssten Sie ja auch ein Pfau sein!"*
- *„Du übertreibst maßlos!" – „Danke gleichfalls, bei dir ist es nur ungleich maßvoller."*
- *„Sie erinnern mich verdammt an Horst Schlämmer!" – „Danke gleichfalls, nur Ihr Bart könnte noch etwas buschiger sein ..."*

Übungsätze:

1. Sie machen auf mich den Eindruck, als wären Sie das Oberhaupt einer Bananenrepublik, Herr Kapuziner.

Ihre schlagfertige Antwort:

_____

_____

_____

2. Sie sind ja fernsehsüchtig!

Ihre schlagfertige Antwort:

_____

_____

_____

3. Meiner Ansicht nach steigern Sie sich da in etwas hinein, Frau Möwe ...

Ihre schlagfertige Antwort:

_____

_____

4. Du klammerst wie ein Alleskleber!

Ihre schlagfertige Antwort:

_____

_____

5. Sie sind ja ein Held, wollen Sie die Dame nicht erst einmal aus der Parklücke lassen?

Ihre schlagfertige Antwort:

_____

_____

4. Ambivalenzen stehen lassen

Wenn Sie sich dieser Technik bedienen, sind Sie gewissermaßen die Toleranz in Person. Unter dem Diktum der Logik sind viele Menschen sehr bemüht, Widersprüchliches aus der Welt zu schaffen, indem Sie Erklärungen finden werden oder Diskussionen eröffnet haben. Mit einer fernöstlich angehauchten Sowohl-als-auch-Haltung, mit dem festen Glauben, das ein Yin und Yang zusammengehören, sind Sie insbesondere in Situationen, wo Ihnen Widersprüche vorgehalten werden, stets im Vorteil. Sie nehmen es einfach leicht und sagen sich: _„O.k., jeder hat doch so seinen Spleen."_

Beispiele:

- *„Das müssen wir jetzt einfach noch hinkriegen, Sie sind doch dabei, Frau Entenvogel?" – „Das glauben aber auch nur Sie. Jedem Tierchen sein Pläsierchen, Herr Schneeeule!"*
- *„Was haben Sie sich da nur bei gedacht, das hätten Sie mir sagen müssen." – „Oh, ich dachte, Reisende sollte man nicht aufhalten."*
- *„Also, Herr Hamster, wenn Sie ‚A' sagen, müssen Sie ja auch ‚B' sagen." – „Wissen Sie, Frau Schleiereule, ich finde das gar nicht so schlimm, wenn Sie so festgefügte Meinungen haben, ich mache Sie mir eben nur nicht zu eigen."*

Übungssätze:

1. Machen Sie sich nicht lächerlich.

Ihre schlagfertige Antwort:

_____

_____

2. Jetzt geben Sie doch zu, Herr Höckerschwan, dass Sie seinerzeit diesen verdammten Vorschlag gemacht haben!

Ihre schlagfertige Antwort:

_____

_____

3. Ich soll diesen Job übernehmen, wollen Sie mich umbringen?

Ihre schlagfertige Antwort:

_____

_____

4. Können Sie nicht lesen, Sie stehen vor einer Feuerwehreinfahrt!

Ihre schlagfertige Antwort:

_____

_____

_____

5. Also mal ehrlich, ein Highlight war deine Party ja nicht gerade.

Ihre schlagfertige Antwort:

_____

_____

_____

5. Positiv-negativ-komisch-Technik

Oberstes Gebot bei dieser Technik ist es, die Handlungsfreiheit zu bewahren beziehungsweise zurückzugewinnen, zu agieren und nicht automatisch zu reagieren. Es geht darum, den Antwortreflex zu umgehen. Sie müssen hier Ihre Schrecksekunde überwinden und den Reflex durch Fragen beim anderen auslösen. Es ist schließlich leichter, eine Haltung zu bewahren, als sie wiederzugewinnen. Dafür müssen Sie zunächst die Zahl Ihrer Reaktionsmöglichkeiten vergrößern. Karl Valentin sagte: _„Es gibt immer drei Seiten: die positive, die negative und auch noch die komische."_ Es gibt also immer mindestens zwei Alternativen und eine komische Dritte. Sie glauben das nicht?

Stellen Sie sich vor, Sie kommen erst spät abends in einem sagen wir mal Stuttgarter Hotel an. Gott sein Dank haben Sie reserviert. Denken Sie! Der etwas verschlafene Nachtportier sagt: _„Oh, das tut mir jetzt aber leid, wir sind leider schon voll. Da müssen Sie sich wohl woanders nach einem Plätzchen umsehen und das nächste Mal einfach früher aufstehen, das müssen Sie jetzt schon verstehen, Zu-spät-Kommende mögen wir hier nicht so gern!"_

Welche Möglichkeiten gibt es? Welche Fragen können Sie stellen? Die positive Variante: *„Super, ich wollte mir sowieso schon immer Stuttgart by Night ansehen."* Die negative Variante: *„Ich habe reserviert, also habe ich auch ein Anrecht auf ein Zimmer. Ich muss darauf bestehen, hier mit Ihrem Chef zu sprechen!"* Die komischen Varianten erfordern ein bisschen Kreativität, im folgenden finden Sie drei Alternativen.

Beispiele:

- *„O.k., das war jetzt ein nett gemeinter Scherz von Ihnen, wo geht es denn zu meinem Zimmer?"*
- *„Man sagt, Stuttgart ist so grün. Welche Grünflächen können Sie denn fürs Nächtigen empfehlen?*
- *„Na klar, das sehe ich schon ein, zwei Fremde in einem Bett, das wäre viel zu eng, aber hier in der Hotel-Lobby ist ja noch Platz. Sie könnten mir vielleicht noch eine Decke und eine Gläschen mit frischen Wasser für's Zähneputzen bringen, dafür ist es nie zu spät ..."*

Übungssätze:

1. Jetzt stellen Sie mal Ihre Löffel auf Empfang!

Ihre schlagfertige Antwort:

---

2. Herr Gaul, nehmen Sie das nicht persönlich, aber ich denke, es ist besser, wenn wir getrennt anreisen.

Ihre schlagfertige Antwort:

---

3. Alter Falter, jetzt kommen Sie mir doch nicht mit so was!

Ihre schlagfertige Antwort:

4. Sie werden mir jetzt gleich verraten, warum Sie ausgerechnet Herrn Bär mit eingeladen haben?

Ihre schlagfertige Antwort:

5. Herr Flunder, Sie sind ein richtiger Schürzenjäger!

Ihre schlagfertige Antwort:

Merke

Denken Sie immer daran: Angriffe sind die Worte derer, denen die Worte ausgegangen sind. Für das Prinzip der Leichtigkeit ist es vor allem wichtig, dass Ihnen viele gute Ideen einfallen, Sie müssen gar nicht alle zwingend aussprechen! Leichtigkeit ist nicht Leichtfertigkeit, wichtig ist, dass Sie trotz der guten Stimmung stets wissen, was Sie tun.

Ein Fall, wie ihn das Leben schreibt: Fall 7

„Na, ist Ihnen da was hingefallen?"

Fälle, die das Leben schreibt, hier der Fall von Laura K., die einen Fall schildert, bei dem sie es mit einem eher unsensiblen Handwerker zu tun hatte (*Studi VZ* , 25. März 2009):
Wir haben momentan Handwerker im Haus und als ich gestern so schön das Wohnzimmer gestaubsaugt hab, hab ich ne Blume umgeworfen. Handwerker meinte nur fröhlich: „Na, ist Ihnen da was hingefallen?"

Wie hätten Sie schlagfertig reagiert, wenn Sie Laura K. gewesen wären?

1. Ja-genau-Technik

2. Zitate einflechten

3. Danke-gleichfalls-Technik

4. Ambivalenzen stehen lassen

_____

_____

_____

5. Positiv-negativ-komisch-Technik

_____

_____

_____

Laura K. antwortete in diesem Fall übrigens tatsächlich wie folgt: _„Nein. Blumenkegeln ist mein Hobby. Ich üb gerade für nen Wettbewerb am Wochenende!!!"_ (_Studi VZ_, 25. März 2009). Auf diese Art und Weise war es ihr möglich, negative Emotionen in modifizierter Form auszuagieren. Manchmal reicht dies, um nicht das Gefühl zu haben, man habe geschwiegen wie ein dümmliches Schaf.

Weitergehende Übung: Entspannung über Autosuggestion

Keine Leichtigkeit ohne Entspannung. Diese Übung hilft Ihnen, vor schwierigen Situationen Ihre Mitte zu finden. Die Wissenschaft hat inzwischen sehr umfänglich die positive Wirkung der Autosuggestion beschrieben. Sprechen Sie mit sich selbst. Formen Sie Worte, die Ihnen helfen. Was muss im Einzelnen passieren?

- Ihre Muskeln sind entspannt.
- Ihre Atmung wird ruhig.
- Ihr Puls wird langsamer.
- Ihre Beine sind sehr schwer
- Ihrer Kehle ist locker.
- Ihrer Gesichtsmuskeln sind entspannt ...

Weitergehende Übung: Entspannung über Autosuggestion (Fortsetzung)

Machen Sie diese Übung im Liegen, wo sie sich gut entspannen können, zu Hause zum Beispiel auf Ihrem Sofa, im Büro lehnen Sie sich in Ihrem Stuhl zurück, schließen die Augen und unterbinden jegliche Störungen. So können Sie selbst in peinlichsten Situationen ruhig Blut bewahren. Für alle Kopfbewohner unter Ihnen gilt: Überprüfen Sie immer wieder, wer eigentlich über Ihr Denken bestimmt. Ziel ist es, eine mögliche Feindschaft gegen sich selbst mit Spaß und Leichtigkeit in eine Freundschaft zu verwandeln.

Kapitel 10:

Achtes Prinzip – Eloquenz

„Jedes Wort zu viel
ist ein Gedanke zu wenig.“
Albrecht Hauss

10.1 Einleitung: Die Sprache als hochwirksames Werkzeug

Denken Sie an die intelligente Spezies der Delfine. Elegant reiten sie auf den hohen Wellen der Ozeane und springen mehrere Meter aus dem blauen Nass. Ihr hochempfindliches Hörorgan hilft den Delfinen, sich zu orientieren. Um zu kommunizieren, benutzen sie verschiedene Laute, jedes Tier stößt dabei ein eigene charakteristisches Pfeifen aus. Wissenschaftler enthüllten nun eine erstaunliche weitere Fähigkeit dieser Zahnwale: Wenn ihnen ein Spiegel vorgehalten wird, erkennen sie sich selbst. Das gilt für Menschen leider nicht immer. Fast ist man veranlasst, hier den alten Spruch von Mark Twain zu bemühen: *„Gott hat den Menschen erschaffen, weil er vom Affen enttäuscht war. Danach hat er auf weitere Experimente verzichtet.“*

Aber Scherz beiseite, die spielerische Leichtigkeit, mit der wir im Alltag oft komplizierte, zwischenmenschliche Überlegungen anstellen, sollte uns nicht überraschen. Es handelt sich um *„Denk- und Verhaltensweisen, die bereits für unsere Vorfahren überlebenswichtig waren, sie haben sich daher bei uns [...] evolutionär fixiert"* (vgl. Schaar, 2007, S. 238). Das erfahrungsbedingte, intuitive Denken gehört ebenfalls in diese Kategorie. Zugang zur eigenen Intuition ermöglicht es, bei anderen gewisse Tabu- oder Schamgrenzen zu erspüren und dies so in die Kommunikation einfließen zu lassen. In besonderer Weise haben wir es geschafft, dies mit Sprache zu beschreiben und unsere Erfahrungen weiterzugeben. Sigmund Freud hat einmal gesagt: *„Derjenige, der zum ersten Mal anstelle eines Speeres ein Schimpfwort benutzte, war der Begründer der Zivilisation.“* Wohl wahr. Die

Sprache ist ein hochwirksames analytisches Instrumentarium und es ist zugleich auch ein Werkzeug oder je nach Anlass auch eine Waffe, mit dem bzw. der Sie unmittelbar etwas bewirken können.

Als Künstler oder Poet wird man entgegen der landläufigen Auffassung nicht geboren, vielmehr entwickeln Kinder, welche schon früh zwischen anderen vermitteln mussten, häufig ausgeprägte kreative Fähigkeiten. Eine Basisqualifikation von Führungskräften ist das Führen von Mitarbeitergesprächen, entsprechende Trainingsangebote haben einen hohen Zulauf. Unabhängig davon, ob dies für den Einzelnen unmittelbar beruflich verwertbar ist, erlauben es solche Programme, noch direkter, klarer und motivationsfördernder mit Mitarbeitern zu kommunizieren.

Nicht jeder möchte die Wahrheit hören, es sein denn Sie verpacken Sie in Zuckerwatte und das ist, kurz gesagt, die Kunst der Gesprächsführung. In einem großen Hotel einer deutschen Metropole war einmal zu lesen: *„Diplomatie ist die Kunst, jemandem in so netter und charmanter Weise zu sagen, dass er zur Hölle fahren soll, dass der Angesprochene sich sogar auf die Reise freut."* Wenn das Diplomatie ist, ist es dann nicht auch unsere Aufgabe, diese Reise so zu illustrieren, dass der Angesprochene etwas klarer erkennt, wohin die Reise geht?"

Wenn zu viele Rambos auf dem gesellschaftlichen Parkett einander die Waffen aus der Hand schlagen, bricht die Stunde der kreativen Geister an. Sprachliche Kreativität und das Arbeiten mit Sprachbildern haben entgegen geläufigen Vorurteilen nichts mit Fantasterei zu tun. Die Kunst, raffiniert ausgesuchte Bilder und Gleichnisse auf den Punkt zu formulieren, welche die sanften Sieger bis in die Fingerspitzen beherrschen, besteht vielmehr in der Suche nach Umwegen, dem Finden ungewöhnlicher Lösungen für festgefahrene Sichtweisen und dem Sieg mitmenschlicher Gemeinsamkeit über eventuelle Gegensätze hinweg. Wer den Gegner umarmt, macht ihn bewegungsunfähig. Gratulieren Sie Ihrem Angreifer, auch dann, wenn Sie ihm eigentlich viel lieber mal schön kräftig in den Hintern treten würden. Und spielen Sie mit dem, was Sie serviert bekommen. Denn je ernster Sie das Gesagte nehmen, desto mehr Freude bereitet es dem Angreifer. Kreative und eloquent angelegte Sprachreaktionen sind manchmal paradox und führen dennoch zum Ziel, wie etwa ein: „Nachgeben und trotzdem beharrlich bleiben" oder das Schachmatt-Setzen Ihres Widersachers, indem Sie ihn bewundern (Berckhan, 2008, S. 89 f.).

Wir können hier auch von einer eloquenten Zunge sprechen, mit der Sie zweierlei bewirken: Sie entschärfen die Angriffe der Gegenseite und Sie lenken die Aufmerksamkeit auf Bereiche, welche Ihnen wichtig sind. Das gilt insbesondere, wenn Ihnen ein Affront begegnet: *„Nichts gegen Deinen Lippenstift, aber ich habe so den Eindruck, Du folgst hier dem Motto ‚Auffallen um jeden Preis'"*, sagt die Schiegermutter zur betroffenen Schwiegertochter. *„Du meinst"*, so könnte hier eine sprachliche Übersetzung sein, *„dass es wichtig ist, aus der großen Gruppe der 08/15-Einheits-Abziehbilder knallig herauszuragen?"* Mit dem Prinzip der Eloquenz helfen Sie dem anderen seine vielleicht etwas unglückliche Wortwahl in ihrer mutmaßlich desaströsen Wirkung zu korrigieren. Eine Hilfestellung, für die man Ihnen Dank schuldet. Kostenlose Übersetzungsleistungen gewissermaßen. Und nehmen Sie eine innere Haltung ein, die es Ihnen ermöglicht, in Gedanken sogar eine Bezahlung einzufordern, wenn die Einsicht für den Wert Ihrer wertvollen Dienstleistung nicht gegeben sein sollte.

10.2 Eloquenz – Politik

„... erst passiert nicht, dann geht der Sand aus!"

Bei Thomas Mirow, dem SPD-Bürgermeisterkandidaten Hamburgs im Jahre 2004, wurde der Zusammenhang zwischen Charaktermerkmalen wie *„kompetent"*, *„charmant"*, *„in sich ruhend"*, *„Schalk im Nacken"* zum einen und *„Stressresistenz"* zum anderen hergestellt (*Die Welt*, 9. Februar 2004). Die Art und Weise wie Menschen des öffentlichen Lebens mit Belastungen umgehen, wie sehr beziehungsweise wie leicht sie sich *„stressen lassen"*, hat also einen nachvollziehbaren Einfluss auf Ihre innere Haltung und somit auf ihre Fähigkeit, schlagfertig zu sein. Auf die spontane Aufforderung der Moderatorin, einen Witz zu erzählen, antwortete Mirow selbstironisch mit dem Scherz, dass bei einer SPD-Regierungsübernahme in der Sahara *„erst gar nichts"* passiere und dann *„der Sand ausgeht"* (*Die Welt*, 9. Februar 2004). Seinem Kontrahenten Ole von Beust fiel dazu schlicht gar nichts mehr ein.

Auf dem Höhepunkt des Übernahmekampfes zwischen VW und Porsche sagte Angela Merkel auf einer Betriebsversammlung mit tausenden von Arbeitern in Wolfsburg: *„VW ist Deutschland – dafür kämpfen wir"*. Die Störenfriede aus Zuffenhausen kanzelt Sie geschickt ab: *„Die Baden-Württemberger können alles außer Hochdeutsch. Sie hier in Wolfsburg können alles – und noch Hochdeutsch dazu"* (*FAS*, 19. Juli 2009).

Schlagfertig und souverän präsentierte sich Angela Merkel auch während des Bundestagswahlkampfs 2009 auf dem Marktplatz in Bonn. *„Du weißt ja nicht, wann ich manchmal abends nach Hause komme"*, war Ihre Antwort auf die Frage von NRW-Ministerpräsident Jürgen Rüttgers, warum sie manchmal ihren Mann zum Einkaufen schicke (*Handelsblatt*, 26. August 2009).

Der SPD-Chef und gläubige Katholik Franz Müntefering war in einer Mission auf ungewohntem Terrain unterwegs. Als Laienprediger sollte er auf Einladung von Pfarrer Hamann zum Thema „Wie lässt sich ‚Christ sein' in eine politische Tätigkeit einbringen?" predigen. Anfangs schien Müntefering mit der neuen Rolle ein wenig Mühe zu haben. Erst ein kreischendes Baby brach das Eis. „Das sind die Jusos", meinte der SPD-Chef schlagfertig und sorgte für Schmunzeln bei den rund 60 Zuhörern (Die Welt, 19. April 2004).

Genscher bemerkte ebenfalls anlässlich seines 80. Geburtstages, dass er es der Kunst der Ärzte verdanke, wenn er nun vor dieser illustren Festgemeinde stehen dürfe. Deshalb begrüße er „die sehr vielen Vertreter des Ärztestandes im Saal ganz besonders" (Die Welt, 16. März 2007).

Heiner Geissler pflegte übrigens zu sagen: „Die Frage stellt sich so nicht, es stellt sich vielmehr folgende Frage …" Damit weicht er geschickt einem wie auch immer gearteten Dolchstoß aus und setzt zu einem ganz eigenen Manöver an. An manchen Universitäten in Deutschland ist es heute noch möglich, „Rhetorik" zu studieren, bei einigen „Studien Generali" und der Philosophie. Heiner Geissler gehört ohne Zweifel zu den alten Rhetorikkünstlern, damals war das Studium der Rhetorik noch verbreiteter.

10.3 Eloquenz – International

> „Im Interesse des Friedens sind wir dazu bereit."

Als der Generalstabschef der UdSSR, Sergej Fjodorowitsch Achromejew, in Genf bei den letzten Vorbereitungen des Vertrags zur Vernichtung nuklearer Mittelstreckenraketen gefragt wurde, ob es den sowjetischen Militärs schwergefallen sei, auf eine so große Anzahl von Gefechtsköpfen zu verzichten, antwortete er: „Wir hatten es schwer." Und er fügte hinzu: „Ich *denke aber, dass auch unsere Partner es nicht leichter hatten, diesen Vertrag vorzubereiten. "* Selbst den schelmischen Übertreibungen seines Außenministers Eduard Schewardnadse zeigte sich Achromejew gewachsen. *„Die sowjetischen und die amerikanischen Militärs"*, so hatte Schewardnadse seine Freude über die gelungenen Vertrags-Gespräche ausgedrückt, *„erwartet bis Ende dieses Jahrhunderts ein fröhliches Leben. "* Worauf Achromejew ebenso schlagfertig wie doppeldeutig ergänzte: *„Im Interesse des Friedens sind wir dazu bereit"* (*Die Zeit*, 11. Dezember 1987).

Die von US-Präsident Barack Obama geplante Gesundheitsreform bringt seine Gegner auf die Barrikaden. Einige der Gegner äußern sich dabei sehr differenziert, andere weniger. Das musste auch der demokratische Abgeordnete Barney Frank erfahren, der Obamas Pläne in einer Podiumsdiskussion zu verteidigen suchte. Ein junge Frau warf ihm ins Gesicht: *„Wieso unterstützen Sie diese Nazi-Politik?"* Frank reagierte nicht mit Ärger, sondern zunächst mit einer rhetorischen Frage: *„Auf welchem Planeten verbringen Sie eigentlich die größte Menge Ihrer Zeit?"*, und fügt dann nach einer längeren Ausführung seinerseits ebenfalls einen Vergleich hinzu: *„Mit Ihnen ein Gespräch zu führen ist wie mit einem Esstisch zu diskutieren, ich habe daran kein Interesse"* (*Basler Zeitung*, 21. August 2009).

10.4 Eloquenz – Wirtschaft

„Aufbrechen lohnt sich nicht ... "

Der seinerzeit 91-jährige Immobilienmogul Willi Bartels aus Hamburg, der sich speziell mit zahllosen Bauvorhaben in St. Pauli einen Namen gemacht hatte, zählte all die Gegenstände auf, die in einer Kupferkassette am Grund des 65-Millionen-Baus eingemauert werden sollten: Baupläne, Zeitungen, verschiedene Münzen. *„Willi, du kannst doch kein Geld verschenken"*, rief jemand aus dem Kreis der Gäste. *„Ach, Aufbrechen lohnt sich nicht"*, erwiderte Bartels schlagfertig. *„Das sind höchstens zehn Mark. "* Lautes Gelächter auf allen Seiten, denn die Sparsamkeit des alten Herrn ist bekannt. So drückte er in seiner Ansprache den Wunsch aus, der Bau möge *„günstig, planmäßig und ohne Zwischenfälle"* entstehen (*Die Welt*, 23. November 2005).

10.5 Eloquenz – Geschichte

„... die Hüte übertreffen sich wechselseitig. "

Abraham Lincoln: Im Selbststudium erlernte er die Rechtswissenschaft, als schlagfertiger Redner machte er in Illinois politisch Karriere (*Die Welt*, 15. Januar 2009). Lincoln war nicht besonders ansehnlich, vielleicht war er sogar der absolut unattraktivste Präsident der Vereinigten Staaten von Amerika. In einer Debatte wurde ihm vorgeworfen, dass er zwei Gesichter habe. Seine schlagfertige Antwort: *„Wenn ich zwei Gesichter hätte, meinen Sie wirklich, ich würde dann dieses hier tragen"* (Grothe, 2005, S. 27). Die Ergebnisse von zwei Hutmachern, welche jeweils sehr viel Aufwand in ihre Kreationen gesteckt hatte, kommentierte er mit: *„Nun, Gentlemen, die Hüte übertreffen sich wechselseitig!"* (ebenda, S. 242).

10.6 Eloquenz – Sport

„... aus Mist erwächst eine wunderschöne Blume. "

Auch Boxer sprechen von Schlagfertigkeit. Wladimir Klitschko sagte zum Beispiel: *„Es ist definitiv schwer, gegen Ibragimow zu boxen, denn er ist schlagfertig, aber auch sehr vorsichtig"*, und fügt an: *„Was nach dem Kampf in New York kommt, werden wir sehen. Es verspricht aber sehr, sehr interes-*

sant zu werden" (*Die Welt*, 20. Januar 2008). Im Ring zeigt sich Wladimir Klitschko zuweilen weniger schlagfertig als außerhalb, bemerkt unter dem Titel *„Sieger sehen anders aus"* die Presse süffisant (*Die Welt*, 4. Oktober 2009). Dass auch Wladimir Klitschko verbal schlagfertig ist, zeigen die folgenden Äußerungen über den Briten David Haye, gegen den Klitschko in Gelsenkirchen boxen sollt: *„Haye hat nichts außer einem großen Mund."* Der Kampf wurde von Haye verletzungsbedingt abgesagt, Klitschko kämpfte dann schließlich gegen den Usbeken Ruslan Chagaev. Klitschko hierzu: *„Der Fight ist noch besser als der Kampf gegen Haye. Haye ist absolut unreif. Als Mensch und als Kämpfer. Aber wie man sieht, aus allem Übel entsteht Besseres. Aus einem Haufen Mist erwächst eine wunderschöne Blume"* (*sport1. de*, 13. Juni 2009). Vitali und Wladimir sind ein Phänomen: Sympathieträger ersten Ranges, unverwechselbar und einzigartig. Die beiden Klitschkos waren in ihrer Jugend übrigens so schmächtig, dass von Papa Klitschko der Spruch überliefert ist: *„Vitali und Wladimir können sich hinter einem Strohhalm verstecken"* (Klitschko, 2002).

Bei einer Tagung der FIFA in Zusammenhang der Fußball-WM 2006 in Madrid fragte ein Sitzungsteilnehmer ironisch angesichts der Detailfülle der Ausführungen, ob denn auch schon Menü- und Weinfolge für die Bankette feststünden. Fedor Radmann, der das Organisationskomitee vertrat, antwortete hierauf: *„Die Menüfolge schon, aber die Weine sind noch nicht gekeltert."* (*Die Welt*, 22. Dezember 2002).

Schlagfertigkeit ist unabhängig vom Alter. In einem Interview – bei der Siegerehrung auf der Bühne vor 300 Golfern – gefragt nach seinen golferischen Zielen, konterte der jugendliche Sean Navin Shrestha Einhaus mit einer äußerst selbstbewussten Gegenfrage: *„Welche meinen Sie, die kurzfristigen, die mittel- oder die langfristigen Ziele?"* (*Die Welt*, 27. August 2006).

10.7 Eloquenz – Regionales

„… die Zeit, die vergeht, bis der Groschen fällt."

Von Heinz Schenk, dem Original der Hessischen Volksbelustigung (21 Jahre moderierte er insgesamt 134 Mal die Sendung *„Zum Blauen Bock"*) wird gesagt, dass die Entspanntheit des Alters – gepaart mit Witz und Schlagfertigkeit – eine ganz besondere trockene Mischung ergibt. Und typisch für ihn ist, dass er auf fast jede Frage eine Pointe parat hat. So reagierte er immer schneller als der Zuschauer und hatte seine ganz eigene Definition von Humor: *„Humor beim Zuhören lässt sich messen: Es ist die Zeit, die vergeht, bis der Groschen fällt."* Beliebte Sprüche von Heinz Schenk sind: *„Mein Großvater sagte immer: Trinke nie zu viel, denn die letzte Flasche, die umfällt, könntest du selber sein"* oder *„Das einzige, was man ohne Geld machen kann, sind Schulden"* (*Die Welt*, 19. Januar 2008). Wie lange hat Ihr Groschen zum Fallen gebraucht?

10.8 Eloquenz – Medien

„… wie lange dauert es, bis ihr die Posträuber habt?"

Auch die Beatles waren wohl dann besonders schlagfertig, wenn es ihr innerer Zustand erlaubte. Oder sagen wir es anders: wenn sie kreativ eingestimmt waren, *„Lucy in the Sky with Diamonds"* lässt grüßen. Auf die sarkastische Frage eines Scotland-Yard-Kommissars im Jahre 1965, wie lange ihr Ruhm wohl dauern werde, fragt John Lennon keck zurück: *„Und wie lange dauert es wohl, bis Ihr die Posträuber gefangen habt?"* (*Die Welt*, 5. November 2007).

Diese Anspielung saß! Das war auch ein Ding gewesen. Am Morgen des 8. August 1963 hatten 16 maskierte Männer den Postzug Glasgow-London überfallen und bei diesem in der britischen Kriminalgeschichte größten Coup 2,63 Millionen Pfund erbeutet.

In dieser Reaktion Lennons wird ein Gegenbild aufgebaut und all das was die britische Bevölkerung über die große Schmach für die stolzen Schlapphüte des Königreichs mit den nicht erwischten Posträubern weiß, wird präsent vor den Augen des Zuhörers. Ob der gegenwärtige Ruhm der Beatles tatsächlich endlich ist, tritt in diesem Moment kommunikativ in den Hintergrund. Ein geschickter Schachzug! Der Kopf der britischen Räuberbande Ronald Arthur Biggs sitzt übrigens inzwischen 80-jährig seit dem 7. Mai 2001(!) seine dreißigjährige Gefängnisstrafe in dem Londoner Hochsicherheitsgefängnis Belmarsh ab.

Im Juni 1966 während einer Deutschlandtournee fragte ein Interviewer John Lennon: *„Welche Träume haben Sie?"* Veröffentlicht waren zu diesem Zeitpunkt schon Alben wie *„Yellow Submarine", „Abbey Road"* und *„Let It Be"*, die Beatles fast auf dem Höhepunkt ihrer Popularität. Lennons Antwort: *„Dieselben wie Sie, nur sind wir reicher."* Die zweite Frage *„John, halten Sie Ihr Buch für Literatur oder haben Sie es aus Spaß geschrieben?"* parierte er mit der Rückfrage *„Muss das eine denn das andere ausschließen?"* (*Die Zeit*, 12. Dezember, 1980).

Auch hier entstehen Bilder, das „Entweder-Oder" des Reporters wird blitzschnell ersetzt durch eine sympathische neue Verbindung unterschiedlicher Lebenswelten. Du bist o.k. und ich bin im Grunde wie du, gleichzeitig bin ich auch ein anders und du darfst mich gerne auch ein bisschen bewundern, wenn du das möchtest. Und da ist sie wieder, die neue Schlagfertigkeit: schnell, überraschend und sympathisch und in diesem Fall deutlich vor ihrer Zeit.

Hier ein Beispiel dafür, dass die auf Eloquenz basierende Schlagfertigkeit mit dem Alter ansteigt. Als der Schauspieler und Sänger Johannes Heesters, der zu diesem Zeitpunkt 103 Jahre alt war, darauf angesprochen wurde, dass die ZDF-Moderatorin Nina Ruge ihren Job an den Nagel hängt, um mehr Zeit mit ihrem Mann zu verbringen, sagt Heesters: *„Ich bin auch verheiratet und stehe auf der Bühne. Frau Ruge muss doch ihren Beruf nicht aufgeben, um zu leben"* (*Die Welt*, 9. Dezember 2006).

10.9 Wirkung: Wie funktioniert das Prinzip Eloquenz?

Eloquenz ist vor allem eine Frage der Formulierung. Der Unterschied zwischen einen *„richtigen und einem beinah richtigen Wort ist der Unterschied von Blitz und Glühwürmchen"*, wie schon Mark Twain wusste. Studien zeigen, dass Menschen mit starken kommunikativen Fähigkeiten weniger Aggression in anderen auslösen, weil sie gelernt haben, mit Sprache geschickter umzugehen. Wir können auch sagen, Sprachbilder machen Angebote für jeden, der genügend Fantasie hat, diese zu sehen, zu deuten und gegebenenfalls weiterzuspinnen. Gleichzeitig versucht ein Künstler oder ein Poet sicherzustellen, dass beide Seiten sich wiederfinden. Ein großer Meister der „diplomatischen Künste" war übrigens Hans-Dietrich Genscher Zeit seines Lebens, aber natürlich insbesondere in seiner Funktion als deutscher Außenminister. Auch er hatte die Fähigkeit, mögliche negative emotionale Reaktionen des anderen schon vorwegzunehmen und diese in der eigenen Kommunikation mit zu berücksichtigen.

10.10 Übungsteil: Eine facettenreichere Sprache entwickeln

Im Übungsteil geht es vor allem darum, eine facettenreichere Sprache zu entwickeln und diese in Situationen, welche Schlagfertigkeit erfordern oder ermöglichen, parat zu haben. Sie lernen hier die folgenden Techniken kennen: 1. Positive Umdeutung, 2. Der geschickte Vergleich, 3. Das Blatt wenden, 4. Churchill imitieren sowie 5. Den Härtegrad anpassen. In der weitergehenden Übung können Sie sich mit besonderen Formulierungen und Ausdrucksweisen beschäftigen.

1. Positive Umdeutung

Die positive Umdeutung ist eine Dolmetscher-Technik, bei der eine Aussage positiv gewendet wird. Aus einer Beleidigung kann so in Sekundenschnelle ein Kompliment gedolmetscht werden. Ein sehr schöner theoretischer Rahmen hierfür ist das sogenannte *Reframing*, also das Nutzen eines veränderten Rahmens im Sinne einer Umdefinition oder Umdeutung. Wird dem Sinn ein anderer Rahmen (englisch für „frame") gegeben, so verändert sich auch die Bedeutung eines Satzes, einer Äußerung. Im Deutschen sprechen wir auch von einer Veränderung des Bezugsrahmens. Sie stellen sich weder klug noch dumm, Sie verstehen die Dinge aufgrund Ihres grundsätzlich anderen Bezugsrahmens ganz anders als das Ihr Gegenüber intendiert hat. Anwendungsfelder für diese Technik sind: Beleidigungen, Kränkungen, Vorwürfe, unsachliche Kritik.

Eine solche Umdeutung entsteht auch häufig, wenn Sie nur ein einzelnes Wort hinzufügen. Wenn Sie zum Beispiel von sich denken: *„Ich kann das einfach nicht!"* und darüber frustriert sind, dann fügen Sie in diesen Satz einmal das Wörtchen „noch" ein: *„Ich kann das einfach noch nicht!"* Aha, die Bedeutung ändert sich. Was sich zunächst niederschmetternd angehört hat, ist jetzt Teil eines Veränderungsprozesses. Sie arbeiten an sich, folglich sind Sie halt „noch" nicht so weit, es ist alles eine Frage der Zeit. Ähnlich wirkungsvoll ist übrigens der Satz *„Wer weiß, wozu es gut ist!"* Nehmen Sie diesen Satz mit in Ihren Alltag und nutzen Sie ihn in Momenten, in denen Sie sich bisher geärgert hätten. Eine solche offene, gelassene und interessierte Haltung brauchen wir für die neue Schlagfertigkeit.

Lassen Sie uns das Vorgehen bei einer solchen positiven Umdeutung einmal durchspielen. Sie werden gleich sehen, dass es hier mehrere Möglichkeiten für eine Umdeutung gibt (Dahms & Dahms, 2004, S. 82):

Angriff: „Du Froschkönig."

Umdeutung 1: „Wenn Froschkönig für dich bedeutet, dass ich eine Krone tragen sollte, dann ist das meinem Leistungsvermögen angemessen."

Umdeutung 2: „Wenn Froschkönig für dich bedeutet, dass ich alle in den Brunnen gefallenen Sachen für dich heraufhole, dann bezahle mich fürstlich oder verlasse dich nicht darauf."

Umdeutung 3: „Wenn Froschkönig für dich bedeutet, dass ich von dir geküsst werden möchte, dann versuche doch dein Glück."

Bei der neuen Schlagfertigkeit suchen wir uns immer diejenige Umdeutung heraus, welche für die Situation am besten passt und bei der im Zweifel beide etwas zu lachen haben.

Weitere Beispiele:

- *„Na, was haben Sie denn da heute wieder Ausgesuchtes an?"* – *„Danke, ich finde den Anzug auch sehr ansprechend. Schön, dass er Ihnen auch so gut gefällt."*
- *„Sie haben keine Ahnung!"* – *„Sie meinen, wir haben unterschiedliche Auffassungen über das Projekt."*

- *„Sie sind nicht teamfähig!" – „Ja, es gelingt mir durchaus, schwierige Aufgaben eigenverantwortlich zu lösen."*

Übungssätze:

1. Das haben Sie aber gar nicht gut gemacht!

Ihre schlagfertige Antwort:

_____

_____

2. Mein Gott, das gibt es doch gar nicht!

Ihre schlagfertige Antwort:

_____

_____

3. Das ist eine abstruse Theorie!

Ihre schlagfertige Antwort:

_____

_____

4. Da bewegen Sie sich jetzt aber auf einem Holzweg!

Ihre schlagfertige Antwort:

_____

_____

5. Das ist ja reine Spekulation!

Ihre schlagfertige Antwort:

_____

_____

_____

Tipp

Eine andere, sehr simple Reframing-Übung arbeitet übrigens nicht mit Wörtern oder Gedanken, sondern mit Ihrer Mimik. Wenn Sie zum Beispiel schlecht gelaunt sind oder sich über etwas ärgern, kann ein einfaches Lächeln Wunder wirken – probieren Sie es aus! Was meinen Sie? Bei welchen emotionalen Zuständen wäre ein solches Lächeln bei Ihnen besonders sinnvoll?

---

2. Der geschickte Vergleich

Der Vergleich setzt zwei Dinge miteinander in Beziehung, die erst einmal gar nichts miteinander zu tun haben. Deswegen gibt es glückliche und unglückliche, geschickte und ungeschickte Vergleiche. Die goldene Regel ist: Wählen Sie die Elemente des Vergleichs so, dass der Vergleich Ihre Idee bestmöglich unterstützt. Wenn Sie der Vorstand der Deutschen Bahn sind und man Ihnen vorwirft, Ihren Job nicht richtig zu machen, könnten Sie sagen: *„Ein Vorstand der Deutschen Bahn kann ja schließlich nicht daran gemessen werden, ob er ein guter Lockführer oder ein guter Schaffner ist!"* Wenn Sie sagen wollen, das etwas ziemlich teuer ist, drücken Sie es vielleicht in D-Mark aus: *„Dieses Steak vom argentinischen Rind soll 28,90 Euro kosten, das sind umgerechnet 57,80 D-Mark. Das ist doch viel zu teuer!"*

Der geschickte Vergleich versucht Dinge wieder in die richtige Relation zu bringen. Dafür kann es auch schon mal nötig sein, einen drastischen Vergleich zu wählen, wenn dieser die Sache im Kern trifft. Wenn der Vergleich nicht trifft, sollten Sie sich diesen eher sparen. Allerdings: wenn die Idee für den Vergleich gut ist und trägt, dann ist es häufig eine Frage der Formulierung und des präzisen Umgangs mit Sprache, dass der Vergleich am Ende auch überzeugend rüberkommt.

Beispiele:

- *„In wirtschaftlich schlechten Zeiten können Sie doch nicht mehr Geld für Ihre Tätigkeit fordern!" – „Was soll ich denn tun? Haben Sie schon versucht von einem Gehalt zu leben, der nur marginal über dem Sozialhilfesatz liegt?"*
- *Ein Schüler zum Physik-Lehrer: „Was ist der Unterschied zwischen konvex und konform?" – Der Pädagoge: „Ungefähr dasselbe wie zwischen Brustübel und Brautstübel oder wie zwischen Pettenkofer und Patentkoffer!"*
- *„Sie sind genauso gebildet wie mein Dackel." – „Haben Sie aber einen gebildeten Dackel!"*

3. Das Blatt wenden

Diese Technik machten sich die zahlreichen Redewendungen zunutze, welche die Sprache bereithält. Diese Redewendungen erzeugen eine Plausibilität, mit der Sie sehr überzeugend das Blatt zu Ihren Gunsten wenden können. Sie nutzen mit existierenden Redewendungen gewissermaßen die geistigen Trampelpfade, welche in unseren Köpfen kulturell angelegt sind. Interessant ist hier, dass es in anderen Ländern andere Redewendungen gibt. Diese Technik lässt sich daher nicht eins zu eins in einen anderen Kulturkreis übertragen. Allerdings können Sie fremdländische Redewendungen in einer anderen Sprache genauso für eine schlagfertige Antwort nutzen, wenn Sie mit der Sprache und der Kultur vertraut sind. Doch zurück zu unserem Kulturraum.

1. Das Pferd von hinten aufzäumen.
2. Das ist doch schon die halbe Miete.
3. Die Rechnung ohne den Wirt machen.
4. Wer zuletzt lacht, lacht am besten.
5. Eine Laus über die Leber gelaufen.
6. Seinen Innereren Schweinehund überwinden.
7. Über den eigenen Schatten springen.
8. Die Hände in Unschuld waschen.
9. Die Spreu vom Weizen trennen.
10. Den Teufel mit dem Beelzebub austreiben.

Es gibt natürlich noch viel mehr und wenn Sie kurz nachdenken, fallen Ihnen auch sicher noch einige davon ein. Schauen Sie sich nun die Beispiele an, bei denen diese im Sinne der neuen Schlagfertigkeit einsetzt werden!

Beispiele:
- *„Ihr Kaffee ist ja eine richtige Plörre!" – „Da wasche meine Hände in Unschuld, für die Kaffemaschine ist eine externe Firma zuständig."*
- *„Das ist doch alles Unsinn, ich habe einfach keine Zeit mich weiterzubilden." – „Da müssen Sie nur Ihren inneren Schweinehund überwinden."*
- *„Sie haben ja nicht mal Abitur." – „Sagen Sie mal, Ihnen ist doch wohl keine Laus über die Leber gelaufen?"*

Übungssätze:

1. Jetzt seien Sie doch mal nicht so aggressiv, Herr Pudel!

Ihre schlagfertige Antwort:

---

2. Sie sehen so geistesabwesend aus!

Ihre schlagfertige Antwort:

---

3. Komm Junge, gib auf, du bist schachmatt.

Ihre schlagfertige Antwort:

---

4. Moin Moin, alter Haudegen. Was hast du denn diesmal ausgefressen?

Ihre schlagfertige Antwort:

---

5. Ich kann hier einfach kein Zugeständnis machen, für Sie schon gar nicht.

Ihre schlagfertige Antwort:

4. Imitieren Sie Churchill!

Warum immer das Rad neu erfinden? Was Winston Churchill konnte, können Sie doch auch! Erinnern Sie sich, Lady Astor sagte: *„Wenn ich Ihre Frau wäre, würde ich Ihnen Gift in den Tee geben."* Und Churchill konterte: *„Und wenn ich Ihr Mann wäre, würde ich den Tee trinken."*

Lassen Sie uns die von ihm genutzte Figur noch einmal formal beschreiben:

1. Person → 2. Person: *„Wenn ich A wäre, würde ich X tun."*

2. Person → 1. Person: *„Und wenn ich B wäre, dann würde ich Y tun."*

Ein spannendes Spiel mit der Logik von Worten und dem Sinn von Sätzen. A und B sind unterschiedliche Perspektiven, welche ein anderes Licht auf die scheinbar gleichen Dinge werfen. Durch die Transformation von X nach Y entsteht eine gegenläufige Bewegung und der Sinn des Satzes erfährt eine nachhaltige Bedeutungsveränderung.

Zwei weitere Beispiel-Sequenzen

* *„Wenn ich Ihr Chef wäre, würde ich Sie sofort rausschmeißen."* – *„Und wenn ich Ihr Mitarbeiter wäre, würde ich von mir aus die Flucht ergreifen."*
* *„Wenn ich ein Maler wäre, würde ich mich weigern, Sie zu malen."* – *„Wenn ich ein Modell wäre, würde ich darauf bestehen."*

Es geht also erst einmal um gegenseitige, aber unterschiedlich gelagerte Abhängigkeiten. Mann und Frau. Chef und Mitarbeiter. Maler und Modell. Zum anderen geht es um die Bedeutungsverschiebung durch die ausgetauschten Worte. Wir könnten auch sagen, der dramaturgischen Kipppunkt, die ausgelöste Bedeutungsverschiebung also, liegt bei den Verben.

„geben" **wird überführt in** *„trinken"*
„rausschmeißen" **wird zu** *„die Flucht ergreifen"*
„sich weigern" **wird transformiert in** *„darauf bestehen"*

Aus Mord wird so plötzlich Selbstmord, Zwang wird überführt in Freiwilligkeit und Widerstand wird im Handumdrehen zu einem persönlichen Anliegen transformiert. Ein bisschen Magie gehört noch dazu und schon stoßen Sie die Tür auf zu einer neuen Welt der Schlagfertigkeit. Die beschriebene Technik ist die Tür, mit welcher Sie diese Welt betreten können!

Und jetzt fragen Sie sich sicherlich: Gut, aber ist das nicht auch ein Beispiel für die alte, verbissene Schlagfertigkeit? Ja und nein. Ja, wenn Sie diese Varianten mit vollem Ernst und Ihrer ganzen Bösartigkeit einsetzen. Nein, wenn Sie mit Ihrem Gegenüber gemeinsam über die Raffinesse dieser sprachlichen Winkelzüge lachen, oder doch zumindest schmunzeln können.

Weitere ähnliche Beispiele

- *„Wenn man Sie so sieht, könnte man meinen bei Ihnen sei eine Hungersnot ausgebrochen."* – *„Und wenn man Sie so sieht, könnte man meinen, Sie sind schuld dran!"*
- *Ein Lehrer zu einem nicht ganz so fleißigen Schüler: „Als George Washington hier auf unserer Schule war, war er einer der besten Schüler."* – *Der Schüler, triumphierend: „Und als er in Ihrem Alter war, war er Präsident der Vereinigten Staaten."*
- *Der Staatsanwalt zu einem Freispruch: „Wenn das Recht sein soll, dann verbrenne ich alle meine juristischen Bücher."* – *Der Strafverteidiger: „Besser wäre es, Sie würden sie erst einmal lesen."*
- *Ein Sechsjähriger zu seiner älteren Schwester: „Warum malst du denn immer so viel in deinem Gesicht herum?"* – *„Damit ich schöner werde."* –*„Warum wirst du es dann nicht?"*

- *Eine junge Dame fragt einen bekannten Komponisten: „Überlegen Sie immer lange, ehe Sie etwas komponieren?" – Die kühle Antwort: „Überlegen Sie immer lange, bevor Sie etwas fragen?"*
- *Er im Kaufhaus etwas anmaßend zu einer Verkäuferin: „Was würden Sie sich wünschen, wenn Sie meine Frau wären?" – „Einen anderen Mann!"*
- *Ein Student stammelte in der Medizin-Prüfung: „Der Larynx beziehungsweise Pharynx, im Volksmund auch Schlund oder Gurgel genannt ..."*
  – Der Professor: „Wissen Sie, ich gebe Ihnen für Ihre Prüfungsleistung jetzt eine drei, im Volksmund auch fünf genannt!"

Eigene Beispiele kreieren: Versuchen Sie selbst dieses Schema zu nutzen! Kreieren Sie fünf eigene Doppelsätze:

1. Noch so ein Vorfall, Herr Wurm, und Sie können sich einen neuen Job suchen!

Ihre schlagfertige Antwort:

_____

_____

2. Es sind Leute wie Sie, die uns das Leben schwer machen!

Ihre schlagfertige Antwort:

_____

_____

3. Lernen Sie erst einmal selbstständig etwas zu erledigen, dann sehen wir weiter!

Ihre schlagfertige Antwort:

_____

_____

4. Wenn man dir etwas Vertrauliches mitteilt, dann kann man es sich morgen von den Nachbarn erzählen lassen!

Ihre schlagfertige Antwort:

_____

_____

_____

5. Wenn ich Ihr Berater wäre, ich würde mal richtige Profis ranlassen!

Ihre schlagfertige Antwort:

_____

_____

_____

5. Den Härtegrad anpassen

Der Grundgedankte ist hierbei, in einem vergleichbaren Härtegrad zu reagieren wie das Gegenüber. Es geht also hier darum, eine Sensibilität für die Angemessenheit einer Maßnahme zu entwickeln. Wenn Sie angegriffen werden, erwidern Sie diesen Angriff, und zwar nicht so wie es der Satz logisch erfordert, sondern so wie es psychologisch angemessen ist. Ein Satz wie _„Mein Gott, sind Sie beschränkt"_ lässt sich durchaus quittieren mit _„Damit kann ich leben. Denn seit ich Sie kenne, weiß ich, dass es deutlich schlimmer hätte kommen können."_ Sie nehmen Ihrem Gegenüber gewissermaßen seine eigene Waffe aus der Hand und richten diese gegen ihn. Wir könnten auch von einer Retour-Technik sprechen, entscheidend ist hier die angemessene Härte, nicht zu viel, aber auch nicht zu wenig.

Es gibt jedoch auch Grenzen: _„Ihnen hat man wohl ins Gehirn geschissen"_ ist zum Beispiel eine grobe Beleidigung. Hier sollten Sie das Gespräch und perspektivisch auch den Kontakt abbrechen, zudem können Sie eine Anzeige wegen Beleidigung erwägen. Im beruflichen Kontext ist in jedem Fall eine Klärung über den Vorgesetzen oder die Personalabteilung herbeizuführen.

Sätze wie *„Jetzt raus hier oder du kriegst eins in die Fresse"* sind laut Gesetz Nötigungen, auf die es keine empfehlenswerte schlagfertige Antwort gibt, da hier operativ in aller Regel eine Deeskalationsstrategie zu empfehlen ist.

In solchen Fällen geht es zunächst vor allem darum, die Situation als solche zu stabilisieren und weitere Zuspitzungen zu verhindern. Dennoch handelt es sich bei den genannten Beispielen um ehrverletzende Beleidigungen beziehungsweise um sogenannte verwerfliche Nötigungen. Das sind strafrechtlich relevante Sprechhandlungen, die Sie nicht auf sich sitzen lassen müssen. Ein sofortiger Gesprächs- beziehungsweise Kontaktabbruch, gegebenenfalls verbunden mit einer Anzeige oder eine Klärung des Vorfalls durch eine übergeordnete Instanz im Unternehmen ist hier anzuraten. Allerdings sollten Sie sich erst dann um diese weitergehenden Schritte kümmern, wenn die unmittelbare Bedrohung vorüber ist!

Nun aber zurück zu unseren Beispielen mit angemessenem Härtegrad. Je schärfer der Ball angeschnitten wurde, desto gepfefferter schießen Sie ihn zurück, wie die folgenden Beispiele zeigen. Auch Galgenhumor ist hier ein probates Mittel.

Beispiele:
- *„Mal wieder Probleme mit dem Einparken gehabt?" – „Nein, diesmal hat sich die U-Bahn verfahren!"*
- *Zwei alternde Filmdiven: „Ich erinnere mich noch an Ihre Erfolge aus der Stummfilmzeit, allerdings habe ich keine der Filme gesehen, ich war noch im Kindergarten." – „Ich wusste gar nicht, dass Sie Kindergärtnerin waren, bevor Sie zu filmen versuchten."*

Übungssätze:

1. Was war eigentlich Ihr IQ?

Ihre schlagfertige Antwort:

2. Sie haben ja von Tuten und Blasen keine Ahnung.

Ihre schlagfertige Antwort:

3. Sie können ja nicht mal richtig Deutsch!

Ihre schlagfertige Antwort:

4. Jetzt kommen Sie mal wieder auf den Teppich, Sie Hanswurst!

Ihre schlagfertige Antwort:

5. Das haben Sie ja wieder einmal ganz besonders fein gemacht, Frau Ratt!

Ihre schlagfertige Antwort:

Fälle, die das Leben schreibt: Fall 8

„Bei dem Arsch kauf lieber fünf Schachteln!"

Fälle, die das Leben schreibt, hier der Fall von Sybille E., die sich in einem Kiosk eine Schachtel Zigaretten kaufen wollte (*Studi VZ*, 15. Januar 2009):

„Als ich vor nem Jahr mal Zigaretten kaufen war, meinte mal so'n Penner zu mir: Bei dem Asch kauf dir mal lieber fünf Schachteln!"

Wie hätten Sie schlagfertig reagiert, wenn Sie Sybille E. gewesen wären?

1. Positive Umdeutung

2. Der geschickte Vergleich

3. Das Blatt wenden

4. Churchill imitieren

_____

_____

_____

5. Den Härtegrad anpassen

_____

_____

_____

Als Sie Ihre Zigaretten gekauft hatte, ist sie dann übrigens hinterhergelaufen und sagte: „*Und du friss lieber nen Duden, damit du ne Runde intelligenter wirst!*" Hier findet eine emotionale Entlastung statt. Sie trifft damit vermutlich genauso hart, wie Sie sich getroffen fühlte. Wo genommen wird, wird eben auch gegeben.

Tipp

Es ist zuweilen besser zu schweigen und alle glauben zu lassen, man sei ein Trottel, als zu reden und alle Zweifel zu beseitigen. Anders formuliert: Kluge Leute erkennt man daran, dass sie bei einem Anfall von Dummheit schweigen. Zur Not nehmen Sie sich eine kleine Auszeit und greifen den Faden dann wieder auf, wenn Sie sich dazu in der Lage fühlen. Das hilft häufig allen Beteiligten, denn destruktives Verhalten hat mit mangelnden Ressourcen zu tun, und da lohnt es sich, die Akkus noch mal kurz aufzuladen.

Weiterführende Übung: Besondere Formulierungen und Ausdrucksweisen

Eloquenz geht mit Wortschatz und facettenreicher Sprache einher. Hier hilft unseres Erachtens vor allem Beschäftigung mit Sprache. Eine Lehrerin für Deutsch berichtete neulich: „*Lesen formt das Sprachvermögen ungemein.*

Kinder, die viel lesen, schreiben auch bessere Aufsätze als reine Nintendo-Freaks." Auch im Alltag können Sie Ihr Sprach- und Ausdrucksvermögen trainieren. Versuchen Sie stärker mit besonderen Formulierungen und herausfordernden Sprachbildern zu arbeiten. Hierfür ist es äußerst hilfreich, schöne Formulierungen und interessante Sprachbilder zu sammeln, die Sie immer wieder anbringen können.

Beispiele für besondere Formulierungen:
- *„Mich beeindrucken Ihre Worte nicht."*
- *„Meine Begeisterung hält sich in extrem engen Grenzen."*
- *„Ich habe das mit hochgradigem Bedauern zur Kenntnis genommen."*
- *„Machen Sie sich erst einmal unbeliebt, dann werden Sie auch ernst genommen."*
- *„Ich habe leider nicht die Fähigkeit, uneingeschränkt in die Zukunft zu schauen!"*

Beispiele für herausfordernde Sprachbilder:
- *„Wäre ich eine Katze, würde ich mich jetzt hinter dem Ofen zusammenrollen."*
- *„Wenn Sie hier schon mit Kanonen auf Spatzen schießen, dann sollten Sie wenigstens treffen."*
- *„Ich sehe, die Würfel sind gefallen, aber nicht für das ganze Projekt."*
- *„Da bekomme ich ja gleich rote Ohren!"*
- *„Wir wollen den Teufel nicht an die Wand malen, aber ich finde, wir sollten wissen, wie er aussieht."*

Und jetzt sind Sie dran. Finden Sie besondere Formulierungen oder herausfordernde Sprachbilder für:

1. Ich finde das schlecht.

_____

_____

_____

2. Hier haben Sie unrecht.

_____

_____

_____

3. Ich glaube Ihnen kein Wort!

_____

_____

_____

4. Das ist noch nicht zu Ende gedacht.

_____

_____

_____

5. Wir müssen hier endlich weiterkommen.

_____

_____

_____

Kapitel 11:

Wie schlagfertig wollen Sie noch werden?

„Es gibt mehr Leute, die kapitulieren,

als solche, die scheitern."

Henry Ford

Ein Richter nach dem Urteilsspruch: *„Betrachten Sie hiermit den Fall als abgeschlossen?"* – Angeklagter: *„Nein, ich werde Berufung einlegen. Wenn ich nicht recht bekomme, gehe ich bis zum jüngsten Gericht!"* So oder ähnlich sollten Sie mit Situationen verfahren, wo Sie nicht schlagfertig sind. Ändern Sie die Regeln, und wenn es auf normalem Wege nicht geht, dann suchen Sie halt auch einmal spirituellen Beistand! Ein paar Ideen hierfür möchte ich Ihnen in diesem Kapitel noch gerne an die Hand geben. Außerdem können Sie hier überprüfen, wie viele der Techniken und weiterführenden Übungen Sie tatsächlich durchgeführt haben, und für sich festlegen, was Sie sich noch vornehmen, um ein wahrer Meister der Schlagfertigkeit zu werden.

11.1 Die neue Schlagfertigkeit im Job

Dieser Erfahrungsbericht ist doch frappierend: *„Ich arbeitete in einem Eiscafé, ich war 21, knapp bei Kasse und hatte Semesterferien. So stand ich oft zehn Stunden lang hinter der Eistheke oder bediente an den Tischen für acht Mark die Stunde. Ich lernte Gelassenheit angesichts der unentschiedenen und drängelnden Gäste (meist Rentner) oder weinenden Kinder, denen das blaue Schlumpfeis doch nicht schmeckte. Vor allem lernte ich, mich zu wehren gegen meinen Chef, der um keinen anzüglichen Witz verlegen war. Damit quälte er auch meine Freundin, die dort ebenfalls arbeitete. Sie kündigte bald, weil sie seine Sprüche nicht mehr aushielt. Ich wollte mich nicht kleinkriegen lassen, den Job behalten und ließ ihn ebenso deutlich, wie er mich anmachte, wissen, dass ich nichts von ihm wollte. Das funktionierte: Irgendwann gab er auf. Man muss nur schlagfertig sein, dann kommt man selbst mit Machos zurecht"* (*Die Zeit*, 23. August 2007). Der gleiche Job, derselbe Chef und doch setzt sich die eine durch und bleibt, während die andere von sich aus geht.

Menschen, die Sie nicht vor den Kopf stoßen sollten

Es gibt bestimmte Personen, die Sie nicht zwingend vor den Kopf stoßen sollten. Denken Sie zum Beispiel an Vorgesetze, Kollegen oder auch Kunden, also Personen, von denen Sie zum Teil auch abhängig sind. Teilweise erfahren Sie erst später über Dritte, dass Sie jemandem vielleicht irgendwie auf die Füße getreten sind, dass Sie mit Ihrem Verständnis von Humor oder Schlagfertigkeit ein wenig zu weit gegangen sind. Wie also können Sie reagieren?

Man sollte sich stets klar vor Augen halten, dass es einen elementaren Unterschied gibt zwischen Duckmäusertum und einer klaren Haltung. Bei letzterer ist es wichtig, dass Sie den anderen nicht verletzen und trotzdem Ihre eigenen Interessen verfolgen. Was ist also ein erfolgversprechendes Vorgehen?

Erliegen Sie nicht der Versuchung, sich rechtfertigen zu wollen. Dies ist zwar sehr verlockend, kann aber unter Umständen die Situation weiter zuspitzen. Warten Sie ab, bis Sie – und Ihr Gegenüber – sich wieder beruhigt haben, und suchen Sie dann ein Gespräch. Beachten Sie dabei folgende Fragen:

- Was hat Ihr Gegenüber geärgert?
- Was sollte Ihr Gegenüber wissen?
- Was ist Ihr Ziel?
- Welche Formulierungen wählen Sie?

Oft wollten Sie Ihr Gegenüber nicht wirklich treffen. Eine solche offene Aussprache hilft künftig Situationen zu vermeiden, die leicht missverstanden werden können.

11.2 Berufliche Abhängigkeiten: Blockieren und Zugeständnisse machen

Das Blockieren wie zum Beispiel: *„Bis hierhin, aber keinen Schritt weiter!"* ist zwar zuweilen hilfreich, aber nicht wirklich schlagfertig. Damit ist es für Vertreter der neuen Schlagfertigkeit nicht wirklich zu empfehlen. Da ist zu viel Ernst, zu wenig Spielraum, schnell wird aus vorgeblicher Schlagfertigkeit bemühte Schläfrigkeit. Im beruflichen Kontext mit einer starken Abhängigkeit kann eine solche Vorgehensweise jedoch durchaus berechtigt sein. Hier einmal eine Blockvariante kombiniert mit einer sehr moderaten Form der Nachdenker-Technik, die Sie bereits kennengelernt haben.

„Mit welchen Zahlen haben Sie denn gearbeitet? Die sind ja gar nicht geht mehr aktuell!" – *„Ich habe meiner Meinung nach bereits die aktuellen übernommen. Aber ich überprüfe das natürlich. Kann ich Sie später darauf ansprechen?"*

Ähnlich funktioniert es, wenn Sie Zugeständnisse einsetzen. Sie haben einen Fehler gemacht, dann können Sie auch dazu stehen. Zeigen Sie aber auch Handlungsoptionen auf, wie Sie sich verbessern wollen.

„Sie kommen zu spät zur Arbeit!" – *„Entschuldigung, das tut mir leid. Ich werde ab sofort pünktlich kommen."*

Perspektivisch sollten Sie jedoch dafür sorgen, dass Sie sich beruflich in einer Situation befinden, in der Sie schlagfertig sein dürfen. Nur so können Sie die klassischen und neuen Formen der Schlagfertigkeit in vollem Umfang für Ihre persönliche Entwicklung, für die Kommunikation mit und die Inspiration für Ihre Kollegen, Ihre Vorgesetzen und auch Ihre Kunden nutzen. Das ist nicht nur für Sie erquicklicher, sondern es ist auch die optimale Situation für das Unternehmen oder für die Organisation, für die Sie Ihre Arbeitskraft einsetzen.

Variation ist Trumpf: Die Ebenen mischen

Variieren Sie lieber. Fusion heißt das in der Musik. Reagieren Sie auf Angriffe flexibel. Mal parieren Sie, indem Sie die Beziehungsebene ignorieren, mal schalten Sie die Schachlogik aus. Auch so können Sie überraschend punkten.

Sie haben oben bereits Friedemann Schulz von Thun kennengelernt und dessen Modell der vier Seiten einer Nachricht. Dies lässt sich nutzen, indem Sie Ihre Nachricht ganz bewusst auf einer anderen Ebene ansiedeln, als Ihr Gegenüber das von sich aus beabsichtigt hat. Werden Sie auf der Sachebene angegriffen, so weichen Sie auf die Beziehungsebene aus – und umgekehrt. Und das kennen Sie von der Nachdenker-Technik: was Sie jetzt nicht wissen, das wissen Sie natürlich später. Wichtig bei dieser Vorgehensweise ist, dass Sie sich nicht provozieren lassen und so lange wie möglich auf der Sachebene bleiben. Nehmen Sie Ihren Ärger ruhig wahr, aber geben Sie ihm nicht nach!

Beispiele für Variationen:

- *„Können Sie mir xy bitte genauer erklären."* – *„Sehr gerne, aber ich müsste da jetzt ganz weit ausholen. Bitte sprechen Sie mich doch am Ende des Vortrags noch einmal darauf an."*

- *„Ihr Projekt war ja wohl der totale Flop!" – „Tut mir leid, aber dazu kann ich im Augenblick nichts sagen. Können Sie mich morgen noch mal darauf ansprechen?"*

Und wenn Ihnen mal gar nichts mehr einfällt, dann gehen Sie doch einfach auf *http://www.reimemaschine.de*. Dort können Sie ein Wort eingeben, wie zum Beispiel *„Witz"* und erhalten eine Liste von rund hundert Wörtern, die auf den letzten drei Buchstaben passen und noch einmal sehr viel mehr, die auf den letzten beiden Buchstaben passen. Ein Leichtes, daraus eine wortwitzige Formulierung zu kreieren: *„Grundgesetz und Eigennutz, das ist wie Geistesblitz und Fußballplatz."* Das sind dann Ihre Zungenbrecher, Schüttelreime oder Eisbrecher für alle Fälle. Was übrigens immer geht, ist Dank, den Sie als Brücke nutzen um fortzufahren, zum Beispiel so: *„Danke für Ihren Beitrag, Herr Specht. Wir waren gerade beim Thema ‚Die Zukunft des Waldes' ..."*

11.3 Bestandsaufnahme: Wo stehen Sie? Was wollen Sie noch erreichen?

Um Sie zu motivieren, das Buch mit all seinen Techniken, Fällen und Übungen möglichst komplett durchzuarbeiten, finden Sie hier eine Übersicht zu den einzelnen Übungsteilen. Mit der folgenden Tabelle können Sie im Sinne einer Erfolgskontrolle für sich überprüfen, wie viele der Techniken und weiterführenden Übungen Sie in den acht Kapiteln zu den einzelnen Prinzipien der Schlagfertigkeit tatsächlich ausgeführt haben. Die nachfolgende Auswertung erlaubt Ihnen eine Abschätzung Ihrer Trainingsintensität. Bedenken Sie: Wissen ist noch nicht Können, und Können ist noch nicht Tun. Nur wenn Sie dass, was Sie verstanden haben, auch in Übungen anwenden, kommen Sie vom Wissen zum Können. Und nur wenn Sie das

	Integrität	Wortwitz	Entschiedenheit	Überraschung	Selbstsicherheit	Übertreibung	Leichtigkeit	Eloquenz
Technik 1								
Technik 2								
Technik 3								
Technik 4								
Technik 5								
Fallbearbeitung								
Vertiefungsübung								
Anzahl Kreuze								
Punkte gesamt								

Abbildung 5: Erfolgskontrolle für Ihr eigenes Schlagfertigkeitstraining (bitte gemäß Anleitung ausfüllen)

Trainierte tatsächlich in Ihrem Alltag anwenden, kommen Sie vom Können zum Tun.

Wie fülle ich die Tabelle aus?

• Wenn Sie bei einer Technik für alle fünf Übungssätze Antworten vermerkt haben, dann machen Sie bei der entsprechenden Technik ein Kreuz.

• Wenn Sie den Fall komplett bearbeitet haben, das heißt, wenn Sie mit jeder Technik des Kapitels eine Antwort gefunden haben, machen Sie ein Kreuz.

• Für jede weitergehende Übung, die Sie tatsächlich durchgeführt haben, können Sie ebenfalls ein Kreuz machen.

- Jedes Kreuz zählt mit einem Punkt. Pro Schlagfertigkeits-Prinzip beziehungsweise pro Kapitel gibt es so maximal sieben Punkte. Die Punkte addieren Sie in der letzten Zeile zu einer Gesamtpunktzahl.

Was sagt mir die Gesamtpunktzahl?

Im Folgenden können Sie sehen, wie intensiv Sie bisher mit diesem Buch gearbeitet haben:

56 Punkte: Sie sind der **Star** der neuen Schlagfertigkeit! Jetzt stehen Ihnen alle Wege offen. Aber Achtung: Der Bundeskanzler wird nur alle vier Jahre gewählt!

55 bis 48 Punkte: Sie sind **fleißig** gewesen, manchmal hat jedoch etwas für Sie nicht ganz gepasst. Vielleicht können Sie von einem Coaching besonders profitieren.

48 bis 29 Punkte: Hier fehlt es an der nötigen **Disziplin.** Wollen Sie wirklich etwas lernen. Falls ja, buchen Sie sofort ein Training, in der Gruppe macht es viel mehr Spaß!

28 bis 1 Punkte: Ihre Bemühungen sind noch **halbherzig**, am besten Sie gehen die unbearbeiteten Teile noch einmal durch. Einen gewissen Teil haben Sie ja schon geschafft ...

0 Punkte: Sie sind der geborene **Theoretiker.** Viel Glück, Sie werden es vermutlich brauchen!

Gesunder Menschenverstand

Manchmal ist es auch der simple Menschenverstand, der Ihnen Möglichkeit, zu schlagfertigen Äußerungen gibt. Sagen Sie das Offensichtliche, trauen Sie Ihrer Intuition, zählen Sie eins und eins zusammen, verpassen Sie dem anderen eine freundlich-aufmunternde Retourkutsche oder drehen Sie den Spieß einfach um.

Beispiele:

- Arzt: „Mit diesem Leiden können Sie 70 Jahre alt werden." – Patient: „Aber ich bin schon 70 Jahre alt." – Arzt: „Ja, was habe ich Ihnen gesagt?"
- Der Richter zum Angeklagten: „Nun sagen Sie die Wahrheit, woher haben Sie das Brillantencollier?" – Der Angeklagte: „Das habe ich gefunden, das ist die Wahrheit." – Der Richter: „Das ist unglaubhaft, nach sieben Vorstrafen findet man kein Brilliantencollier!"
- Eine Frau vor einen Pelzgeschäft, begeistert: „Ein sagenhafter Zobel!" – Der Mann, etwas sparsam veranlagt: „Ich denke, gegen Rheuma gibt es billigere Mittel!"
- Chef: „Ganz schön viel Vorbereitung für eine so lockere Veranstaltung!" – Eventmanager: „Genau so viel wie nötig, damit uns das hier nicht entgleitet."
- Er voll genervt: „Man, willste mich jetzt verarschen?" Sie: "Nee, dit schaffste schon ganz gut alleine!"
- Ein wenig erfolgreicher Maler: „Ich male zwei bis drei Tage an einem solchen Bild, dann braucht es ein bis zwei Jahre bis einmal eins verkauft wird." – Der Kunstkenner: „Versuchen Sie es doch einmal umgekehrt."
- Frage an einen berühmten Bildhauer: „Wie schafft man so ein Meisterwerk?" – Seine Antwort: „Ganz einfach, man nimmt einen Stein und haut alles Überflüssige weg."
- Ein junger Verehrer: „Wie schön Sie sind!" – Eine arrogante Dame: „Schade, dass ich das Kompliment nicht zurückgeben kann!" – Der Verehrer: „Machen Sie es doch wie ich, lügen Sie einfach!"

11.4 Was können Sie tagtäglich beobachten?

Oftmals sorgt Schlagfertigkeit auch genau für das Quäntchen Entspannung, dass es braucht, um sich wieder wohlfühlen zu können. Und es lässt sich täglich beobachten. Ich selbst erinnere mich an eine Episode am 20. Mai

2009 auf einem gut gebuchten Lufthansa-Flug von Stuttgart nach Hamburg. Ein etwas korpulenter Fluggast zum Steward, der seine Position in einer Stuhlreihe bezogen hatte, um die einsteigenden Fluggäste vorbei lassen zu können: *„Ja, soll ich mich denn bei Ihnen auf den Schoß setzen?"* Die lächelnde Antwort des Stewards: *„Gerne, wenn es Ihnen Freude macht!"*

Auch ist es zuweilen weise, eine Zuspitzung einer Diskussion mit einem schlagfertigen Hinweis zu vereiteln. Eine Bekannte eines Freundes sagt an solchen Stellen immer salomonisch: *„Ein Philosoph würde jetzt schweigen."* Das ist ein klares Stoppsignal für das Gegenüber. Und wir können hinzufügen: *„... ein Philoquaster nicht."* Ein Philoquaster ist ein notorischer Vielredner und Produzent von ausgemachtem Unsinn.

Ein Meister der Schlagfertigkeit werden – eine Illusion?

Ich glaube nicht. Wenn Sie dieses Buch intensiv studiert haben und die Techniken, Fälle und weitergehenden Übungen im Detail durchgearbeitet haben, werden Sie jeden Zeitungsartikel, jeden Fernsehbeitrag und jede Hörfunksendung anders erleben. Überall sind jeden Tag neue Schlagfertigkeitsvorbilder unterwegs, welche für sich Mittel und Wege gefunden haben, sich kommunikativ ihren Weg durch das Gestrüpp der (Medien-)Öffentlichkeit zu bahnen. Sehr gut für die Analyse eignen sich zum Beispiel live und in voller Länge übertragene Pressekonferenzen, zum Beispiel auf Phönix, n-tv oder CNN.

Schlagfertigkeit: Das ist wie Schwimmen oder Fahrrad fahren!

Schlagfertigkeit lässt sich trainieren, genauso wie sich das Schwimmen oder Fahrrad fahren trainieren lässt. Und eines ist auch klar: wenn Sie einmal gelernt haben zu schwimmen oder sich mit dem Fahrrad zu bewegen, werden Sie es nie wieder verlernen und Sie werden es auch nicht missen wollen.

Ich hoffe, dass es Ihnen nicht so wie dem folgenden Leser geht: *„Ich habe Ihr Buch gelesen!"* – Der Buchautor: *„Mein letztes?"* – Der Leser: *„Hoffentlich."* Dann nämlich freue ich mich, wenn Sie dieses Buch weiterempfehlen oder Freunden, Bekannten oder Kollegen mal ein wirklich sinnvolles Geschenk machen. Sie werden Dankbarkeit erfahren!

Ressourcen für mehr Schlagfertigkeit

Über dieses Buch hinaus sei an dieser Stelle auch noch auf die von uns gegründete *„Schule der Schlagfertigkeit"* verwiesen. Diese finden Sie im Internet unter *www.Schule-der-Schlagfertigkeit.de.* Hier findet sich unter anderem ein Diskussionsforum, in dem die Nutzer eigene Schlagfertigkeits-Fälle diskutieren. Es gibt zudem einen Newsletter und Hinweise auf Seminare und Trainings-Angebote, mit denen Sie Ihre Schlagfertigkeit ausbauen können. Weitere Informationen, Termine und Tipps zum Thema finden Sie auch unter *http://twitter.com/schlagfertig* .

Erfinden Sie das Rad nicht jedes Mal neu! Lernen Sie von den Personen, die als schlagfertig gelten, und beobachten Sie, welche Form der Schlagfertigkeit Ihnen besonders liegt. Es gibt wirklich nichts, was dagegen spricht, eine gute schlagfertige Reaktion an geeigneter Stelle zu wiederholen. Sie ehren die Erfinder guter Formulierungen, indem Sie diese selber nutzen. Das machen bekannte Persönlichkeiten ganz genauso.

Und wenn Sie mit Fragen konfrontiert werden sollten, die Sie partout nicht beantworten können, dann machen Sie es doch einfach wie der SPD-Umweltminister Sigmar Gabriel in einem Interview. Die SPD lag mit Blick auf die Bundestagswahl in einem Umfragetief und ein Journalist konfrontierte Gabriel mit der Frage: *„Herr Minister, was sagt Ihnen die Zahl 28,8 Prozent?"* Seine furiose Antwort: *„Sie werden es mir gleich verraten"* (*Die Welt*, 7. August 2009).

Die acht goldenen Regeln

1. Vorbereitung ist alles. Was sind die Lieblingssprüche Ihrer Gesprächspartner? Was wird Ihre **Integrität** verletzen? Was wird Sie vermutlich das nächste Mal provozieren?

2. Hören Sie ganz genau zu. Nur wenn Sie jedes Wort auf die Goldwaage legen, können Sie elegant einen **Wortwitz** einflechten.

3. Versuchen Sie **entschieden** zu sein und eine scheinbar logische, aber abwegige Folgerung aus einer Behauptung Ihres Gesprächspartners zu ziehen.

4. Die meisten Wörter haben mehrere Bedeutungen. Nutzen Sie den **Überraschungs**effekt und verwenden Sie Wörter in einer anderen Bedeutung als es Ihr Gegenüber getan hat.

5. Üben Sie sich in der Verwendung unterschiedlicher Werkzeuge. Ein Golfer strahlt erst dann **Selbstvertrauen** aus, wenn er mit allen Schlägern in seinem Golf-Bag vernünftig umzugehen weiß.

6. Malen Sie sich unterschiedliche Gesprächs- und Redesituationen **übertrieben** und bunt aus, das bringt Sie auf neue Gedanken und sie üben sich in Ihrer Fantasie.

7. Studieren Sie die über 300 Beispiele dieses Buches und wenden Sie diese an. Je mehr Variantenreichtum und **Leichtigkeit** Sie dabei an den Tag legen, umso besser.

8. Lassen sich vergangene Situationen noch einmal durch den Kopf gehen. Es gibt meistens viel mehr als eine Möglichkeit, die Dinge **eloquent** zu formulieren.

11.5 „Der schlagfertige Klempner" von Wolfram Siebeck

Ein Schmankerl zum Abschluss:

Der schlagfertige Klempner heute von Wolfram Siebeck,
erschienen und erstmalig abgedruckt in *Die Zeit*, 11. Dezember 1970

Was tun Sie, lautete die dreiunddreißigste Frage, wenn Sie irrtümlich in ein falsches Hotelzimmer geraten und einer unbekleideten jungen Dame gegenüberstehen? (Der Fragebogen sollte herausfinden, ob ich für oder gegen Neuwahlen bin.) Früher wäre, eingedenk eines alten Witzes vom schlagfertigen Klempner, die richtige Antwort gewesen: „Ich sage, entschuldigen Sie, mein Herr!" Aber heute, auf dem Höhepunkt der Sexwelle, entschuldigt man sich nicht lange, wenn man einer unbekleideten jungen Dame gegenübersteht. Es fragt sich, ob rhetorische Abschweifungen überhaupt noch angebracht sind; der Konsumzwang lässt wenig Spielraum für wählerisches Genörgel.

Was aber tut der moderne Klempner heute? Ich erörterte das Problem mit einigen Fachleuten, die die beschriebene Situation oft erlebt hatten, wobei sie allerdings, wie sie offen zugaben, häufig von der alten Klempner-Eröffnung Gebrauch gemacht hätten. Dass jedoch der Mensch von heute neue Formen brauche, wenn er die falsche Tür öffnet, darüber waren sich alle einig. Schließlich schlug der Sachverständige A. vor, das Zimmer mit starrem Blick und ausgestreckten Armen zu betreten. Die junge Dame würde dann glauben, einen Blinden vor sich zu haben, was nach Meinung von A. dem Eintretenden viele Vorteile bringt.

Daraufhin entstand eine lebhafte Diskussion. Die Sachverständigen B. und C. lobten die Originalität des Einfalls sowie seinen taktischen Wert, wohingegen D. und E. ihn als manierierte Variante des schlagfertigen Klempners ablehnten. Die moderne Auffassung von diesen Dingen schlösse List und Verstellung aus. Als Laie ist man gezwungen, solche Gespräche mit stummer Zurückhaltung zu verfolgen. Besonders die Entdeckung, dass es eine moderne Auffassung von diesen Dingen gibt, brachte mir meine Rückständigkeit zum Bewusstsein. Ich nahm mir vor, die Testfrage in der Praxis zu erproben.

Dazu bot sich bald Gelegenheit, als ich in einem jener großen Hotels wohnte, deren endlose Flure eine Verwechslung der Zimmertüren so wahrscheinlich machen. In der Dämmerung eines späten Nachmittags machte ich mich auf den Weg. Leider waren die meisten Türen verschlossen. Hinter der ersten Tür, die sich öffnen ließ, stand ein dicklicher Herr in Hosenträgern. Er schien ebenso überrascht wie ich, fing sich aber schnell, und während ich noch überlegte, ob *„Entschuldigen Sie, mein Herr"* hier nicht doch angebracht sei, kam er drohend auf mich zu. Im Nachbarzimmer hatte ich mehr Glück. Zwar stand ich auch dort nicht vor der jungen Dame aus der Testfrage, aber nach dem gefährlichen Dicken waren die beiden bettenmachenden Stubenmädchen schon ein Fortschritt. Sie schrien allerdings erschrocken auf, als sie mich sahen, sodass ich auch hier wieder verschwand.

Kaum anders erging es mir in den nächsten Zimmern. Wenn es Herren waren, die ich überraschte, machten sie drohende Gesichter, waren es Damen, empfingen sie mich mit Gekreisch. In einem der letzten Zimmer des Flures stand eine junge Dame gedankenverloren am Fenster. Sie drehte sich um, als sie mich hörte, und kam zögernd, mit ausgestreckten Armen und starrem Blick, auf mich zu. Eine Blinde!, dachte ich entmutigt und ging in mein Zimmer zurück. Frau Siebeck saß vor dem Spiegel und sagte, als sie mich hereinkommen sah: „Was ist los, bist du etwa so nackend über den Flur gelaufen?" Ich murmelte etwas von einer modernen Auffassung, die man heute von gewissen Dingen haben müsste, und beklagte ihr Desinteresse an dieser Entwicklung. (*„Du wirst dich erkälten!"* hatte sie gerade gesagt und mir empfohlen, heißen Tee kommen zu lassen.)

Da öffnete sich die Tür, und die beiden Stubenmädchen und einige Herren stürzten ins Zimmer. Und so erfuhr ich, was junge Damen tun, wenn sie in ein falsches Hotelzimmer geraten und einem unbekleideten Herrn gegenüberstehen. Sie rufen: *„Das ist er!"*

Beispiellösungen für die Fälle

Fall 1: Kannst du nicht sprechen? (Seite 82)

1. Die Durchzug-Technik: Sie ignoriert den Affront und verlässt mit einer aufrechten Körperhaltung das Lokal.
2. Die Petersilie im Ohr: *„Rechnen kann ich, du nicht?"*
3. Der Gegenstrom: *„Muss man denn den ganzen Tag dummes Zeug erzählen?"*
4. Der Gegenangriff: *„Lieber schwiege ich den ganzen Tag als mich mit deinesgleichen zu unterhalten."*
5. Ins Lächerliche ziehen: *„Hättest du deine Ausbildung abgeschlossen, müsstest du hier nicht den Oberkellner spielen."*

Fall 2: Dekorieren ist nicht Ihr Ding! (Seite 117)

1. An Worte anschließen: *„Man soll die Dinge nehmen, wie Sie kommen!"*
2. Valentins Zitate: *„Kunst ist schön, macht aber viel Arbeit!"*
3. Metaphern ausbauen: *„Die schönsten Dinge im Leben gibt's umsonst!"*
4. Mit Ambiguitäten arbeiten: *„Je mehr Dinge, desto mehr Auswahl!"*
5. Lieblingswortspiele: *„Ist das jetzt ernst oder eher locker vom Hocker!"*

Fall 3: Meinen Sie es ehrlich mit mir? (Seite 149)

1. Standardsatz: *„Ja, ich habe eine klare Linie."*
2. Das Hinterfragen: *„Was verstehen Sie unter Ehrlichkeit?"*
3. Gerade-deshalb-Technik: *„Gerade weil ich es ehrlich meine, nehmen wir uns ja die Zeit."*
4. Rückfrage nach dem Gegenteil: *„Wäre es Ihnen lieber, wir würden hier Kampfpreise machen?"*
5. Unterstellungen aufdecken: *„Sind Sie sich darüber im Klaren, das dies dann ja ein Fall von Abrechnungsbetrug wäre?"*

Fall 4: Wir behandeln alle Kunden gleich. (Seite 184)

1. Das Spiel mit der Pause: *„Ich frage mich die ganze Zeit ... [Pause] wie Sie ... [Pause] darauf kommen."*

2. Lach-Technik: Rasenmäher-Lachen
3. Der Nachdenker: *„Ich werde Ihnen nächstes Mal genau sagen, was darüber denke."*
4. List der Laszivität: *„Gleich? Ich dachte, ich bin ein ganz besonderer Kunde für Sie."*
5. Kontern: *„Ich behandle auch alle Verkäufer gleich, wenn ich ein Rabatt brauche."*

Fall 5: Und wozu sind Sie dann da? (Seite 219)

1. Ich-könnte-wenn-ich-wollte-Technik: *„Da Sie es nötig haben, könnte ich Ihnen Einiges über gegenseitigen Respekt erzählen, aber ich würde bestimmt nur meine Zeit verschwenden."*
2. Glaubensätze formulieren: *„Sie sind der Meinung, Verkäufer sind Sklaven?"*
3. Fokus auf den anderen: *„Was machen Sie denn beruflich oder sind Sie nur Hausschmuck?"*
4. Gefühle unterstellen: *„Mit so einer übertriebenen Arroganz und Aggression müssen Sie direkt zu einem Psychiater!"*
5. Sigmund Freud sein: *„So wie Sie jetzt mit mir sprechen, habe ich so eine Vermutung, dass Sie ein unglücklicher und einsamer Mensch sind."*

Fall 6: Was willst du überhaupt, du Schlampe? (Seite 244)

1. Sie-haben-völlig-recht-Technik: *„Du hast völlig Recht! Aber was können Schlampen von primitiven Affen wollen?"*
2. Mehr-noch-Technik: *„Ja, ich bin eine Schlampe. Außerdem bin auch noch sehr aggressiv und quäle gerne solche Typen wie dich zu Tode!"*
3. Die Komplimente-Technik: *„Danke für die Anerkennung, du warst immer mein Vorbild!"*
4. Zustimmung mit feiner Ironie: *„Schlampe? Ich gebe Dir recht, wenn Du dich dadurch besser fühlst."*
5. Die absurde Alternative: *„Schlampen kriegen alles, was sie wollen!"*

Fall 7: Na, Ihnen ist da was hingefallen! (Seite 274)

1. Ja-genau-Technik: *„Ja, genau! Ich liebe es, wenn mir die Sachen beim Staubsaugen immer wieder runterfallen!"*
2. Zitate einflechten: *„Wer die Wahrheit hören will, den sollte man vorher fragen, ob er sie ertragen kann."*
3. Danke-gleichfalls-Technik: *„Danke, ist denn Ihnen was hingefallen?"*
4. Ambivalenzen stehen lassen: *„Jedem fällt mal was hin, machen Sie sich nichts draus."*
5. Positiv-negativ-komisch-Technik: *„Wollen Sie es gerne wieder aufheben?"*

Fall 8: Bei dem Arsch kauf dir mal lieber fünf Schachteln. (Seite 302)

1. Positive Umdeutung: *„Oh, du glaubst, der ist so beliebt, dass die Zigaretten bald ausverkauft sind?"*
2. Der geschickte Vergleich: *„Wenn du mir Tipps gibst, dann ist das so als würde ich mir von meinem Hund vorschreiben lassen, welche Zeitung ich zu lesen habe."*
3. Das Blatt wenden: *„Wer zu spät kommt, den bestraft das Leben."*
4. Churchill imitieren: *„Kauf dir fünf Schachteln, bevor sie dich hier aussperren."*
5. Den Härtegrad anpassen: *„Jedem das seine, ich jedenfalls bin kein Hamster!"*

Literatur

Bargmann, Lars: Karajan auf dem Katamaran. In: *Chili*, Dezember/Januar 2007/2008, S. 18-19.

Dahms, Christoph; Dahms, Matthias: Die Magie der Schlagfertigkeit: spontan mit Sprache spielen. Dahms Privatinstitut für Rhetorik und Managementtraining, Wermelskirchen 2004.

Espinat, Marine: Das Wortspiel in der deutschen Werbung. GRIN Verlag, München 2006.

Gradwohl, Wilfried: Das Kochbuch der Diskussionsführung. Books on Demand, Norderstedt 2004.

Hartmann, Martin; Röpnack, Rainer: Kompetent und erfolgreich im Beruf: Wichtige Schlüsselqualifikationen, die jeder braucht. Beltz Verlag, Weinheim 2005.

Johnstone, Keith: Improvisation und Theater. Alexander Verlag, Berlin 1993.

Klitschko, Vitali; Klitschko, Wladimir: Unser Fitnessbuch. Gräfe und Unzer Verlag, München 2002.

Kraft, Ulrich: Sachen zum Lachen. In Gehirn und Geist. Dossier: Abenteuer Alltag 2005, S. 86-91.

McLuhan, Marshall: Understanding Media: The Extensions of Man. Routledge, London/New York 1964.

Mieg, Harald (Hrsg.): Verantwortung in/durch Unternehmen. In Wirtschaftspsychologie Nr. 2/2009. Pabst Science Publishers.

Noll-Arukaslan, Hartmut: Die Gesetze der Macht. GRIN Verlag, München 2000.

Nöllke, Matthias: Schlagfertigkeit. Das Trainingsbuch. Rudolf Haufe Verlag, Freiburg 2006.

Ryborz, Heinz: Geschickt kontern: Nie mehr sprachlos! Walhalla Fachverlag, Regensburg 2008.

Schaar, Alexander M.: Rhetorik der Verständigung. Books on Demand, Norderstedt 2007.

Tepperwein, Kurt: Das große Lebensbuch. mvg Verlag, München 2007.

Thiesen, Peter: Freche Spiele. Starke Spielideen gegen Frust und Lustverlust. Juventa Verlag, Weinheim 2006.

Vogel, Ingo: Das Lust-Prinzip: Emotionen als Karrierefaktor. GABAL Verlag, Offenbach 2008.

Weller, Maximilian: Die schlagfertige Antwort. Gustav Lübbe Verlag, Bergisch Gladbach 1973.

Zeichhardt, Rainer: Komik und Konflikt in Organisationen: Eine kommunikationstheoretische Perspektive. Gabler, Wiesbaden 2009.

Bücher für Ihren Erfolg

Eva Ruppert
Ihr starker Auftritt
Knigge heute – individuell und
überzeugend

192 Seiten; 2009; 17,90 Euro
ISBN 978-3-938358-90-0; Art-Nr.: 788

So schaffen Sie die Basis für Ihren persönlichen und geschäftlichen Erfolg

Der souveräne Auftritt ist neben der fachlichen Kompetenz der entscheidende Karrierefaktor. Nur wer moderne Verhaltensstandards kennt und diese gepaart mit gesundem Menschenverstand anwendet, ebnet den Weg für ein rücksichtsvolles und sympathisches Miteinander.

Das neue Buch von Eva Ruppert verarbeitet Erfahrungen aus ihrer mehr als 15-jährigen Tätigkeit als Image- und Kommunikationstrainerin. Kritisch hinterfragt die Autorin die von dem anonymen „Council of Etiquette" vorgegebenen Regeln, macht sie transparent und prüft sie auf ihre Aktualität. Mit wertvollen, direkt in die Praxis umsetzbaren Tipps zeigt sie dem Leser, wie er sich gekonnt in Szene setzt. Die hohe Kunst besteht darin, die Regeln zu beherrschen, ohne sich dabei beherrschen zu lassen. Oftmals ist es nötig, situativ zu entscheiden und die eine oder andere Regel individuell auszulegen – denn der souveräne Umgang mit der Etikette ist der Türöffner für eine erfolgreiche Karriere.

Setzen Sie sich perfekt in Szene – Dieses Buch ist unverzichtbar für Führungskräfte, Accountmanager, Kundenberater und all jene, die ihren persönlichen Auftritt perfektionieren wollen.

Bücher für Ihren Erfolg

Jens Kegel
Selbstvermarktung freihändig
Schreiben fürs Reden – auch gegen
den Strom

240 Seiten; 2009; 24,80 Euro
ISBN 978-3-938358-83-2; Art-Nr.: 769

Wer in der Arbeitswelt bestehen will, muss sich positionieren und zur unverwechselbaren Marke entwickeln. Das geht erstaunlich einfach mit gesprochener Sprache. Überzeugende Rhetorik wiederum basiert in erster Linie auf einem verständlichen Text. Mit diesem hält der Vortragende zugleich ein preiswertes und hochwirksames Mittel in der Hand, um sich von der Masse abzuheben und klar zu positionieren.

Das Buch zeigt, wie einmalige und wirksame Texte für Reden, Vorträge und Präsentationen entstehen. Neueste wissenschaftlich begründete Erkenntnisse zum Schreiben, Hören und Verstehen ersetzen Plattitüden und oberflächliche Regeln. Positive und negative Beispiele aus Politik und Wirtschaft illustrieren und veranschaulichen die verständlich aufbereitete Theorie. Der Autor räumt zugleich mit verbreiteten Vor- und Fehlurteilen der Kommunikations-Branche auf. Er zeigt praktikable Wege, um mit individuellen Auftritten eine starke und unverwechselbare Marke zu bilden. Vor allem aber macht er Lust aufs Reden in der Öffentlichkeit und einen unverkrampften Umgang mit unserer Sprache.

Bücher für Ihren Erfolg

Jan Sentürk
Körpersprache
Erkennen, was dahinter steckt
1. Auflage

Edition PRAXIS.WISSEN
2010; 24,80 Euro
ISBN 978-3-86980-011-0; Art-Nr.: 803

Zahlreiche Irrtümer und Halbweisheiten kursieren über Körpersprache. In diesem Buch räumt Jan Sentürk damit auf und zeigt, was hinter Gesten aus Alltag und Beruf wirklich steckt und wie Körpersprache im jeweiligen Kontext gedeutet wird. Denn eine immer und überall gültige Körpersprache gibt es nicht: Erst durch die Verbindung von Situation, Personen und deren Verhältnis zueinander wird eine Bedeutung erzeugt.

Anschaulich zeigt Sentürk nicht nur, wie man Körpersprache aktiv einsetzt, sondern hilft, die Signale des Körpers zu lesen, um losgelöst von Gesten und Wörtern Wahres zu erkennen.

Mit praktischen Tipps hilft dieses Buch, die eigene Körpersprache zu optimieren und dauerhaft zu verändern, um so die persönliche Kommunikation Stück für Stück vorteilhafter zu gestalten.

Jan Sentürk ist Experte für Körpersprache und Kommunikation. Er ist Redner und Trainer und seit 2000 festes Mitglied im Dozentenstamm der Kasseler Akademie für Absatzwirtschaft.